冷戰後日本對臺灣政策研究

巴殿君 著

崧燁文化

目錄

序言

第一章 冷戰後國際體系轉型與日本外交政策
　　一、冷戰後國際體系的轉型
　　二、冷戰後日本國際地位的再定位
　　三、日本的戰略選擇與台灣問題

第二章 冷戰後日本對台灣政策的變化
　　一、日本對台灣政策的演變
　　二、冷戰後日台「準政府」關係的提升
　　三、冷戰後日台政黨交流的擴大

第三章 日本與台灣的安全關係
　　一、日美安保體制下的日本對台灣安全政策
　　二、日美安保再定義與日台安全關係的調整
　　三、日美共同戰略目標與日台安全關係新動向

第四章 日本與台灣的經濟文化關係
　　一、日本對台灣的經濟政策
　　二、日本與台灣的經貿關係
　　三、日本對台文化政策與文化交流

第五章 日本對台政策走向與中國的對策
　　一、日本對台灣政策的雙重性
　　二、日本對台政策的未來走向
　　三、中國的戰略對策與政策選擇

結論
附錄：中日兩國間涉及台灣問題的條約及文件資料
中華人民共和國和日本國和平友好條約（中日和平友好條約）
參考文獻
後記

序言

　　台灣問題是國內戰爭遺留問題，遏止台獨勢力，實現祖國統一大業，這是涉及中國主權和領土完整的國家核心利益。台灣問題也是涉及地區和平與穩定的影響因素。台灣問題不僅是中美關係中的一個敏感問題，也是中日關係中一個十分敏感的問題。在歷史上，日本曾侵占台灣50年，形成了複雜的歷史關係。冷戰時期，在中日建交之前，日本追隨美國公然干涉中國內政，扶植台灣當局，公開阻撓兩岸統一進程。冷戰結束後，美國依據所謂《台灣關係法》，繼續實行保護台灣政策，執意向台灣出售武器。日本則採取一種介入政策，在美日同盟框架內，把台灣列入日本周邊安全區域。日本的一些政客和右翼團體更是居心叵測，為台獨勢力推波助瀾。因此，日本成為兩岸關係發展和統一不可忽視的影響因素。

　　本書從國際體系與日本外交政策變化入手，論述了不同歷史時期，日本國家戰略定位與選擇，日本台灣政策的發展變化；分析了日本長期覬覦台灣，在政治、安全、經濟、文化與相關領域的滲透與「介入」；基於日本對台政策雙重性特徵，勾畫出其對台政策的走向，提出了應對之策。

　　研究台灣問題中的「日本因素」，是一個很有現實意義的重大課題。它可以幫助我們瞭解和把握日本政府、政黨、團體和一些日本人士對台灣的政策、立場、動態、特點和走向，在維護和發展中日戰略互惠關係大局前提下，努力排除日本方面的各種干擾因素，推動兩岸和平統一進程。

　　研究日本台灣政策，這是一個難度很大，也較為複雜的敏感領域。近幾年，巴殿君利用多次到日本講學或從事研究的機會，從日本國會圖書館、大學圖書館，收集了有關日本政黨、國會議員與台灣交往的最新、最詳盡的檔案資料。他

與日本社會的各階層廣泛接觸，其中包括與政界人士進行訪談和交流。他從歷史到現實，系統地梳理、分析了日本對台政策的來龍去脈。研究了日本政府、政黨，以及多黨背景的親台政治組織對台政策的變化，及其發生的社會基礎。

巴殿君博士透過對第一手材料的深入系統研究，透徹地分析了日本的對台政策與變化，此為「求事」；透過對日本對台政策的背景、特徵、趨勢的交待、梳理與分析，揭示其對台政策的本質，此乃「求是」。內容設計上的「求事」「求是」風格，也是這部著作一個突出並值得肯定的特點。

《冷戰後日本對台灣政策研究》是巴殿君在其博士論文基礎上完成的，這是一部很有學術價值的著作。它深入系統地研究了日本對台灣政策，填補了中國這個領域研究的空白；在大量一手資料基礎上，深入透徹的分析了日本台灣政策動向及其影響，提出了有重要參考價值的對策性建議。

他為這部著作花費了6年時間，在過去的歲月裡，他堅忍不拔，表現出一種學術執著和探索精神。借此書出版之際，我作為巴殿君的博士導師，向他表示衷心祝賀！祝賀他在日本台灣政策研究上取得的重要成果，在這個研究領域作出的學術貢獻。

劉清才

第一章　冷戰後國際體系轉型與日本外交政策

　　日台關係對中日關係、海峽兩岸關係以及東北亞乃至全球政治格局的發展都有很大的影響。冷戰後，在國際關係發生巨大調整的情況下，國際格局的態勢、國際議題的重心都發生了革命性改變。在國際關係重組過程中，每個國家都在尋求新形勢下的重新定位。日本作為國際體系的重要參與者，其國際行為需要戰略性規劃。台灣問題作為日本外交政策的一個鏈條，其作用形式和重要性都取決於日本與外部環境的互動。一旦國際形勢發生了變化，台灣問題在日本外交政策中的地位就可能發生變化。因此，只有在具體的國際環境中，對日台關係加以考慮才有意義。

一、冷戰後國際體系的轉型

（一）兩極格局的瓦解與一超多強的新格局

　　國際格局既是一個高度抽象的理論概念，又是國際體系的一個重要現實。有關國際格局的定義，中國學者進行了許多界定。李義虎先生從結構現實主義國際結構定義對比的角度，認為「體系中的權力排列、能力分配狀況或相互關係形式就是國際格局，又特指國際格局中的力量對比。」[1]金應忠、倪世雄先生則認為：「種種國際戰略力量之間交互作用，在一定時期內形成的力量對比關係，它的具體表現形態是國際關係格局。」[2]不同的學者，不同的判斷，但卻同時堅持了兩點共識，那就是：1.國際格局對國際體系的發展與態勢有著很強的規範作用。2.國際格局主要是由一定時期內對國際局勢能夠產生重大影響的國際行為體

組成的。

　　漢斯·班乃迪克把國際體系的格局分為五類。但具有典型意義，並為人們熟知的國際體系結構，仍然為單極、兩極和多極三種。冷戰時期，美蘇對峙是一種典型的兩極格局。冷戰結束，來自前蘇聯的威脅迅速消解，美國的國家戰略目標失去了競爭對手。無論在全球還是在亞太地區事務中，美國的經濟力量、軍事實力、科技水平與文化影響力等，都處於絕對領先的地位，沒有哪個國家可比。而且，這種總體實力的差距，不僅沒有縮小，反而進一步擴大。正如美國歷史學家保羅·甘迺迪所說：「如此實力懸殊的情形是從未有過的，從未有過。」[3] 權力分配的不平衡性，體現了國際體系的單極特徵。頃刻之間，兩極世界完成了向美國獨霸的單極世界的演變。但回顧近17年國際局勢的發展歷程，擁有世界最強軍事力量的美國，並沒有完全掌握世界發展方向，美國擁有的無與倫比的軍事力量，在伊拉克、阿富汗及東亞的朝鮮並沒有產生效果，反而使國際形勢越發難以控制，美國的軍事行動導致美國的外交影響力陷入「功能性障礙」的困境，美國作為世界上唯一的超級大國，積極推動「世界新秩序」，卻導致了一個「無秩序的新世界」。[4]

　　冷戰結束後，國際格局的發展具有一個非常矛盾的特徵，一方面美國的實力優勢異常明顯，遠遠的將其他國家甩在身後；另一方面，美國卻又異常脆弱，無論是反恐事務，還是應對金融危機，它都難於獨自解決與自身息息相關的重要問題。在越來越多的領域，沒有其他國家（尤其是新興的與美國缺乏密切聯繫的地區和世界強國）的合作，美國無法達到自己的目標。傳統的單極結構，「是指由某一個主要的大國（霸權國）或國家集團在國際政治中占據主導地位，在該國周圍存在著一系列其他主權國家，但並不能成為與之抗衡的政治力量。」[5] 但是，冷戰後，美國有時顯得無比強大，有時又異常脆弱的現象，使人們對傳統單極格局的定性提出了質疑。愈來愈多的人認為，當前單極格局下，美國的主導地位不是絕對的，面臨著許多侷限和挑戰。法國學者蒙布里亞爾就認為，美國單純依賴自己的實力，明顯無法獨自應對日益複雜的國際環境。其論點有三個：「（1）一個國家再強大也只能集中精力解決很有限的問題，這是常識；（2）經驗表明，美國的實力恰恰是使它犯下很多錯誤的原因，而這些錯誤又帶來了嚴重後

果，這些後果反過來又制約了美國的實力；2003年至今美伊戰爭的情形就是例證。（3）美國自身的民主體系也是個制約因素。眾所周知，美國每兩年進行一次選舉，11月份進行中期選舉，公眾輿論對美國對外干預行動發揮著重要作用，如果對外干預行動過於雄心勃勃或不能迅速收效，公眾輿論導向就會馬上發生變化。越南戰爭和伊拉克戰爭都是明顯的例證。」[6]

冷戰後，單極格局的這些特徵表明，一個絕對意義上的單極格局，並沒有隨著蘇聯的解體而形成。在美國一超獨大的局面下，國際體系還存在大量新興力量，在地緣關係上，使各個區域的內聚力和獨立性大增。這些力量，在政治上，多元觀點的表達成為常態；在經濟上，對國際事務的發聲不容忽視。國際格局的這種單極多元態勢，正在向多元化緩慢過渡。美國的脆弱性和有限性表明，要支撐「獨大」局面，需要更多的依賴世界性和區域性盟友來分攤霸權成本，分擔國際責任，當然也同時要讓人家分享霸權紅利。日本作為全球第二大經濟體，世界科技和產品的重要提供者，還肩負了為美國平衡亞太事務的重要功能。在世界權力重新分配的態勢下，存在著擴大自身影響力的戰略誘惑。

目前，有關國際體系現狀與發展趨勢的討論，十分活躍，眾說紛紜。除了比較常見的「單極」、「多極」論之外，近來一些新的提法比較引人關注，其中包括「無極世界」、「東西方兩極」、「集極」說等。「無極世界」的主張認為：21世紀國際關係一個重要特點將是無極秩序：世界不再由一兩個或多個國家支配，而是受幾十個擁有並運用各種力量的角色控制。無極國際秩序，以無數重要力量中心為特徵，有別於有多個截然不同的極或力量聚合體的多極秩序，也不同於以兩個力量聚合體為中心的兩極秩序。[7]在世界範圍內的不同地區和危機中，由不同的國家或聯盟擔任領導「無極世界」的責任是未來的發展趨勢。在地區和全球層面上，國際機構不僅僅在安全問題上扮演重要角色，還把國家層面的決定和活動餘地，推到超國家層面。[8]「東西方兩極」的主張認為：全球化將出現東西方兩極，東方的一極無疑是中國，而美國作為西方的一極，至少在未來10年，也會像中國的地位一樣穩固；[9]此外，還有主張未來國際體系為「集極」的，他們認為，21世紀國際體制不會是美國單極的支配狀態，可能是建立以美國為中心，集結多個中小規模「極」，匯聚各「極」力量的新世界體制。既非

「單極」,亦非「多極」,也非「無極」,而是「集極」。[10]但無論是「單極」、「兩極」、「多極」論,還是「無極」、「集極」的提法,表明21世紀國際體系正在形成,既不是冷戰時期的兩極對立,也並非完全是美國單極結構。從權力因素上看,「一超多強」勾勒出當今國際體系的基本特徵。而從權力分配的趨勢上看,「多極化」將是今後國際秩序的發展趨勢。

(二)國際議題由和平向發展的轉化

兩極體系向多極體系的轉化,不僅僅是單純的權力結構的轉化,也包含了更為複雜的內容。法國學者雷蒙・阿隆在談到兩極體系時認為:這種體系可能不會比多極體系更不穩定或更好戰,但它卻受到大規模無情戰爭更為嚴重的威脅。實際上,如果所有政治單位都分別隸屬於兩大陣營中的某一個,那麼任何一個地區衝突都將關係到整個體系。[11]但是,隨著鐵幕的瓦解,被認為分隔的世界,再一次開始了溝通。國際大戰的風險一旦降低,新的權力格局下,國際社會的主要議題也隨之發生改變。劉永江先生認為,冷戰後,雖然「某些國家的國際安全模式並未完全擺脫同盟的形式,但兩大軍事集團對抗業已消失,聯合國與多邊安全對話機制作用增大。對國際關係產生決定性影響的角色是多元化的國際力量與國際組織,起決定性作用的因素是經濟、科技、外交、軍事等多元力量。世界經濟體系的區域化與全球化趨勢加強。國際關係的性質是相互依存方面的因素上升,而權力政治的因素相對下降。國際間競爭的主要形式是經濟、科技競爭,而戰爭形態則主要是內戰與局部戰爭。」[12]在後冷戰時代,短時期內,一個新興大國挑戰美國地位或者美國因為霸權考慮向一個新興大國發動戰爭的可能性都不大。在安全困境得以緩解的情況下,抑制國際經濟發展和社會進步的最大障礙消除了。全球化和區域合作成為大趨勢,發展超越和平,必然成為新時代全人類追求的核心議題。

當發展成為全球共同關注的焦點之後,國際經濟秩序重建自然就成為一項重要的任務。國家間為爭奪優勢地位而進行的鬥爭,開始由傳統的安全領域向經濟領域外溢,競爭的邏輯也由威懾、軍備競賽,轉向經濟規則的制定、經濟機制的建設。國家開始重新協調自有資源,在一種新的邏輯支配下從事國際活動。在這

一過程中,國際組織等非國家行為體,由單純的國家政策的附庸,轉向更有活力的國際事務參與者。全球化本質上是一個國際合作的過程,大量的國際合作使國家間的關係協調顯得更為必要。為了推進國際對話與合作,就必須充分發揮國際組織等非國家行為體的作用,以制度性安排,整合錯綜複雜的國際關係,這就是國際協調與國際制度所關注的問題。[13]國際組織和國際機制專業化分工的細化,又進而推動了國際體系不同功能領域的獨立性。在全球化的時代,國家間權力的對比和衡量變得更加困難。儘管一個國家的政治和軍事能力仍然可以外溢至其它領域,但外溢中的損耗卻日益增大,這就使冷戰後國際體系的經濟秩序開始出現某種獨立於政治秩序的特徵。在世界經貿組織中,一個小國也可以利用公認的規則向美國這樣的世界第一大經濟體提起訴訟。這種明顯的趨勢說明,在發展成為時代主題的今天,儘管國際經濟秩序仍然充滿了不公正,但其重組和調整的力度都大大超過了國際政治領域。

正如複雜的生物系統一樣,國際政治體系也要經歷其生命週期:誕生,初期的變動性,隨體系的成熟而更為固定,最終毀滅。[14]國際體系的結構,就在這種生命週期中不斷循環,進而使不同歷史時期的國際體系,常常呈現出沃爾 所說的「相似性」特徵。但是,與國際體系的相似性相比,新的特徵對預測和判斷國際體系的發展態勢具有更為重要的意義。如果說,站在權力結構調整的角度看冷戰後的國際體系,與歷史上大英帝國統治下的和平有很大的相似性,那麼,全球化的深入發展則代表了國際體系變革性的一面。從單純的經濟數據分析,一戰前,全球化的發展就已經達到了極高的水準。但是,第一次世界大戰的爆發,使各國間基於經濟聯繫而達成的全球化進程受到極大挫折。冷戰後的全球化進程與一戰前相比,最大的特點就是相互依賴跨越了經濟領域,向國際社會更深層次發展。基歐漢和奈認為,「我們正進入一個新的時代,舊的國際格局正在崩潰,舊的口號日益失效。世界各國在經濟、交流和人類理想等方面已變得相互依賴了。」[15]

國際社會的深入發展帶來的政治和經濟後果極為廣泛。首先,國家作為國際關係基本行為體的重要性降低了。對愈來愈多的人而言,國家不再是解決問題的工具,而是被當做製造問題的麻煩加以批判。國際組織和制度、跨國公司等一些

新興行為體與國家相互作用，只有在與這些行為體有效合作時，國家才能夠順利實現自己的目標。國家重要性的相對下降，直接導致了國家行為模式的改變，將國家力量集中於軍事力量建設的做法不再適用，國家實力更多的體現在其對國際機制中的地位和對跨國公司的管控能力上。蘇聯作為軍事強國的瓦解，就是最直接的證據。國力衡量標準的變化，使像日本這樣的資本主義強國，在新時代條件下，其地位與作用更加凸顯。

其次，國際社會的發展，使國際事務與國內事務的界限模糊。亨利‧季辛吉在《一種新的國家夥伴關係》中指出，「方興未艾的社會和經濟交往正產生一個無國界的世界」。傳統國際事務是由國家獨自掌握，但國際社會的發展，使民眾日益參與到方興未艾的全球化和相互依賴的進程當中，民意直接影響對國際事務的判斷。國際事務以及各國外交政策的民主化趨勢日益明顯，民眾參與，極大的影響了國際事務的規則。國家執行外交政策的能力，日益取決於民眾的支持程度。就像在此次全球經濟衰退當中，儘管避免出現全面貿易保護已經成為各國政要的共識，但工會的強大阻力，依然使美國、法國等國家的政府感受到強大的貿易保護壓力，各國也因此頒布了很多自相矛盾的政策。民意的掣肘，實際上就是約瑟夫‧奈所說的「軟實力」在國際政治中最明顯的作用之一。在當代國際關係當中，爭奪全球民意，爭奪輿論支持，已經變成國家外交戰略成功的關鍵因素。從國際社會的角度衡量，日本在這方面就是一個很明顯的例子。一方面，它在東亞、尤其是東北亞地區顯得十分孤立，該地區各國對日本軍國主義印象深刻，且積怨頗深；另一方面，在東亞區域以外的民間，日本卻有很高的支持度。長期堅持的人道主義援助政策以及國家文明程度，給世人留下的深刻感受，都成了日本躍升為國際政治大國的重要因素。

在一個國際議題、功能區域日益細分的國際體系中，綜合性大國固然存在，不同領域的大國也同樣積極參與其中。這種趨勢是由新自由主義「國際體系由不同領域組成」的推論所引發的現實結果。日本作為一個經濟上的大國、強國，在國際政治領域長期處於軟弱的地位。冷戰時期，其國際地位被定義為美國的附庸。但是，冷戰後，在經濟成為最重要的國際功能領域的時候，日本在經濟、科技領域的優勢地位所能帶來的政治「外溢」效應，比過去顯得尤為突出。在國際

經濟相對獨立於國際政治領域趨勢日益明顯的後冷戰時代，日本作為經濟大國，其國際地位的提升也具有了更多的機遇。雖然在同為東亞近鄰的中國的比較下，顯得黯然一些，上升勢頭經常被人們低估，但實際上日本國際地位的提升已經是一個不爭的事實。

（三）東亞區域體系的變化

東亞作為當今國際體系中最重要的地區之一，它既是地理概念，也有地緣政治與區域經濟的內涵。在當代國際體系結構中，這一地區交叉著多層次因素：這裡既創造了二戰後世界上最輝煌、最有活力的經濟奇蹟，也遺留下冷戰中隨時可能引發的危機甚至戰爭的熱點問題；這裡既是大國關係最集中、最複雜的地區，也是未來有可能改變國際格局，形成世界多極化的一個重要看點。

1.東亞區域內的國家關係

東亞作為國際體系內部權力最集中的地域，當前，幾乎所有的國家都在經歷重大國內變革。這種變革取決於各國的政權性質，也將影響各國對外戰略的轉變。國家內部的變化，勢必透過其國際行為，影響到地區與國際體系前景。中國的和平發展、日本的「正常」國家轉變、俄羅斯的東山再起，不僅影響東亞地域的未來，也將關係到東亞國際體系的穩定。

東亞區域內的國家關係表現為多邊的、雙邊的與單邊機制。儘管多邊進程有所發展，如，六方會談等，但現有的雙邊與多邊地區機構，並沒有在實質上消除區域內的安全困境。這一區域，目前的政治環境，不具備歐盟式的地區政治安全結構，即建立在共同的歷史、價值觀，以及對安全問題的共同預期等方面的環境因素。區域內的大多數的國家關係，還表現為雙邊與單邊的關係。大國之間的不信任及其雙邊的同盟關係，構成區域合作及地區機制形成的主要障礙。長期來看，美國在這一地區的雙邊軍事同盟結構，對地區性機構的形成及其多邊進程的擴展產生了阻礙作用。

目前，中美關係是左右這一地區政治環境的關鍵因素。中國在未來的5—10年裡，國際影響力還會增大。在這一地區，中美兩國在傳統與非傳統的安全與經濟領域，都擁有根本性的利益。中國與美國若能客觀地處理之間的矛盾，雙邊協

作會得到進一步加強，但問題在於雙方缺乏互信基礎，這將給雙邊及區域內的政治、安全環境帶來深刻影響。

日美關係是影響這一區域政治、安全環境的又一個重要因素。未來一段時期，日本會繼續以日美同盟關係為基軸來平衡與區域內各國的雙邊、多邊關係，其國家戰略將會以一種漸進的方式演變。伴隨日本的經濟復甦，它會更積極地參與國際安全活動。日美會透過強化同盟關係，增強對東亞地區安全與政治的影響力，但伴隨雙方國家戰略的調整，同盟關係也必將出現一定的分歧。

伴隨國內政治的變化，俄羅斯的東亞政策具有不確定性與不穩定性。國際能源緊張，促進了俄羅斯經濟的發展，有可能使俄羅斯更輕易地使用能源這一武器，構建與區域內各國的雙邊關係，使其對外政策表現出一定程度的強硬。中俄關係會繼續得到發展，並對美日在這一區域內的存在給予有力的牽制。此外，朝鮮半島與東盟也是影響東亞安全、經濟與文化不可忽略的重要因素。

東亞區域內國家關係表現出兩個方面的失衡：一是權威結構的缺失，即區域內缺少各國一致認可的、規範各國政治行為的制度與機制。東亞地區缺少可以在區域內有效消減緊張關係的多邊機構與機制。如果不能發揮東亞各國的政治智慧，很難化解由於強烈的民族主義與現實利益糾紛而產生的緊張形勢。二是權力結構的失衡。冷戰時，兩個陣營內的不同國家，分屬不同集體安全組織（華約與北約）。隨著華約的解體，許多「華約」成員爭先恐後的加入「北約」。但在亞洲，日美同盟不僅沒有伴隨冷戰結束而解體，反而進一步強化，日美韓的三邊安全機制也得到加強。在這一背景下，儘管東亞地理上的軍事界限沒有發生變化，但實際上，實力對比已經出現嚴重失衡。這種「北約」東擴與美日安保強化的結果，導致了以美國為首的北約集團對俄羅斯、日美韓三邊安全合作對朝鮮及中國構成了強大的軍事壓力。可以說，這種以軍事實力為後盾的「權力」失衡，導致東亞安全格局發生了嚴重的傾斜。

東亞國家關係在21世紀有可能出現重大改變，其主要原因是，作為對國際秩序擁有關鍵影響力的美國，正在調整全球與東亞戰略。冷戰時期，美國的國家安全政策是保護本國及盟國的利益不受威脅。在東亞，美國透過美日同盟，涵蓋

軍事、經濟與政治利益。後冷戰時期，儘管美國將中國定位為潛在的對手，並強化美日軍事同盟，但區域內的重大政治、經濟問題，卻亟須中美間的協力合作才能解決。這一趨勢，有可能導致兩個不同的結果：一個是美日同盟在軍事上強化了對朝鮮、中國的圍堵，尤其是使台灣問題複雜化，有可能引發中國與美日的一場新冷戰。二是由於中美合作的加強及其外延的拓展，一旦朝鮮半島與台灣問題得以順利解決，日本的右翼民族主義可能會重新崛起，這可能惡化美日同盟，使東亞地緣政治格局出現新的演變。

21世紀，整個東亞區域體系將會發生深刻變化，與冷戰時期的兩極格局相比，表現出更多的不確定性和不可預測性。冷戰時期，兩個陣營對壘鮮明，同盟之間有著共同的威脅與安全目標，規定了明確的前景與義務。而現在，由於威脅的多元化和不斷變幻，各國的戰略目標隨之改變，世界進入了「國家間沒有永遠的朋友，也沒有永遠的敵人——只有永遠的國家利益」的時代，國家之間也變成了「選擇性合作」的關係。[16]以往的同盟關係面臨新的考驗，曾經的夥伴變成了對手，以往的對手有可能演變為有限的夥伴。這種不確定性與不可預測性，增加了國家制定對外政策的難度，同時，也使國家之間的合作變得更有選擇性。

2.東亞區域體系的特徵

各大國的權力角逐與利益紛爭，使冷戰後的東亞地區表現出競爭與合作並存的特徵。競爭是結構性矛盾造成的，合作是共有利益使然。

東亞的區域體系結構與該地區存在的三種政治安全結構模式密切相關。「透過對冷戰後東亞國際關係十年演變的觀察，我們看到這裡基本上出現了三種略見成型的政治、安全模式：多極模式、霸權穩定模式和多邊安全合作模式」[17]。這三種模式，在東亞地區都有存在的根據，同時構成了東亞地區多元、複合的政治安全結構特徵。

多極模式是多極力量相互制衡的一種狀況。在東亞地區，多極模式體現得最為明顯。俄、美、中、日四大力量是世界公認的五大力量中心的組成部分，俄羅斯、中國、日本都可視為該模式的受益國家，尤其中國和俄羅斯是比較積極的提倡多極化的國家。有能力在東亞地區尋求霸權穩定模式的國家唯有美國。美國在

有條件的遵守均勢模式的基礎上，不斷向霸權穩定的模式前進。在多個場合，美國都強調自己在世界事務中的超級大國作用和地位。「在許多情況下，美國是唯一能夠在對共同的挑戰做出國際反應時擔當必不可少的領導和具有這種能力的國家。美國在世界發揮領導和參與作用對我們的安全來說至關重要」[18]。多邊合作模式的主要倡導者是東盟，這種模式的宗旨在於防止成員之間的歧視和不信任，透過有透明度的政策，促進成員國和平解決彼此的爭端。

這三種政治安全結構模式，是東亞地區大國之間基於現實狀況所形成的權力目標，是不同國家根據自身力量制定的地區發展遠景。這三種模式的衝突與共存，反應東亞地區各種力量中心之間複雜的關係模式。這些力量之間，既有矛盾與分歧，也存在合作的利益訴求。「地區內大國權力分配格局是構建地區秩序的決定因素和物質基礎」[19]。在東亞地區各大國之間的權力分配及利益訴求，最終決定了東亞競爭與合作共存的區域體系特徵。

東亞競爭的區域體系特徵是多種原因導致的。布里辛斯基認為，造成東亞不穩定的因素有很多，包括台灣問題、圍繞南中國海的南沙和西沙群島問題、中日釣魚島問題、朝鮮半島問題、日俄北方四島問題等。這些地區熱點問題和國家間領土糾紛，是大國之間競爭及衝突的主要原因。特別是美國，在東亞地區有著至關重要的利益，被稱為是美國歐亞戰略的「遠東之錨」。世界主要大國在東亞的利益爭奪和權力角逐，使該地區具有明顯的競爭與衝突的傾向。「目前東亞地緣舞台的特點是，大國關係處於亞穩定狀態……這種狀態易於受到因不和諧的力量衝擊而造成的破壞性連鎖反應的損害。今天的遠東既有非同尋常的經濟活力，又有越來越大的政治不確定性。事實上，亞洲的經濟增長甚至可能是造成這種不確定性的原因之一，因為繁榮掩蓋了該地區的政治脆弱性，儘管繁榮提高了民族的雄心並加大了社會的期望值。」[20]

經濟的繁榮，使東亞地區的國家實力急劇增加。在東亞狹小的空間內，迅速崛起的大國之間，難免形成相互威脅與猜忌的心理，再加上該地區的各種熱點問題和領土爭端，使任何一絲的不和諧音符都有可能造成地區環境的惡化。這些因素，使相互競爭與防範的東亞地區特徵，很難從根本上改變。正如謝爾頓‧西蒙

（SheldonSimon）所指出的，「迄今為止，主導性的東亞安全研究還是基於現實主義。那就是說，最終的和最重要的，東亞國家都會繼續保護它們的主權」[21]。所以，很多學者都將主權至上的東亞國家關係，比作17、18世紀的歐洲。當時，歐洲國家之間長期征戰與對抗，將主權視為不可侵犯的信仰，現在的東亞國家，在一定程度上與此相類似。

競爭與衝突的存在，並非表明東亞地區不存在合作的可能性與現實。實際上，在地區主義蓬勃發展的國際環境下，東亞的地區一體化和國際合作趨勢，也取得了日益明顯的發展。有些學者認為，競爭或者說衝突與合作是互相包容與共存的。「沒有絕對意義的衝突，也沒有絕對長久性合作。衝突的目的是競爭者為了獲得更合理更有利的合作關係，在衝突的過程中會醞釀著合作機會、動機與具體設想、安排；合作過程中也會有不同程度的競爭。」[22]在合作過程中，利益分配的不均，造成行為體之間的衝突與競爭，而衝突與競爭又促進行為體重新調整彼此的關係，促進合作順利進行。東亞就是競爭與合作共存的區域特徵的典型代表。競爭性的國家間關係，沒有導致大規模的動亂與衝突，原因就是區域合作的積極作用。尤其是相互依賴的經濟合作關係，制約著國家之間的競爭行為，任何一個國家都不能輕易破壞地區合作，因為破壞合作的後果，將給自身帶來難以估量的損失。東亞地區的國際合作，制約並控制著國家之間的競爭行為，使它不會形成影響地區和平與穩定的破壞性力量。

東亞地區的國家間合作，與歐洲和美洲相比，還處於比較初級的階段。「從整體看，東亞地區主義表現出明顯的功能性合作色彩，政治與安全合作明顯滯後於經濟合作，呈現出高度的不同步性。這種不同步性與地區國家的東亞認同感較弱關係很大。」[23]但是，合作的趨勢，在推動東亞地區一體化的同時，也起著維護地區和平與穩定的作用。透過地區合作帶來的巨大經濟收益，已經使合作逐漸成為東亞國家的共識。首先，加快東亞地區經濟合作，不僅能夠為各國帶來巨大收益，而且可以整體性提高地區的優勢和地位。東盟就是典型的案例。其次，地區合作能夠緩解安全壓力，保障地區穩定。再次，面對全球化與地區主義浪潮，東亞國家的分散狀況不利於各個國家的可持續發展。透過合作，重建程度不同的地區規範與制度，形成地區整體性優勢，是未來國際社會的一種發展潮流。

可見，地理環境決定了相鄰國家之間必然存在某種聯繫，或者是競爭與衝突，或者是合作與友好。地理上的毗鄰，使鄰國或相近的國家之間，不能漠視彼此的存在和發展。所以，從地緣政治學的角度看，東亞地區國家之間既是競爭的關係，也是合作的關係，競爭是彼此的權力威懾與猜忌造成的，合作是基於成本收益差距做出的理性選擇。

二、冷戰後日本國際地位的再定位

國際環境的重大改變，無疑會對各國的外交戰略產生重大的影響。如何實現從冷戰型戰略向後冷戰型戰略的轉變，成為各國政府的首要課題。任何外交政策在長期實施後都會具有一定的慣性。外交政策的調整，首先要解決的就是國內和國際在既有政策長期執行後形成的歷史慣性問題。但是，由於政策變革涉及複雜而沉重的成本問題，因此，把政策延續性與改革統一起來，成為實現政策轉型的前提。

（一）冷戰後日本的戰略機遇與風險

二戰結束，日本作為戰爭禍首之一，面臨全面解除武裝和強制打擊財閥的處罰。戰後，社會主義和民族解放運動蓬勃發展。1947年英國首相邱吉爾，在美國發表的「鐵幕演說」標誌著冷戰開始，兩大陣營形成和中華人民共和國成立，使日本在東北亞的戰略地位發生了重大改變。美國在丟失對中國的控制後，開始把日本塑造成美國的遠東冷戰基地。

1948年3月初，美國國務院政策規劃研究室主任喬治‧凱南在與麥克阿瑟會談後，向艾奇遜國務卿提交了報告書。報告表示，為防止來自大陸的浸透，有必要加強日本的警察力量。凱南在他的回憶錄中說道：「日本具備了適當的警察組織，特別是具備了能夠防止來自大陸浸透的機動而有力的海上警察力量，我們就可以確定防止整個朝鮮被共產化的保障安全……」凱南的建議已經表明，日本重新成為美國平衡東亞局勢的戰略基地。自此之後，日本走上了在美國控制下的以

輔助美軍為目標的重新武裝之路。

1949年3月11日，《日美安保條約》簽訂，標誌著戰後日本與美國合作的軍事聯盟形成。從此以後，日本的戰略定位就是西方世界的遠東堡壘。在軍事上，日本自衛隊作為美國軍事力量的輔助力量，與美軍一道共同抗衡蘇聯和中國在遠東地區的影響。在政治上，日本作為西方世界一個重要盟友，具有了共同的身份和意識形態，西方對日本戰後資本主義經濟的恢復採取了支持態度。日本也抓住了這一機遇，迅速恢復了經濟實力，並最終成為僅次於美國的資本主義大國。縱觀冷戰時期日本的表現，可以將其戰略定位表述為：與美國聯盟，緊靠西方世界。日本成功利用了兩極對峙的局面，在美國庇護下，實現了自己的戰略打算，那就是積極的積蓄實力，穩步擴展自己在西方陣營的地位。冷戰沒有成為包袱，反倒給了日本機會，在全面聯盟的旗幟下，順利實現了強國的打算。到了冷戰末期，日本不僅已經重建了強大的軍事力量，實現了經濟的騰飛，而且為自己營造了一個積極的國際形象。

冷戰後，國際環境的巨大變化，使日本意識到了新的時代和新的機遇。戰略轉型變成了迫不及待的課題。日本外務省1991年版《外交藍皮書》指出，日本已能對有關國際秩序的所有問題產生很大影響，尤其是必須在亞太穩定與發展方面「造成中心作用」。這一表態，反映了當時日本舉國的樂觀情緒。但是，新的外交戰略設計，面臨挑戰外交慣性、預測未來風險等一系列問題。回顧冷戰結束後的歷史，不難發現，日本的戰略調整並不順利，它是在機遇與風險的盤步與調和中艱難進行的。

冷戰後，國際環境出現了許多有利於日本的變化。首先，一極獨大的局面，事實上造成了美國戰略凝聚力的下降。冷戰結束，意味著西方世界生存的外部威脅消失。冷戰時，美國主導西方的政治、經濟、軍事全面聯盟，具有很強的戰時或準戰時色彩，這種戰時聯盟又賦予美國大量干預其盟友內政外交事務的特權。現在，當外部威脅消失以後，西方陣營的關係將恢復到正常國家間關係，這意味著西方各國對美國的自主性將普遍增加。作為二戰禍首和前軍國主義國家，日本無力單獨提出所謂建設「正常國家」的要求，但在西方陣營凝聚力普遍下降的時

期，日本借風行船，在冷戰後近二十年內，確實增加了國家在各個方面的自主性。其次，冷戰結束，標誌著以軍事威懾為主要手段的大國競爭模式也隨之結束。在全球化時代，經濟合作成為新國家競爭模式的核心。在這種條件下，日本作為全球第二大經濟體的實力優勢被極大的凸顯出來。1990年代中期，日本一度在經濟上給美國造成巨大的競爭壓力，「日本威脅論」曾經在美國大行其道。儘管冷戰結束後，開始陷入經濟不景氣，但是日本的經濟基本面依然良好，競爭力也沒有大的削弱，這意味著日本依然掌握著巨大的戰略機遇。

當然，冷戰後日本所面臨的戰略風險也隨之增加。首先，日本擺脫對美國的依附地位，實際上就存在巨大風險。冷戰時，長期強調「美日基軸」，日本依賴美國軍事保護的狀況可謂根深蒂固。日本的軍事力量是圍繞著配合美軍作戰這一目標建設的。冷戰後，抱有建設「政治大國」的渴望，擺脫對美國的依附地位是日本歷屆政府的意願。但是，究竟以怎樣的方式、怎樣的速度？實現雙邊關係的對等性，成為一個很頭疼的問題。如果遲遲無法擺脫過度依賴美國的局面，那麼，日本國家戰略目標的實施，可能面臨喪失戰略機遇期的風險。但如果修正雙邊關係的速度過快，日本又面臨著付出巨大的可能難以承受的政治成本。一方面，美國對日本的影響是全面的，過快脫美，不但可能造成日本國際影響力的下降，也必然開罪美國；另一方面，日本國內是否做好了做一個政治大國的準備也是疑問。第二，日本雖然以巨大的經濟總量對世界發揮著重大影響，但是國際經濟政治不平衡發展的規律一直在起作用，東亞地區中國和韓國實力的增加，從一定程度上消解了日本國際影響力的增加，日本早期提出的「脫亞入歐」戰略，在當代早已過時。沒有亞洲的戰略依託，日本要充當全球政治大國的企圖根本沒有實現的可能。

（二）冷戰後日本定位的矛盾性

回顧戰後外交政策的調整，日本一直沒有很好的解決戰略轉型問題。日本期望能夠卸掉歷史包袱，徹底成為「普通國家」，但和平憲法等問題都因與歷史反思糾結在一起，根本無法取得突破。在二戰過去六十多年以後的今天，日本仍然有一股相當的勢力，在竭力為侵略與殖民尋找藉口。受傳統和既有因素嚴重束縛

的日本，要解決戰略轉型問題，首先要重新找到國家定位。

應該說，日本對自身的定位與國際社會對日本的評價長期存在著差異。冷戰後，日本經濟停滯之前，外界對日本趕超美國的勢頭多有過度的評價，隨其泡沫經濟的破碎，國際社會又存在低估日本實力的傾向。但無論如何，日本自身實力與外界評價之間的差距，都為日本正確定位和在國際社會的地位造成了消極影響。從日本的角度分析，世界第二大經濟體的地位、對國際人道主義援助的長期積極態度等因素，都使日本產生了一種自己已經是政治大國或者很容易成為政治大國的想法。1992年6月，外務省發表《日本政府關於歐洲共同體的意見》，提出要對傳統的經濟外交進行調整，在更廣泛的範圍內開展合作，把共同促進地區與全球性問題的解決當做未來與歐洲合作的重心。[24] 1996年和1997年，日本還連續頒布了《日美安保聯合宣言》和新《防衛合作指針》，表明了日美共同干預亞太地區任何潛在爭端的態度。但是，時至今日，日本與歐盟之間的政治合作依然沒有體現出來，雙方在國際事務中也沒有細化協調的態勢，而美日軍事同盟介入台海的表態，也沒有阻遏中國大陸對台獨勢力的強硬態度，反而惡化了雙方關係。一系列新政策在外交實踐中的效果不明顯，反映出日本政策制定的指向性不明、預見性不強的特點。這清晰表明，一個國家的經濟力轉化為政治力不是自發的，而硬實力轉化為軟實力也不是自發的。日本長期忽視對政治影響力的培育，在區域和全球政治事務中，缺乏清晰而一致的態度，也缺乏開放和真正融入區域化、全球化的魄力。試圖利用單一的援助手段、經合手段和與美聯盟的舉措，贏得國際地位，體現出在自我定位上的一種充滿矛盾的狀態。

查德·J·塞繆爾斯把日本的戰略總結為「不斷堅持說，現在是該『正常』的時候了。許多人聲稱他們已經準備好要擺脫自己對於美國安全保障的廉價依賴。但是，在他們用魔法變出更多的想像力和決心之前，這個盟友，這個地區，以及世界將繼續面對一個『不肯多花費氣力』的日本。」[25]

對其它國家而言，日本目前還只是一個重要的經濟大國。日本的政治力量若為世人承認，起碼需要兩個前提：第一，政策獨立性問題。與歐盟相比，日本在國際事務中的獨立性較低是一個不爭的事實。雖然，在與自身相關的問題上經常

與美國唱反調，但在區域和全球事務中，卻堅決地站在美國一邊。在重大事務上，世界各國無法指望日本成為有獨立見解的一方。第二，區域影響力問題。儘管近年來積極調整政策，試圖加強其亞洲影響力，但由於長期受「脫亞入歐」的觀念影響，且根深蒂固，日本仍然只能作為一個國家而非一個區域的代言人出現在國際舞台上。缺乏對區域重要事務的發言權和影響力，使日本在與歐盟和許多新興地區大國打交道時，無法提供更多的籌碼。

（三）冷戰後日本「普通國家」的目標實踐

二戰以後，日本走上了「吉田茂選擇」的道路。在「重經濟、輕武裝」的口號下，到70年代末，日本實現了經濟騰飛，步入了經濟大國的行列。進入80年代，隨著經濟的急劇膨脹，日本政界逐步形成了與美國東亞戰略保持一定程度的一致的同時，再以軍事力量的擴張為基點邁向政治大國的外交基調。90年代以來，日本透過美國發動的兩次海灣戰爭及「911」事件，在「國際貢獻」的名義下，先後向許多國家和地區派兵，完成了一系列的法律和行動，開始了向「普通國家」推進的歷程。

所謂的國家「正常化」，即日本如何成為「普通」國家？可以解釋為日本的再次全面崛起。這裡，除了經濟因素，更多地是指政治和軍事實力的崛起。簡單地說，現階段日本的國家利益是以成為正常國家、爭當聯合國安理會常任理事國和修改非戰憲法為首要目標。其手段是：經濟上，復甦日本經濟；政治上，修改憲法第9條和推動入常；安全上，強化日美同盟，將自衛隊變成自衛軍，實現集體防衛權。

日本政治大國化，源於1980年代前，中曾根康弘首相提出的「戰後政治總決算」。隨後90年代初期，小澤一郎的「普通國家論」，21世紀初，安倍首相的「擺脫戰後體制」，都是這一目標的延續。長期以來，日本一直在透過以下途徑尋求這一目標實現：一是，製造與渲染危機感；二是，宣揚大和民族優秀論與愛國意識；三是，全力清除戰後以來的和平理念與思維方式，歪曲歷史和灌輸戰前的歷史觀。具體做法包括：篡改教科書、參拜靖國神社、通過「國旗國歌法案」、防衛廳升格為防衛省、制定諸多法案實現海外派兵、推動「論憲」到修憲

的運動等。

目前,日本政壇無論是執政黨還是在野黨,其政治理念基本上大同小異,都贊成將國家正常化作為政府的施政目標。無論政府還是國民,對於最終成為「正常國家」的追求已成為共識。1980年代,日本曾出現正常化呼聲,但當時的國際社會和日本人民都未能接受。2005年4月的民調顯示,已有超過六成的民眾支持國家正常化的想法。

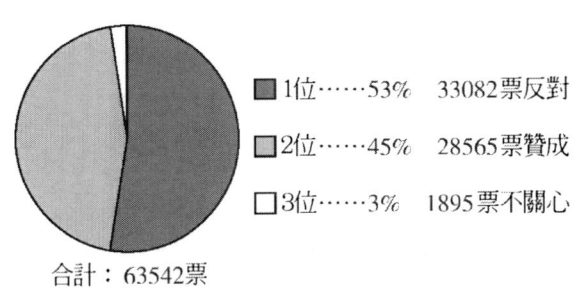

圖1

來源:http://polls.dailynews.yahoo.co.jp.

2005年10月28日,自民黨向國會提交了「新憲法草案」,將憲法第九條第2項中的「保持戰力」與「交戰權」條款刪除,明確將「自衛隊」更改為「自衛軍」。一直以來,歷屆自民黨政府的公開提法是:憲法第九條第一、二項對日本的和平具有積極意義。多次明確「自衛隊不是軍隊」、「自衛隊在海外不能行使武力」的立場。即使小泉時期,也將伊拉克派兵,稱作為「自衛隊不是去打仗,而是去實施人道支援」。但安倍首相執政後,迅速將「防衛廳」改為「防衛省」,並宣布5年之內完成憲法的修改。繼續推動「自衛隊」向「自衛軍」方向轉變。根據自衛隊法第88條規定,對於武力行使,「限制合理必要的判斷」的這一限定,有可能會隨之被取消。[26]

安倍晉三執政後,大力推動日本普通化國家目標。日本對內追求修改憲法,對外尋求集體防衛權的突破。在紀念憲法60週年的聲明中,安倍稱由美國在二戰後一手打造的日本憲法已經過時了,急需「大膽的重新審視」,尤其是要賦予日本擁有國家軍隊的權力。在現有憲法的規定下,日本沒有參與「集體防禦」

（collective defense）的權利，無法在軍事上支持聯合國安理會的決議。以往針對修改憲法的民調顯示，雖然支持憲法修改的數字不斷上升，但是，對憲法第9條禁止日本發展軍隊的修訂上，支持人數始終很難過半。2007年1月4日——10日，政府調查顯示：贊成憲法修改的國民為45%，不關心的人群為3%，而反對修憲的達53%。

與以往相比，贊成與反對修改憲法的比例越來越接近。這表明贊成修憲的，將有越來越多的發展趨勢。一旦日本政府重新詮釋憲法第9條，或將之修改，允許參與集體防禦，日本不但能夠同美國進行聯合軍事行動，還能同韓國、澳大利亞和印度加深軍事往來。這些都是保守派和民族主義人士，推動日本成為「普通國家」運動的一部分。修改憲法要在議會中獲得2/3以上贊成票，目前，還存在一定困難。一些議員認為，集體防衛的需求可以透過對憲法的解釋來滿足，不需要用大動作地修改憲法來達到。

但在修改憲法的問題上，美國積極支持的態度，將會造成一定的作用。美國的支持，不僅直接導致日本「大國慾望」的膨脹，還將讓日本借此不斷拓展軍事活動空間，導致軍事上的獨立性，出現外交政策強硬化的趨勢。如伊拉克海外派兵、強化日美安保軍事關係、推動與其它國家的軍事合作「多邊化」（multilateralize）。日本軍事實力發展到今天羽翼漸豐，已經開始更多地步入灰色地帶，更多地介入國際事務。

日本所謂的「正常化」主張，具有很強的軍事大國化意圖。透過加強在亞太地區與美國的同盟關係，與澳大利亞的軍事同盟關係，日本突出了「國家正常化」外交政策的強硬化色彩。尤其是日美同盟深化及導彈防禦計劃，已經導致中國及周邊國家的擔憂。修改憲法，推動行使集體防衛權，表明日本要拋棄「本土防衛」的政策理念。

隨著經濟全球化和美國長期反恐戰爭的需要，日本將逐步擴展本土防衛的範圍。擴大本土防衛範圍的真實意義在於：一，從此將與美國的全球戰略規劃緊密相連，在美國全球範圍的軍力投射中擔任遠征軍角色。二，在東亞地區謀求建立美國支持下的次區域霸權；三，和美國一道強化對台灣問題的干預能力，增加中

國的統一難度。

冷戰後，日本外交變革的一個重要目標，是爭取美日關係向更加平等的方向發展。冷戰時的美日同盟「建立在美國軍事、經濟和文化的強制優勢之上，是美國軍事征服與兩極對峙的冷戰格局的產物……『美日同盟』具有高度的非對稱與不平等性，其實質是被征服者對征服者的順從，是戰勝國將一個被征服民族強行納入自己的戰略軌道。」[27]冷戰結束，日本採取大量措施，「暗示自己的戰略主體性」。[28]1996年4月，日本首相橋本龍太郎同柯林頓總統簽署《日美安保共同宣言》，「再次確認並重新定義了」冷戰後的同盟關係。儘管條約保證了美國對日本的軍事控制，強調「雙方一致認為，美國繼續維持軍事力量的存在是維護亞洲太平洋地區的和平與穩定所不可缺少的。」但也強調了「政策協調」是雙方聯盟的基礎，日本獲得了對亞太地區局勢更大的發言權。1997年9月23日，公佈了修改後的《日美防衛合作指針》，與原有文件相比，新指針強調，在軍事職能上，進一步擴大日本所承擔的各項職能，為日本獲取參加海外軍事行動的權利開了綠燈。911恐怖主義襲擊之後，日本更是以協助反恐為名，把「日美聯合軍事行動」的範圍擴展至全球。可以說，在美日軍事同盟的框架內，日本已經緩慢但持續性的增加了自己的獨立權利。

日本的國家戰略主張，並不是被動地把自己「鎖進」日美同盟的框架中，而從來都是基於國家利益，透過強化與美國的同盟關係，以「防止最壞的情況發生」。利用美國的巨大軍事存在，對抗東亞可能的「軍事威脅」，如朝鮮或中國。同時，日本倡議成立「東亞共同體」，提出「泛亞整合」理念，希望同其他亞洲國家建立良好關係，「同舟共濟」，「達到最妥善的成果」。如小泉提出的東亞共同體理念，基本上是為了平衡中國提出的『東盟10+3』倡議。日本的東亞共同體概念，選擇把澳大利亞納入，安倍提出的「民主價值同盟」，與澳大利亞簽訂軍事協定。其背後的含意，顯然是利用澳大利亞與美國的盟國關係，拉過來一起中合中國在亞洲崛起的影響。

在與發展中國家的關係上，日本則注意綜合利用貿易通商等經濟和人道主義援助手段，積極向有重要戰略意義的國際焦點地區滲透。2004年8月，日本外相

川口順子的中亞四國之行，不僅承諾幫助所有國家都擁有一條通往南部出海口的便捷通道，還啟動了醞釀半年之久的「中亞＋日本」外長級對話機制，日本也從四國政府那裡得到了對在聯合國「入常」的「寶貴支持」。[29]日本的戰略投資多半以經濟合作、非傳統安全合作的形式出現，雖然低調，但多有斬獲。

與100多年前「脫亞入歐」相比，現在日本的崛起則是高舉日美同盟大旗，在日美同盟的框架下推進。可以說，這是國家戰略上的巨大改變。與20年前相比，出現很大的反差，1980年代，日本強調融入亞洲，出現「脫美入亞」的傾向。今天則希望借助日美同盟的強化，實現「政治大國」的目標。但問題是日本至今一直游離於亞洲的邊緣，不想又無法「融合於亞洲」，卻一直想借日美同盟的槓桿，來主導「亞洲的未來」，實際上造成了地區安全的不平衡。

三、日本的戰略選擇與台灣問題

一個國家的戰略決策是由該國戰略價值觀所決定。戰略價值觀轉換的條件基於以下兩個條件：一是國際戰略環境的外部劇烈變化；二是國家政治的內部急劇變革。其中任何一個條件的變化，都可能影響到國家戰略價值觀的變化。國家外部的國際戰略環境的變化，即國際政治格局和周邊安全環境的變化，通常是該國作出相應戰略決策的主要依據。因此，一國國家戰略的制定，通常立足於現實的國際體系狀況，基於國家間競爭與對抗的程度。同時，又不能脫離該國的國內條件，包括國力、地理位置、國內政治勢力組合等因素。按著湯因比的「挑戰―應戰」理論，在競爭性國際體系中，一種戰略決策的產生，必然服從於一定的價值要求。國際戰略環境的變化，將會影響到國家戰略決策。合理的戰略決策，是基於國際戰略環境和國內客觀條件的變化制定的。不合理的戰略決策，將不利於本國戰略環境的塑造，甚至會直接威脅到該國的安全與利益。

國家戰略選擇，是指一國對自己國家在當今國際政治中應當扮演的角色，及其在國際關係中所應當享有的地位。國家戰略選擇，會伴隨著國家環境的變化而

轉變。國家戰略是根據本國的實力、國際關係等地緣政治力量與結構的變化來制定的。從歷史與地緣政治視角來看，日本的國家戰略選擇，一直是以中國與美國兩個自變量為依據而制定的。在明治維新以前的2000多年裡，傳統的日本國家戰略，基本上是依據以中國為中心的東亞秩序這個自變量的變化而變化。當然，由於日本處於這一秩序的邊緣地區，加之有海相隔，使日本保持了國家戰略選擇的相對獨立性。從明治維新到二戰結束，由於中國的迅速衰落，日本國家戰略選擇發生了巨大的轉變。日本試圖透過「富國強兵」的對外擴張主義，建立一個既要摧毀以中國為中心的東亞秩序，也想擺脫以西方帝國主義國家為核心的世界體系，但最終作為國家戰略目標的「大東亞共榮圈」設想遭到了慘敗。

冷戰時期，日本的國內與國際地緣政治格局都發生了巨變。由於美國的占領，日本成為美國霸權聯盟中的從屬夥伴，同時，美國制定的和平主義憲法又制約著日本向軍國主義道路重新邁進。國際上，兩極對立的體系，使日本從屬於以美國為核心的西方國際體系的力量結構之中，共同對抗對日本構成威脅的蘇聯。換句話說，這一時期的日本國家戰略選擇，一直取決於美國這個強大國家的自變量。其外交與安全政策，基本上反映了這一時期，日本外在與自我約束的和平主義理念。

伴隨著冷戰結束，作為單極狀態下的美國及其國家戰略調整，與迅速崛起的中國及其國家戰略定位，則成為日本國家戰略行為調整的兩個關鍵的自變量。換句話講，美、中兩國的實力變化及其國家戰略調整，成為影響地區乃至世界力量結構變化的兩個關鍵因素，也成為日本國家戰略調整的首要條件及直接原因。日本的地緣戰略選擇，正是基於對美、中國力及其戰略定位這兩條主線的反應。日本的國家戰略，主要是由其國家利益與地緣政治相關因素決定的。面對亞太地緣政治格局的變化，依據國家實力，日本已經在調整其地緣戰略，重新界定自己的國家利益。

（一）冷戰後日本的「海洋同盟」戰略選擇

「單純的外部原因只能引起事物的機械運動，即範圍的大小，數量的增減，不能說明事物何以有性質上的千差萬別及相互變化。外因是變化的條件，內因是

變化的根據，外因透過內因而起作用」。³⁰冷戰後，影響日本國家戰略選擇的因素既有外因，也有內因。冷戰結束，伴隨著蘇聯、東歐社會主義陣營的瓦解，「社會主義失敗論」充斥日本媒體，導致日本的民主主義信仰進一步提升；中國的迅速發展導致日本的不安，「中國威脅論」隨之而起；日中之間歷史問題與領土問題表面化，國民對過去侵略戰爭的贖罪意識逐漸淡漠，中日之間現實矛盾激化，「台灣牌」成為日本制約中國的有效武器；美國全球戰略的調整，重新部署軍力，台灣不僅具有地緣戰略價值，又可以與美日聯動，提供中國大陸的情報訊息，美、日、台關係得到強化。北起日本，南至新加坡，加上西面的紐西蘭，已經形成完整的太平洋防衛弧線。這所有的一切都是影響日本的「外因」。

國家利益是決定日本國家戰略轉變的基本依據。伴隨民族主義情緒的高漲，日本向政治大國與軍事大國方向推進的速度加快。為此，日本政客利用一些事件，不斷製造「威脅源」，強化國民的危機意識，為修改憲法奠定廣泛的社會基礎。1996年「台海危機」，成為日本宣揚「中國威脅論」的契機，它借用對「台海危機」的宣傳炒作，迎合了美國的戰略目標，也同時求得了國民的支持，為自己增強軍事實力，實現戰略轉變製造了藉口。可以說，日本巧妙地以「台灣問題」為口實，推動國家安全的戰略轉變，向軍事大國邁出了重要一步。

冷戰後，日本發展成為經濟大國，開始推進「海洋國家」的發展戰略。有日本學者主張，作為一個「海洋國家」，日本制定國家戰略，應當「將位於西太平洋上的同經度的各國及地區，如台灣、菲律賓、印度尼西亞、澳大利亞、紐西蘭等聯合起來」，形成一個具有戰略意義的半月弧形。依據這一縱軸，建立「北起日本，中間包括台灣、東南亞，南至澳大利亞，南北縱向的西太平洋上的海洋聯邦」。一旦這種海洋聯邦形成，「以區別於其他文化的島國文化，透過民族自決、島內住民投票等方式，將會朝著獨立的方向發展。例如，同為中國人的新加坡實現了獨立，台灣的『獨立』傾向有了很大的發展。東帝汶的獨立也得到了國際社會的承認，成為尊重民族自決的國際社會的先例。」「以這些獨立的島國為中心，以不同的多元文化為背景，將會孕育著近代以來日本所追求的『以日本為中心的日本聯邦』的形成」。³¹

日本多摩大學教授日下公人提倡日本推行「島國聯盟」。他主張，為了不使大陸出現帝國，具有相同海洋文明的國家應當聯合起來對抗大陸帝國。現在的日美軍事同盟，就是為了應付亞洲大陸的帝國，確保大陸周邊地區的島國成為友好國家。在亞洲，日美軍事同盟就是要保證台灣、朝鮮半島作為「友好國家」來與大陸帝國相抗衡。[32]「海洋國家戰略」與自給自足的大陸國家發展戰略不同，它通常為自己確定一個海外擴張、尋求建立海外原料的穩定供應地與本國商品銷售海外市場的經濟模式。日本透過建設大型碼頭、良好海港、眾多巨輪，並透過填土入海，在太平洋沿岸地帶建立了集中的工業群。將世界各地的廉價資源運入日本，將日本生產出來的工業產品高價銷往世界各地。這種模式，要求具有強大的海軍與聯盟，保護海洋通道與自由貿易體制的實施。在安全方面，日本是島國，被海洋包圍，不能單純地停留於本土防衛，更重要的是透過強大的海軍制海權，保證貿易通道的暢通，維持全球自由貿易的能力。冷戰後，以發展海上自衛隊與美國軍事同盟為槓桿，日本始終在推動自己的「海洋國家戰略」目標。

日本把自己的海上防衛線，確定為由海岸以外一千海里的海域。海上自衛隊將在這一領域，確保前往日本各港口的商船安全，一千海里以外的海域，有美國協助保護。因此，日本所謂的「海洋國家」戰略，不過是「海洋同盟戰略」，[33]是以日美同盟為核心的同盟戰略。

日本「海洋國家」戰略目標的基本內容，可以歸納出以下幾點：1.維護自由、民主的市場經濟的世界秩序。2.確保西太平洋上海洋自由利用的地區秩序。3.確保日本及其周邊地區的安全。[34]

冷戰後，美國基於全球霸權的目標，既不希望在亞太地區出現海權大國，也不希望出現陸上大國。美國認為，中國是東亞的陸上強權，冷戰後的最大風險就是陸地邊緣地帶的朝鮮半島與海上邊緣地帶的台灣島被其他國家控制。因此，儘管冷戰已經結束，美國在日本與韓國仍駐有大量的軍隊，沒有放棄對台海地區的控制。美國通過《台灣關係法》及對台軍售，就是要控制亞洲沿海地區的邊緣地帶，確保這些區域不會出現強權，保證東亞地區的基本權力平衡。

雖然美國主導著亞太地區的國家關係，但由於考慮到想要深深地捲入本地區

的國際事務，僅僅依靠自己的力量顯得力不從心，因此，只有透過強化美、日、韓同盟，才能完成這一戰略部署，並長期保持美國的主導優勢。這種部署與日本東北亞戰略構想基本吻合。

美國的這種部署，當然也是對日本重回軍事大國企圖的一種箝制。日本儘管也清楚地知道美國的這一戰略意圖，但卻寧願表現出聽話學生的樣子，甘願聽從「擺佈」，其實背後一直貫穿、並一步步實現著自己的戰略構想。

日本的國家戰略，主要是由其國家利益及與地緣政治相關的諸多因素決定的。面對亞太地緣政治格局的變化，依據國家實力，日本已經在調整自己的地緣戰略，重新界定國家利益所在。日本認為，蘇聯雖然解體，但俄羅斯的威脅並沒有隨之消除。中國的和平發展，也被其視為大陸強權的崛起，如果中國實現台灣回歸祖國的統一，就會嚴重影響美國的世界霸權，也會影響日本作為海洋大國的地位。美國的全球戰略目標與日本的國家戰略目標在這裡交匯，並一直試圖共同阻止中國取得這一地帶的主導權。因此，冷戰雖然結束，但圍繞台海地區權力的鬥爭並沒有結束，而且呈現出強化、複雜化的趨勢。

可以預言，基於台灣重要的戰略位置，21世紀的未來歲月不會改變美日尋求向具有地理戰略意義的台海擴張的現實主義企圖。透過發展本國軍事力量與日美軍事同盟，日本一直在為台海地區「有事」，做著軍事介入的種種準備。

由於與美國結盟，而美國的利益又遍及全球，安全上一旦出現「威脅」，美日的協同干預將會隨即發生。美國在日本擁有海外最大的軍事基地，擁有大量駐軍，雖然為日本提供了安全保障，但在美國希望日本承擔遏制中國的責任時，日本完全有可能迅速將其巨大的經濟實力轉化為強大的軍事威力。如果中國實施對台灣的武力統一，美日同盟不僅會空前強化，日本也將藉機向軍事大國方向加速推進。同樣，如果美國對台灣問題實施軍事介入，也將會利用美國在日本的軍事基地，啟動美日安保條約的互助「功能」。這對日本來說，無疑也將面臨被「捲入」台海戰事的巨大考驗。

（二）強化日本東亞主導權

在爭取政治大國地位、邁向「普通國家」的戰略計劃中，台灣無疑構成了一

個有用的戰略棋子。但這一棋子，在不同的戰略範疇和不同的歷史階段，所能造成的作用是不同的。台灣問題作為服務於日本全球戰略的一枚棋子，其作用評估要從日本的總體戰略著眼。為實現自己的戰略目標，日本必須解決兩個問題，一個是與美國的關係問題，一個是東亞區域的影響力問題。日本的台灣政策經常要受到這兩個因素的干擾。

冷戰後，日本力圖與美國建立更為平等的關係，但這並不意味著要動搖與美國的軍事同盟關係，而只是要改變同盟內的權責分配，使美國在聯盟框架內增加對日本的依賴。在台灣問題上，日本堅持宏觀上與美國步調一致，但遇到具體問題，則要更多地打打自己的算盤。只要美國的對台政策沒有出現大的波動，日本對台政策也是穩定的。日本的台海政策具有相當的穩定性，很少因為自身的內閣調整而出現新的變動與調整，但對美國台海政策的任何變化都十分敏感。從這一意義上看，對中國而言，日台關係的重要意義低於美台關係。但是，如果從具體的雙邊活動看，日本的對台交往力度是很強的，而且往往是「少說多做」。

1990年代，台外交部長錢復、行政院副院長徐立德等得以赴日訪問，同時，日本國內的親台議員也紛紛赴台灣訪問，這標誌著日台的非官方關係已被突破。2002年11月27日，日本外相川口順子表示，日本政府「課長級」官員可以赴台訪問，課長級以上官員，如果是赴台參加亞太經合會或世界貿易組織等，日本都會「柔軟的對應」。[35]在陳水扁時代，日本國內右翼黨團更是給予民進黨極大的便利。謝長廷、金美玲等台獨大佬，都曾經利用日本提供的平台進行密集的分裂活動。2006年，駐台灣的「日本交流協會」台北事務所長內田勝久應台灣的邀請，就台灣加入世衛組織的問題向日本政府發去報告，「希望對台灣的請求給予積極的響應」。不久，官房長官福田康夫在5月14日記者招待會上發言，希望能以滿足相關各方的形式，期待著台灣能以觀察員的身份加入WHO。[36]

從區域眼光看，日本要成為世界性大國，首先要在東亞取得突破。日本對台政策，都與其試圖在東亞，尤其是在東北亞獲得或增強區域影響力有關。日本在東亞影響力問題的核心，是日本與中國的關係。因此，台灣問題也就成了中日關係的一個重要砝碼。

對日本而言，台灣問題必須同時著眼兩個目標，一是足以牽制中國，二是不要激怒中國。日台關係所具有的某種波動性，就是日本在這兩個目標中拿捏搖擺。進一步說，台灣作為日本某種意義上的朋友存在，但這種朋友關係卻要取決於日本對中國大陸的身份判斷，究竟是「朋友」還是競爭「對手」？2002年11月，小泉純一郎執政時期，其諮詢機構「對外關係工作組」提交了一份名為《21世紀外交基本戰略》的研究報告，稱「中國軍事力量的增強，從長遠看可能對日本和周邊亞洲國家構成嚴重威脅」，中國人民解放軍「從長遠看將成為東亞地區的不穩定因素」。在這種判斷下，日本對台灣「獨立」運動的援助聲浪高漲。後來，到了穩健的安倍、福田與麻生時期，日本對中國的認識趨於緩和，試圖依靠與中國合作贏得對區域事務的發言權，這時對台灣支持的力度也就隨之降低了。

儘管國際關係民主化與國際行為模式多元化，使弱小國家在國際事務上的發言權不斷增大，但同等條件下，能對國際關係與國際事務造成全局性影響的，仍然是擁有強大權力資源的大國。「地區內大國權力分配格局是構建地區秩序的決定因素和物質基礎」[37]。大國之間的權力關係，仍然是地區秩序與地區體系的主要決定因素。

東亞地區競爭性體系中的幾大主角是中國、日本、俄羅斯與地區外國家美國。除此之外，能對地區事務造成一定影響的力量，還有韓國、東盟等。在東亞狹小的空間內，這些力量難免競爭性關係的存在。在競爭性關係中，各種力量逐漸達成一種相對均衡的權力結構模式，雖然美國的實力最強，但也無法在東亞複雜的地區關係中，追求絕對的霸權地位和至上的決定權。東盟和韓國的綜合實力相對較弱，也在東亞地區事務中發揮著重要的作用，尤其是東盟，已經成為東亞地區合作的重要推動者，為東亞地區一體化提供了談判平台和機制借鑒。東亞各國的權力均勢，被很多學者比作18世紀的歐洲。一方面，大國之間的競爭關係與歐洲大國的衝突與對抗類似；另一方面，大國實力的相對均衡，使任何一個國家都不敢輕易冒險。在均衡的條件下，東亞國家也像歷史上的歐洲一樣，保持著總體上的穩定與和平。

在競爭性的地區環境下，力量均衡的各國，對於他國實力的增長都抱有明顯的戒備心理。從地理上看，美國是地區外國家，太平洋的阻隔給美國帶來了安全保障。美國對東亞事務，可以憑藉「離岸平衡手」的身份去進行遠程操縱。這種地理條件，既可以保證美國的影響力，又可以最有效的保護美國的安全不受東亞動盪局面的波及。所以，從相互依賴的角度講，美國沒有地區內國家那樣的敏感和脆弱[38]。它對地區內大國崛起所帶來的威脅，也不如地區內國家那樣畏懼。俄羅斯是橫跨歐亞大陸的歐亞國家，其發展重心一直在歐洲，東亞事務一直不是其戰略重點，東亞地區環境對它的影響力也不是特別的強烈，對於這裡大國間的力量變換也不是特別的關注。韓國就其綜合國力而言，在東亞算不上舉足輕重的大國，雖然它在朝鮮半島問題上擁有不可替代的作用，但對整個地區事務的影響力是有限的。東盟對東亞地區事務一直高度關注，對東亞地區的一體化進程保持了巨大的熱情，也做出了很大的貢獻。但是，其經濟實力的相對弱小和內部矛盾的複雜性，使其對東亞事務很難造成主導作用。

相對上述國家來說，中國和日本是地區依賴性最強、最大的國家。這兩個國家都是東亞地區內強國，與俄羅斯相比，又全部屬於東亞地區。東亞地區的任何突發事件和環境變換，都會對兩國造成巨大的影響。從戰略目標看，兩國都是對地區事務爭取發言權的國家。從地理位置看，兩國透過狹窄的水域隔海相望。這些特點，決定了中日兩國在東亞的關係必然具備競爭性。對於不斷爭取國際政治地位的日本來說，中國的崛起可能會妨害其成為地區性甚至全球性大國的努力。正是基於這樣的考慮，國內的右翼分子不斷製造「中國威脅論」，煽動反華情緒。1990年代中期以來，日本經歷了國內巨大的政治、經濟危機，成為聯合國安理會常任理事國的目標落空，表明其外交戰略受到了挫折。而中國，改革開放以後，經濟實力與日俱增，國際地位明顯提高，在東亞地區事務中的作用也越來越大。這些成果必然給日本的政治和外交野心帶來威脅，加上兩國的社會制度、意識形態的差別，歷史問題與領土爭端產生的摩擦與猜疑不斷，這些都衝擊著中日關係的發展。進入21世紀以來，中日關係日漸冷淡，日本從中國連續多年的第二大貿易夥伴國地位，逐漸下滑到第五位、第六位。美國前國務院官員奈爾‧西爾佛指出：「近幾年，中日關係的政治力學受國際關係中兩極體制的消失、中

國的崛起、日本經濟比預想更糟糕的低落這三者的影響而發生了變化」[39]。

在中日競爭性的關係中，台灣是牽制中國的一個最有利的戰略要衝。一個受控於日本的台灣，無論在政治上，還是經濟上，都能對中國形成戰略牽制。日本的台灣戰略，不僅是基於本國經濟利益的考慮，更是「以台制華」政治目標的實現途徑。對於不斷崛起的中國，台灣無論在經濟上、安全上、政治上，都擁有至關重要的價值。

就其經濟價值而論，台灣扼守中國主要的海上生命線，台灣海峽是中國最重要的海上運輸通道，中國東部沿海地區的海外貿易，主要透過海上運輸來完成。台灣海峽是中國與中東、西歐、非洲、大洋洲商貿往來的必經之地。可以認為，如果台灣地區被與中國敵對的勢力所控制，中國的貿易安全將面臨巨大的威脅，東部沿海的經濟發展也會受到制約。

台灣對於中國還具有重大的安全價值。從地緣政治學的角度看，中國屬於海陸複合型國家，傳統上比較傾向於陸權的中國，海防上一直比較薄弱。特別是中國的東部沿海地區，被韓國、日本列島、菲律賓群島、東盟諸國所形成的島嶼鏈所包圍，而台灣也是這一鏈條中的重要一環。台灣的回歸，能從安全戰略上，突破中國東部被環島包圍的局面；而失去台灣，就會導致中國經濟增長的黃金地帶，直接面對來自海上勢力的外部威脅。台灣扼守「長三角」、「珠三角」，這兩個中國最重要的經濟圈的中軸線[40]，統一台灣是中國經濟貿易安全的重要保障，而分裂出去的台灣，再與美國、日本結成同盟，使中國東部沿海地區，處於西方編織的新月形包圍圈，國家安全必將受到海權世界的直接威脅。

再從政治價值來看，台灣問題牽涉到國家主權問題。如果台灣「獨立」，不僅將大大鼓舞中國國內的民族分裂勢力，也將直接影響中國在國際事務中的形象，對於解決中國與其他國家，尤其是東亞國家的領土爭端非常不利。

正因為看到了台灣對於中國具有舉足輕重的戰略價值，日本才在中日競爭性關係中，長期執行「以台制華」政策。對於日本而言，只要能操縱與控制台灣，就能夠在經濟、安全與政治問題上，借力發力，制衡中國。

從經濟上牽制台灣。與台灣長期的貿易往來，不僅保持了日本對台灣的貿易順差，而且使台灣產生了很強的依附性。台灣著名的幾大企業都與日本有深厚的關係，有的甚至被稱為日本的「影子企業」。「日本是台灣的第一大進口國、第三大出口國，日本長期保持對台貿易的巨額順差，是日本外匯的重要來源之一。日本的九大商社，控制了台灣外貿總量的2/3，台灣引進的技術項目，日本占70%。」[41]從這種經貿往來中，日本不僅獲得了巨大的經濟利益，而且也加劇了台灣的「親日情結」，有利於對台灣的進一步操縱與控制。這種情況，還能在一定程度上，防止台灣與中國大陸經濟合作的過度親密，成為牽制中國大陸與台灣經濟依賴程度的重要因素。

從安全上牽制台灣。台灣海峽是重要的海上要衝，是中日兩國甚至包括俄羅斯、韓國等東北亞國家南下的必經之路。控制台灣，就形成了對包括中國在內的其它東亞國家的戰略優勢，不但能夠有效的牽制中國的力量，更能威懾整個東亞地區。

從政治上牽制台灣。追求地區大國，甚至全球大國的政治目地，是日本這個經濟巨人的一貫目標。在台灣問題上發揮主導作用，就能提升自身在東亞事務上的參與能力與國際地位，有利於實現「亞洲領導者」的戰略目標。

（三）實現「亞洲領導者」的戰略目標

二戰後，地區合作與地區一體化現象初現端倪。冷戰後，地區合作的深度與廣度不斷加深，各種地區性組織飛速發展，成為不可抵擋的國際潮流，東亞地區主義也在緩慢前行。

雖然，東亞國家之間存在著競爭性關係，但並不能抹殺相互合作帶來的巨大收益。競爭與合作並存的體系特徵，要求區域內任何國家都不能只看到競爭而忽視合作的重要性。1990年代末，東南亞的金融危機波及到了整個東亞地區。在這場危機中，東亞國家進一步看到了聯合自強與合作發展的重要性，從而為合作與一體化進程提供了契機。地區範圍內，幾乎所有國家都存在聯合共榮意識，但在合作模式上看法不一。由於政治制度、意識形態、宗教信仰、文化特點、經濟水平等諸多方面的分歧與差異，與當年歐盟成立，成員國經濟水平相近、宗教信

仰相似、政治制度與文化特點類似的狀況完全不同，特別是大國間的競爭性局面，很難抵消彼此的不信任感。

可以認為，在東亞地區能夠發揮重要作用的每一個行為體，從自身利益的角度出發，都有各自的關於東亞合作模式的藍圖。雖然國家或國家組織之間，在合作藍圖上存在分歧，但東亞合作進程卻在談判與溝通的模式下不斷發展。在這一合作進程中，東盟、中國、日本、韓國等區域內國家造成了重要作用，並形成了東盟與中日韓「10＋3」領導人會晤機制、東亞峰會等合作模式，成為東亞一體化的驅動力量。

在日本看來，合作與地區一體化進程，都是凸顯日本地位的一種機遇。多年來，飽受「經濟巨人」、「政治侏儒」的稱謂之苦，日本一直在尋求成為政治大國的機會。努力使自己在東亞一體化進程中發揮主導作用，是日本實現「亞洲領導者」願望的最好機會，也是成為地區強國，甚至世界強國的唯一途徑。從這個角度講，日本應該是非常願意在東亞合作過程中發揮重要作用的。從成為「亞洲領導者」的條件來看，日本的經濟條件是符合要求的，它是地區內第一大經濟強國，實力遠遠領先於其它國家，但它缺乏的是政治威信與政治影響力。

近年來，日本一直致力於在地區熱點問題上發揮更大的作用。如，中國倡導的解決朝鮮核危機並維護東北亞安全的六方會談機制，成立之初只有朝、韓、中、美四方代表，日本與俄羅斯都是後加入的。日本的這一行為，既有維護國家安全利益的目地，也是提高自己政治影響力與國際地位的一種方式。從日本一直急於樹立政治權威的角度看，台灣問題正是天賜良機。插手台灣事務，既能維護日本的經濟、政治與安全利益，也可以展示自己在東亞地區的政治地位與行為能力。在合作性關係中，更加凸出日本的國際地位和政治影響力。可以說，日本把自己對台灣問題的熱衷，作為在東亞地區構建領導者形象的地區主義的政治資本。

所以，從東亞地區合作性體系特徵的角度看日本的台灣政策，不難發現這個問題正在給日本向政治大國進軍提供了一個籌碼。在其對台灣的影響與控製作用中，人們發現日本向地區各國傳達了一個重要的信號，即東亞地區的熱點問題離

不開日本的影響與介入，在未來的地區合作機制中，日本應該成為中心國家。

「雁陣型發展模式」，只是以日本為中心的東亞經濟合作的構想，未來的政治與安全事務仍然不能脫離日本的參與和主導。這種政治野心，是日本加大對台關注力度的一種驅動因素。隨著日台關係不斷提升，在推動高層交往、擴展交往渠道、加強經濟合作、建立安全機制、支持台灣加入國際組織等方面，日台關係都取得了一定的實質性成果。台海問題不僅是日本牽制中國的一張「王牌」，更是牽動東亞地區整體格局的重要因素，是日本力圖主導東亞地區合作秩序的一個不可多得的平台。

第二章　冷戰後日本對台灣政策的變化

　　1972年以前的20年，日本的對台政策在受到美國東亞與台灣政策影響的同時，也受制於與台灣當局的外交關係，表現為親台反共的「兩個中國政策」。日台斷交後，其對台政策除了美國因素的存在、中國因素的影響越來越不可忽視，台灣內部的變化也開始成為值得特別關注的變量。如果說，1972年以前，日本對台政策主要體現為對美國的追隨，1972年以後，則明顯增加了中國因素。日台關係被置於中日關係之中。此後，儘管「七二體制」的基本框架沒有大的變化，但中、日、台兩國三方關係都發生了變化。尤其是1990年以後，伴隨著國際格局的變化、台獨勢力的發展、日本國內政局的變動及其對「普通國家」目標的追求，使「七二體制」的「一個中國政策」開始受到腐蝕。日台關係已不單純停留在經濟、貿易、文化方面的民間層次，而是開始演變成一種「準政府」形態。[42]

　　如果說「七二體制」以前，日本對台政策主要表現在軍事安全方面，那麼此後，尤其是冷戰結束後，日本的對台政策則不僅僅是軍事安全問題，而是更多地表現出政治、經濟、社會與文化等諸方面的綜合性內涵。冷戰後，日本對台政策確立了三個目標：反對中國以武力解決台灣問題，以保護日本「領土安全」等「領土目標」，也包含「航道安全」等「環境目標」。同時，還包含如何給台灣「國際地位」與「尊嚴」的「國際化目標」、維持與獲得在台灣「物質與特權」的「現狀維持」目標。上述所有目標，反映了日本國家權力在台灣問題上的惡性膨脹與具體運用，其實質表現為對台灣問題的長期性的「介入政策」。

一、日本對台灣政策的演變

（一）親台反共的「兩個中國政策」（1950—60年代末）

1945年8月15日，日本天皇裕仁宣布無條件投降。根據戰時簽訂的《開羅宣言》和《波茨坦公告》規定，台灣及澎湖列島歸還中國。中國受降官陳儀代表中國政府宣布：從即日起，台灣和澎湖群島正式重新歸入中國主權之下，所有一切土地、人民、政事，皆已置於中國政府主權之下。自此，日本殖民主義者在台灣長達五十年的統治結束。

日本戰敗後，作為國共內戰的結果，中國共產黨在中國大陸取得政權，1949年中華人民共和國成立，蔣介石政府敗退台灣，形成了兩岸對峙的局面。

如何處理與新中國以及台灣當局的關係，成為日本政府重要的外交課題。1949年7月，新中國成立前夕，透過新政治協商會議籌備會議，各黨派及各團體初步確定了新中國的對外方針，其中特別提到新中國「願意與日本迅速簽訂對日和約」，「願意在日本按照《波茨坦公告》實行非軍國主義化而且是民主化的條件下和平相處，建立經濟的和文化的合作」。但是，當時作為戰敗國的日本，不僅國力衰弱，還處在美國的軍事占領之下，幾乎喪失了國家的獨立與主權。為了盡快擺脫戰爭遺留問題，恢復國力，重返國際社會，日本的對華政策選擇了追隨美國的外交戰略——「扶蔣反共」。

1946年2月，美國駐蘇代辦喬治·凱南提出了對以蘇聯為首的社會主義國家推行「遏制戰略」。其後，該戰略便成為美國稱霸全球的指導方針。與此同時，美國的對日政策也發生了從過去的懲罰、抑制，轉向扶植、利用的根本性轉變。為了構築一個遠東地區的反蘇、反共基地，美國把日本作為遠東的戰略據點，納入了西太平洋「岸外島嶼鏈」範圍。1950年朝鮮戰爭爆發，美國派遣第七艦隊進入台灣海峽，阻止中國對台灣的統一，支持台灣擁有在聯合國的「中國代表權」，公開在軍事上、政治上給予台灣支持，從而使台灣保住了聯合國安理會常任理事國的席位，中華民國竊取了作為代表一個中國的國際地位。

1950年代初，在美國的主導下，完成了反共的美、日、台三邊軍事同盟構建，日本追隨美國，極力推行「兩個中國」政策。

1951年9月8日，在中國缺席、蘇聯等國拒絕簽字的情況下，美國和日本簽

署了《舊金山對日和約》，解除對日本的軍事管制，使日本重返國際社會，日台雙方也開始了尋求建立邦交關係的努力。

1951年11月17日，日本駐台外交辦公室在台北開設。同年12月24日，在美國的壓迫下，以首相吉田茂致美國特使杜勒斯信件的形式，推出了一個所謂的「吉田書簡」。其主要內容是：「日本政府願意與中國——日本的近鄰，在政治上完全相處，並且通商。在目前我們希望能夠與『中華民國國民政府』建立這種關係，因為它在聯合國中有著席位……日本政府準備經法律允許與『中國國民政府』締結條約……至於中共政權……日本政府無意與中國共產黨政權締結一個雙邊條約。」[43]不難看出「吉田書簡」的核心，是向美國政府保證，日本不與中華人民共和國締結條約，而是與台灣的國民政府締結條約。為了履行「吉田書簡」的承諾，1952年4月28日，日本與台灣當局簽訂了所謂的日華和平條約，即「日台條約」。該條約，完全違背《開羅宣言》、《雅爾達協定》和《波茨坦公告》的有關規定，沒有明確台灣歸屬中國。這就為後來的「台澎地區地位未定論」和「兩個中國」埋下了伏筆。[44]美國操縱的不合法的「日台條約」，為日本戰後重新「站立」提供了有利條件，而「吉田書簡」和「日台條約」則是日本在外交上追隨美國「兩個中國政策」的產物。

1952年8月5日，「日華和平條約」生效，日台正式建立了邦交關係，雙方在台北與東京互設大使館，日台之間的政治、軍事與經濟關係得以全面鋪展。與此同時，日本按「政經分離」的原則，也在謀求與中國大陸發展關係。1952年6月6日，日本與中國大陸締結了中日民間貿易協定，以維持、發展日中間實質性的外交關係。應當說，這是戰後早期日本政府推行「兩個中國」或者說「一中一台」政策的開始。

1954年12月7日，鳩山內閣成立。為了重返聯合國，尋求蘇聯的支持，糾正對美國的一邊倒政策，日本開始推動與蘇聯、中國建立關係的外交努力。同月15日，鳩山首相透過媒體提出「中共與台灣都是『獨立』的『國家』，日本希望分別與這兩個『國家』建立外交關係」的主張，遭到日本國會親台勢力的強烈反擊，也引來台灣蔣介石當局的抗議。

1957年2月25日，具有強烈反共意識的岸信介當選首相。上任伊始，他迅速訪台，公開對蔣介石的「反攻大陸政策」予以支持，這種反華政策最終導致日中貿易全面中止。

1960年1月19日，《新日美安保條約》簽訂。「條約」第六條明確規定：「為了維持日本與遠東的和平與安全，日本允許美國陸海空軍使用在日本的設施與領土」。這被稱之為「遠東條款」。同年12月26日，在國會答辯中，更進一步將「遠東範圍」界定為，包括「菲律賓以北的日本周邊地區，其中包括韓國與中華民國支配下所有地區」。至此，日本政府明火執仗地推出了干涉中國內政的公開的反華政策。

不久，岸信介內閣下台，池田內閣上台，但日本的「兩個中國」政策卻沒有改變。1961年6月19日，池田訪美，與甘迺迪總統會談，提出「中國擁有6億人口，如果不加入聯合國，是不現實的。因此，莫如在鞏固台灣在聯合國地位的同時，積極採取促進中國加入聯合國的對策」。這就是所謂的「池田構想」，其實質還是「一中一台」，因此遭到了海峽兩岸執政當局的共同反對。池田內閣時期，為促進經濟的高速發展，日本繼續推行所謂的「政經分離」政策，使日中貿易往來有了非常大的飛躍。但為了強化與台灣的關係，日本政府派遣前首相吉田茂訪台，提出「日本將提供日元貸款予台灣，積極支持台灣的經濟建設」。

1964年11月9日，佐藤內閣登場，提出繼續維持與台灣的正式外交關係，並在「政經分離」的政策框架內，發展與中國大陸的經濟關係。隨後，在美國停止向台灣貸款的情況下，日本向台灣提供一億五千萬美元的貸款，日台關係得以全面加強。

透過締結《日美安全保障條約》、「美台共同防衛條約」、「日華和平條約」，美、日、台三邊軍事同盟關係得到強化，並形成了以日美同盟為核心的西方自由經濟體與以蘇聯為核心的社會主義國家之間相互對立的冷戰體制。中國被「一分為二」，大陸與台灣分別隸屬於兩個不同且對立的陣營。

1966年，在美國政府的慫恿下，義大利提議聯合國討論中國代表權問題，並建立相關的委員會。這個企圖分裂中國、力圖製造台海兩岸永遠分裂的建議，

得到了日本、加拿大、阿根廷等國家的支持，但卻與蔣介石的戰略意圖格格不入。儘管台灣當局在軍事、外交及國際地位等諸方面全面依賴美國，但意欲「反攻大陸」的蔣介石集團一直強調自身的「正統性」、「權威性」，堅決抵制分裂，反對中華民國與中華人民共和國同時在聯合國等國際機構及國際社會上同時出現。在這個問題上，當時台灣當局的外交特徵，體現了強硬的堅持原則的一面。

一方面是蔣介石毫不妥協的「漢賊不兩立」的「一個中國」原則，一方面是不斷發展壯大的中華人民共和國一直堅持台灣是中國不可分割的一部分的堅定主張，讓美國、日本分裂中國的企圖寸步難行。應該説，海峽兩岸的共同反對是當時美日圖謀未能得逞的重要原因。

1967年11月17日，佐藤訪美，發表佐藤、尼克森「共同聲明」。聲明第四項有個「台灣條款」，認為「維護台灣地區的和平與安全，對於日本的安全而言，是極其重要的要素」。這是日本政府對中國主權的再一次公然侵犯。

「日華和平條約」簽訂以後，表明日本與台灣之間建立了正式的政府間關係。從50年代的吉田茂時期，到70年代初的佐藤榮作時期，在近20年的時間裡，日本始終沒有放棄對台灣的野心，明裡暗裡一直在搞所謂的「日台邦聯」或「日台聯合王國」的「再統合」[45]。同時，日本也一直謀求與中國大陸建立實質性關係，試圖「腳踩兩只船」，以求兩面受益。當然，日本政府也意識到了一個地域廣大、人口眾多的鄰國的存在，意識到了與中華人民共和國建立政府間關係將是國家外交的長期戰略。因此，一直在尋求並製造「兩個中國」的可能性，希望與兩岸都建立正式的政府關係。但這個叵測居心，理所當然地招致兩岸的共同抵制與反對，而無法實施。

隨著中日民間貿易的擴大，尤其是60年代中日貿易的快速發展，已經動搖了日台關係。但日本政府還是固執地在「兩個中國」的視角下，一方面摸索與大陸關係的發展，另一方面追求與台灣關係的強化。

1971年秋，在第26屆聯合國大會上，佐藤政府與個別幾個國家一道提出「逆重要事項指定決議案」。所謂「逆重要事項指定決議案」，是相對於阿爾巴

尼亞在1961年提出的「重要事項指定決議案」而言的。它支持、保留中華民國作為中國政府的代表占有聯合國的席位。而阿爾巴尼亞關於中華人民共和國在聯合國代表權問題的決議案，提議把中華民國的代表從聯合國驅逐，邀請中華人民共和國作為代表中國的唯一合法政府重回聯合國。按聯合國章程的規定，表決時，只要有過半數的會員國贊成，就應將代表席位歸還給中華人民共和國。而「逆重要事項指定決議案」則主張決議案的通過必須有2/3以上贊成票。其真實目的是反對中華人民共和國重返聯合國，繼續在國際社會造成中國「主權分裂」的既成事實。結果，這項「逆案」在55票贊成、59票反對、15票棄權的情況下流產。宣布日本等相關國家，為保住中華民國在聯合國席位努力的破產。隨後，佐藤政府透過派遣特使的方式，繼續強化日台關係。

上述一系列做法被日本學界稱為「佐藤遺產」。[46]日本方面以「佐藤遺產」為說辭，認為日本對台灣已經做到了「仁至義盡」，後來的日台斷交實屬迫不得已。實際上，日本之所以迅速改變兩岸政策，主要是基於國際形勢的變化，特別是受到了美國政策改變的衝擊和影響。同時，在兩岸問題上，支持台灣，遏制中國，不僅使日本自身的國際形象受到損害，在國內也遭到反對黨及進步勢力的強烈抨擊。為了改變這一被動局面，日本不得不先於美國，恢復了與中華人民共和國的邦交關係。

從1950年代，到中日邦交正常化這段時期內，日本一直承認台灣當局是中國的合法政權，同台灣保持著十分密切的政治、經濟聯繫。日本首相不時訪問台灣，支持蔣介石集團「反攻大陸」，還收容台獨分子，支持其在日本大肆進行宣揚「兩國」論、「台灣歸屬未定」論的台獨活動，並與台灣當局一起加入美國的冷戰陣營，共同發揮著美國反共防共「防波堤」的作用。

總的來說，「日本的『兩個中國』政策，順應美國的對華戰略需要，並服務於戰後重經濟、輕軍事的國家發展總體戰略。為了在周邊構築日本經濟發展所必需的資源供給地與產品市場，日本在台海兩岸之間製造出彼此相互防範、敵對、競爭的局面，坐收兩岸中國人的漁利」。[47]

（二）「七二體制」下的「一個中國」政策（1970年——1989年）

1970年代初期，世界形勢發生了新的變化。一方面，1971年10月，中國恢復了在聯合國的合法席位和一切權益，國際地位顯著提高。另一方面，由於蘇聯奉行大國沙文主義政策，中蘇關係轉冷並最終破裂。而恰恰這個時候，美國被越南戰爭拖累，難以自拔，在與蘇聯的軍備競賽中，又失去了原有的優勢，形勢開始向著有利於蘇聯的方向發展。為了扭轉被動局面，更好地在亞太地區乃至全球抗衡蘇聯，美國開始同與蘇聯對立的中國政府接觸，謀求和解，希望借助中國的力量，牽制蘇聯的擴張，維持亞太地區的戰略均勢。

　　1972年，季辛吉祕密訪問中國，隨後，美國總統尼克森訪華，中美開始走上和解之路。

　　美國式的「越頂外交」在日本政界引起巨大震動，導致反華的佐藤內閣倒台，即所謂的「尼克森衝擊」。在這一背景下，日本做出快速的外交政策調整。1972年7月，新內閣田中角榮上台，迅即開始與中國大陸邦交正常化談判，隨後田中角榮首相訪華，實現了日中邦交正常化。9月29日，《中日聯合聲明》簽署，日本對過去的侵略戰爭進行了反省，提到「日本方面痛感日本國過去由於戰爭給中國人民造成的重大損害的責任，表示深刻的反省」。聲明的第二、三條規定：「日本政府承認中華人民共和國政府是中國的唯一合法政府」，對於「中華人民共和國政府的重申：台灣是中華人民共和國領土不可分割的一部分。日本政府充分理解和尊重中國政府的這一立場，並堅持貫徹《波茨坦公告》第八條的立場」，從而確立了「七二體制」，表明了中日建交後與台灣斷交的立場。

　　所謂的「七二體制」是基於中美《上海公報》以及《日中共同聲明》所規定的框架，即，日本堅持「一個中國」的原則立場，日台之間僅限定於民間關係往來，不保持政府間關係。「七二體制」的起源，是在美中戰略關係調整的背景下，日本基於本國利益，追隨美國對台政策的產物。

　　應當說「七二體制」表明，日本並沒有完全接受中國的主張，對於中國主張「台灣是中華人民共和國領土不可分割的一部分」，日本政府只是表示了充分理解和尊重，而不是「承認」或「接受」。這為此後日台關係的發展與提升預留了空間。同時，為維持與台灣關係不至於完全破裂，日本派遣大平正芳外相與椎名

密使，帶著田中角榮的親筆信赴台，尋求諒解。雙方互設了具有半官方、半民間性質的聯絡機構「交流協會」和「亞東關係協會」，期望日台之間能夠維持斷交後的「實質關係」。

在日中邦交正常化以後，日本透過大平正芳外相談話的方式宣布：「作為日中邦交正常化的結果，『日華和平條約』失去存在的意義，日本確認這一條約的終了」。換句話說，日本政府透過口頭發言的方式，只是從事態結果發展的角度確認「日台和平條約」的「終了」，從而避開了正式否認「日台和平條約」的法律合法性，表明了日本政府希望繼續保持與台灣「實質關係」的願望。從本質上講，日本政府與中華人民共和國建交，只是出於追隨美國冷戰時期對蘇戰略及維護本國戰略利益的需要，而「不是從根本上打算拋棄台灣」，[48]斷絕日台關係。事實上，「七二體制」之後，為促進「日中友好」，日本在否認與台灣保持正式外交關係的同時，又在積極地開展、擴大、提升與台灣的民間交流；在表示尊重中華人民共和國有關台灣是中國不可分割的一部分的政治立場的同時，又在法律上尋找根據，主張日本並沒有完全接受中華人民共和國關於台灣是中國不可分割的一部分的政治主張。從而，為日台關係的發展預留必要的空間。

1972年是日本政府從「兩個中國政策」到「一個中國政策」的轉換點。這一方面是基於中華人民共和國國際地位的提高、台灣當局已被國際社會所孤立的事實判斷，另一方面，更受制於美國對台政策的變化。同時，也應該看到，這標誌著日本政府長期以來執行的反華的「兩個中國」政策徹底失敗。日本的台海政策必然要服從於日本的國家利益，服從於國家發展的總體戰略目標，即看重近在咫尺的中國的廣闊市場，又希望與美國一道借助中國的力量，制約日本當時最大的威脅——蘇聯的擴張。

1972年中日建交以來，日本政府基於一個中國的原則，與台灣當局斷交，只維持民間往來，置日台關係於日中關係之下。日本的對台政策，實際上變成了對華政策的一個關鍵部分。一直以來，台灣問題被中國政府視為國家利益最核心的部分，因此，日本對台政策的任何變化，都會敏感的成為中日關係的焦點而被特別關注，更被作為中日關係最具指標意義的部分去加以解讀。日本作為世界第

二經濟大國,與台灣之間的地理、歷史因素,與台灣之間的政治、經濟、安全上的聯繫,加之,日美同盟的「媒介」作用,對台灣的特殊影響不僅客觀存在,而且不可忽視。日本對台政策不僅會影響到日台關係,更是影響中日關係發展的重要因素,對亞太地區乃至世界的和平與穩定,都將產生直接作用。

1978年8月12日,中華人民共和國與日本簽訂《日中和平友好條約》。確認《中日聯合聲明》是兩國間和平友好關係的基礎,《聯合聲明》所表明的各項原則應予嚴格遵守……雖然內容不多,卻是中日建交後,兩國外交上取得的重要進展。《聯合聲明》各項原則的確認,為日後開展國際合作提供了法律基礎。

(三)冷戰後被腐蝕的「一個中國政策」(1990年至今)

冷戰後,日台之間除了經濟與人員交流的不斷擴大與強化之外,雙方的實質關係也有了明顯提升。日美甚至通過《新日美防衛合作指針》公開干預台灣問題。

1996年11月24日,中國國家主席江澤民與日本首相橋本龍太郎舉行會談。中方要求日本明確表示不支持台灣「獨立」,但日本的新聞媒體表示,橋本首相只是「表明了基於《日中共同聲明》的立場」。[49]換言之,日本沒有改變當初「尊重、理解」的曖昧性立場。此後,《產經新聞》等日本各新聞媒體被派駐台灣,加強交流,同時,中日關係卻出現了前所未有的惡化。儘管中日之間的經濟與人員交流不斷擴大,但由於日本領導人參拜靖國神社與錯誤的歷史認識,加上中日之間海上天然氣開發的爭執等,導致兩國關係滑向1972年以來的最壞狀態。

1998年11月,中國國家主席江澤民應邀對日本進行國事訪問,成功實現了中國國家主席的首次訪日。雙方發表了《中日聯合宣言》,日本承諾「繼續遵守在中日聯合聲明中表明的關於台灣問題的立場,重申中國只有一個」,「將繼續只同台灣維持民間和地區性往來」。兩國政府宣布:「建立友好合作夥伴關係」。2008年5月7日,在兩國政府簽署的《中日關於全面推進戰略互惠關係的聯合聲明》中,日本政府再次重申堅持這一立場。上述文件,構成了日本對華政策的法律基礎和政治基礎。

《中日聯合聲明》加上《和平友好條約》、《聯合宣言》、《關於全面推進戰略互惠關係的聯合聲明》等四個文件，成為約束日本對台政策制定的法律文件。後三個文件，也是「七二體制」的內容補充。

中日建交至今，從法律和政治層面上看，日本並未突破中日關係「一個中國原則」的底線，日本政府基本上沒有突破其承諾的框架，[50] 雖説這一「原點坐標」沒有改變，但是，日本介入台灣的戰略意圖、手段及日台實際關係，都有了實質性變化。冷戰後，在「尊重、理解」一個中國原則的前提下，在解決台灣問題上，日本為中國增設條件，重新確定了對台政策的原則與目標：主張和平方式，反對中國行使武力；維持台海現狀；支持台灣問題「國際化」。

1.反對中國行使武力

日本原首相中曾根康弘認為，兩岸關係的發展與日本的將來有著極其重要的關係，日本應密切關注兩岸之間的發展動向，為此提出「對台政策五原則」：第一，日美等國應當嚴格遵守和中國簽訂的《和平友好條約》、《共同宣言》及《聯合聲明》。充分理解、認識、尊重中國的「台灣是不可分割的領土」的主張。要承認這一方向，但更要關注這一過程。換言之，日本要表明希望和平統一，但反對武力統一的立場。第二，中國應當始終堅持和平統一的立場。在當今世界透過威脅與恐嚇來實現統一是很難辦到的，失去台灣人民的人心將無法實現統一。第三，不支持台灣「獨立」、加入聯合國等刺激北京政府的挑釁行為。第四，兩岸恢復政治關係，需要雙方本著誠意與持續的接觸。第五，承認通商、通航、通信「三通政策」，在兩岸具體交涉的基礎上，推動「三通」。五項原則的核心問題，是反對中國行使武力解決台灣問題，反對雙方任何改變現狀的行為與態度，主張透過維持現狀，以和平、和解的方式來解決兩岸問題。[51]

日本外務省網站上，有關「最近的台灣形勢」欄目載有這樣的聲明：圍繞台灣問題，日本的立場是強烈希望當事雙方透過直接的對話，和平加以解決。日本政府一貫反對中國有關《反分裂國家法》中的不放棄行使武力的做法，反對用和平以外的任何手段、方法解決台灣問題。另外，對於台灣方面表明「停止『國家統一委員會』的運營，停止『國家統一綱領』的實行」的聲明，日本政府表示強

烈希望當事雙方透過直接的對話，和平加以解決，不支持任何一方單方面嘗試改變現狀的做法。

2005年7月，台灣國立政治大學選舉研究中心的調查結果顯示：台灣支持立刻「獨立」的人，僅占5.4%；主張維持目前現狀而後獨立的，占16.7%；主張永遠維持現狀的，占18.5%；主張維持目前現狀而後統一的占10.7%；主張維持目前現狀而後視情況發展而定的，占36.7%；主張立刻統一的，也僅占2.6%。可以看出，維持現狀派達82.6%。如果將永遠維持現狀、即刻「獨立」和維持目前現狀而後「獨立」的加在一起，達到40.6%。支持台獨民眾從2016年的51.2%一路下滑到2018年3月的38.3%，約少了兩百萬人。

應當說，這是日本方面願意看到的一個結果，符合日美兩國主張海峽兩岸維持現狀的立場。平成國際大學法學部淺野和生教授主張：日本應與美國一道，對此民意予以支持，造成中國無法對台灣施以高壓，形成有益於這種民意產生的國際環境。[52]

對於日本而言，無論在安全防衛、政治與經濟方面，還是在國民情結方面，都難以承擔台灣回歸中國的後果。台灣作為一個「政治實體」，繼續「獨立」地維持下去，最符合日本國家的根本利益。因此，日本堅持與美國一道反對中國武力解決台灣問題，並對維持台海現狀的勢力與民意給予支持，提出「避免台灣方面的各政黨以宣傳『抗日歷史』為手段，破壞日台關係，以換取兩岸關係的改善」，「應當積極防止台灣『反日親中』的事態發生」。[53]

2.維持台海現狀

日本政府對台海「現狀」的界定，與中國政府認定的「現狀」有很大出入。其內容包括：

（1）基於與中華人民共和國建交原則，認同中華人民共和國是代表中國的唯一合法政府。同時，對「台灣是中國不可分割的一部分」只表示尊重和理解的現狀。

（2）日本放棄台灣，但沒有解決台灣歸屬的現狀。

在國際社會方面，認為聯合國的創始國和五大常任理事國之一是中國，過去由中華民國政府代表，在中華民國被迫退出聯合國之後，現時由中華人民共和國代表這一席位。換言之，聯合國席位代表問題，並沒有根本改變台灣作為一個「獨立」的政治實體，享有國際生存空間的權利。

（3）台灣問題只能用和平手段加以解決，不能透過武力解決的方式打破台海現狀。

中國政府對台海「現狀」的界定包括如下內容：

（1）台灣不是主權「獨立」國家的現狀。

（2）中華人民共和國在聯合國代表中國唯一合法政府，聯合國承認台灣是中華人民共和國領土一部分的現狀。

（3）基於中國是唯一合法政府及「九二共識」原則，台灣問題作為中華人民共和國內政問題的現狀。

（4）且認為台灣是中國領土，一個中國原則就是中華人民共和國，並否定「中華民國主權獨立」，認為中華民國於1949年結束統治的現狀。

（5）國際社會大多數國家反對台灣「獨立」的現狀。

實際上，日本對「現狀」的界定與中國國民黨主張的「治權方面不同的兩個現狀：一個中國就是中華民國以及民進黨主張的『一中一台』的『現狀』界定」相重疊。

「現狀」一詞本身具有時態性及歧異性。「現狀」是會隨著時間與台海勢態的變化而變化。因此，「現狀」的模糊性，會導致日本根據本國的需要，做出不同的界定，也會產生「維持現狀」的模糊戰略。日本對台海「現狀」界定，導引出對台政策目標「維持現狀」的不同內容。概括而言，日本所謂的「維持現狀」，包括以下幾個方面的戰略目標：

維持日本國家利益能持續及於西太平洋區域的現狀。

維持台海地區尤其是台灣海峽自由通行的安全保證的現狀。

在兩岸貿易中，維持有利於日本國家利益的日中台三邊經濟關係的現狀。

維持台灣外於中華人民共和國統治的現狀（維持台灣海峽「國際化」）。

維持美日同盟合作對中國崛起的方向有所抑制的現狀。

維持不因台獨問題而在東亞與中國有所衝突的現狀。

在「維持現狀」問題上，日本主張：（1）強化日、美、韓同盟，在此基礎上，尋求與中國的對話；（2）加大對中國台灣問題「介入政策」的力度，有助於中國遵守國際規範與相關規定，應將中國引入國際社會，構築相互信賴與瞭解；（3）台灣問題要遵守「一個中國原則」，但堅決反對中國行使武力解決台灣問題；（4）在台灣問題上，有必要保持建設性、創造性的模糊政策，防止兩岸雙方的「冒險主義」；（5）與東南亞各國一道，阻止中國在南中國海的軍事發展動向。[54]

台海「維持現狀」最大的獲利者，乃是在兩岸間謀求平衡、雙邊獲利的美日兩國。實際上，「維持現狀」的目的，就是使台灣現狀「問題化」，久而久之，就會產生事實「獨立」的結局。因此，日本對台「維持現狀」的政策目標具有很強的詭祕性。「維持現狀」的另一個側面，就是希望兩岸和其它國家不要單方面改變現狀。因此，日本反對大陸對台灣軍事壓制；反對大陸武力統一台灣；反對中國制定的《反分裂國家法》；反對歐洲對華武器銷售解禁。當然，也反對現時期台灣尋求「獨立」，單方面改變現狀的舉動。

3.推動台灣問題「國際化」

「七二體制」框架內的台海現狀，時至今日已經有了很大的發展變化。「七二體制」的產生，有中美冷戰時期戰略調整的背景，而日本的對台政策，又從屬於中、美、日戰略合作這個大的框架。換言之，1972年尼克森與中國簽署的《上海公報》以及《中日共同聲明》都對日台關係的框架做出了規定，僅限定於民間往來。冷戰結束後，美國單極化趨勢增強，單邊主義凸顯，中國又在迅速發展，國際政治影響力增強。而與此同時，台獨勢力也在空前發展，加之日本政治大國化的推進，日台雙方都感覺到此一框架拘束了日台關係的未來。為了更好地

維護「不統不獨」的「台海現狀」，出現了將具有「和平」機制的「七二體制」重新審視的呼聲。

日本一些人士認為，在中國大陸政治軍事壓力不斷增強、兩岸經濟與人員交流持續深入的情況下，為了維持台海現狀，美國的《台灣關係法》至關重要。反觀日台關係的現狀，一直受到中日邦交正常化的外交文書的制約，不存在穩定雙邊關係的法律框架，雙邊關係一直處於不自然狀態。雙方只是透過民間機構進行交流，日本無法更好地保護國家、企業、國民在台灣的利益。任何尋求與台灣發展關係的努力，都要承受來自中國大陸的壓力。「日本應當盡快擺脫日台關係之間這種不自然的現狀，應當重新審視『七二體制』框架，仿造美國的《台灣關係法》，以國內法的形式推進『日台關係基本法』的制定。」[55]

但是，也有日本政治家認為，現階段制定「台灣關係法」不具有可能性與現實性。中國的發展與強大，已成為不可逆轉的歷史現實，中美、中日之間的經濟交流空前擴大，海峽兩岸之間的經濟融合也進一步發展，這種做法不僅不會推進日台關係的發展，還會嚴重損傷日中關係，帶來不必要的矛盾激化，近而導致東亞局勢的緊張。日本自民黨參議員武見敬三認為：日本的做法不應當用尋求「七二體制」的法律突破，去直接維持、發展與台灣的關係，而應當考慮其他的方式。「在多方位的框架下，推進台灣加入『國際社會』，尤其是支持台灣在經濟領域國際組織的回歸，逐漸尋求國際社會的政治地位。在國際社會的框架下逐漸發展、昇華日台關係，是最明智的做法。」[56]他認為，日本最可行的台灣政策，應當是促使台灣問題「國際化」，支持台灣加入國際組織，隨著台灣「國際生存空間」的擴大，增加中國政府在統一上的難度。

為了達到「維持現狀」的目標，日本政府積極推動台灣問題「國際化」：贊成台灣回歸「國際社會」，支持台灣加入國際組織，如APEC、亞洲開發銀行、世界衛生組織；強化日美軍事同盟，將台灣作為防禦的適用範圍；透過日美安保條約的修改、制定相關法律，為未來「介入」台灣問題提供法律依據；強化美日台三邊合作，推進導彈防禦體系的研製與部署；加強與台灣的經濟往來，減少台灣對大陸的經濟依賴。

實際上，台灣問題「國際化」訴求，是日台雙方對於「七二體制」修正傾向的表現。日本推動台灣「擴大生存空間」，試圖以「主權國家」的名義回歸國際社會的問題，「其主張都不具備理論基礎，對於精通國際法或者擁有相關知識的人看來都被認為這種主張充滿矛盾。」[57]

（四）日本對台政策的實質

可以說，冷戰以後，伴隨著中國的迅速發展，日本對台政策調整的實質，是應對中國的「抬頭」，消解中國作為一個大國在地區與世界事務中越來越大的影響力。冷戰以後，日本對台政策的調整，也是基於國際形勢的變化以及美國對華政策的變化，包含了追隨美國對台政策調整的內容。

對於台灣問題，日本方面長期堅持所謂的刻意「模糊」政策。對於海峽兩岸的「現狀」，即台灣目前的政治及法律地位問題更是含糊其辭。作為正式見解，日本國政府承認中華人民共和國政府是中國的唯一合法政府；日本國政府充分「理解和尊重」「台灣是中華人民共和國領土不可分割的一部分」。但一些親台學者卻對歷史有不同的認知與解讀，他們認為日本只是放棄台灣的權利，並沒有權利解決台灣的歸屬問題，鼓吹「台灣地位未定論」。這與中華民國一直就是「主權獨立」國家，從未成為中華人民共和國的一部分，兩岸「分立分治、互不隸屬」的說法大同小異。由於日本政府刻意使用「理解和尊重」這樣的詞彙，為後者的解釋預留了空間，導致了對於「維持現狀」的不同解讀：（1）反對宣布「獨立」，包括反對實際台獨或法理台獨；（2）反對合併統一，包括反對和平統一與武力統一；（3）同時反對「獨立」與統一，維持目前的「模糊」狀態。

正因為日本對「現狀」的解釋刻意模糊，因此，在「維持現狀」的對台政策上也包含「模糊戰略」。但是，從日本對台政策的三個目標（即：和平解決台灣問題；推動台灣問題「國際化」；維持台海現狀）來看，日本更側重「維持台海現狀」的選項，即反對合併統一。儘管日本政府提到「和平解決台灣問題」，但與「反對和平統一」的第二個選項，在提法上並不矛盾，「和平解決」並不等於「和平統一」。在不斷推動台灣問題「國際化」、不斷強化日美軍事同盟及自身「介入」能力的前提下，所謂的「和平解決台灣問題」不過是一種假議題。日本

對台政策三個原則中的「和平解決台灣問題」與「推動台灣問題國際化」只是個手段，而維持台海「不統一的現狀」，則是日本對台政策的最終目標。這種「模糊」戰略，具有很大的投機性。透過對「現狀」與「維持現狀」的模糊，企圖使兩岸都能夠接受，但這種模糊政策所包含的危險性是無法估量，也無法消除的，任何冒險的「擦邊球」或誤算都可能導致日本捲入台海衝突或全面戰爭。

可以說，冷戰後日本對台政策的實質體現了某種程度的「介入」。日本對台「介入政策」將具有長期性。塞耶‧馬漢曾深刻指出：「利益和目標決定了戰略決策」。一個國家的戰略決策會「將長期性的觀點與短期性的觀點相結合」，「在某一時刻，長期性的觀點要服從於短期性的迫切要求，但一旦危機過後，就應當高瞻遠矚了」。對日本來說，對台「介入政策」是日本的「長期性觀點」，戰敗以後，儘管有發展經濟的「短期性的迫切要求」，但日本對台灣卻沒有「臨時忘卻」。冷戰結束，伴隨整體實力的提升，日本迅速復活了對台「介入政策」的「長期性觀點」，表明日本一貫的戰略思維，反映出日本對台海地區有根本性的安全與利益要求。這裡可以解釋為：日本對台「介入政策」是長期存在的，今後也可能由於暫時性挫折，「介入政策」有暫時性或程度性收斂，但本質上不會有根本性改變。

目前來看，「七二體制」對維持台海和平與繁榮具有效用。儘管日本對台政策的主流，還是會在「七二體制」的框架中交流，但隨著日台之間的實質關係持續深化，「維持台海現狀」、「推動台灣問題國際化」與「台灣問題和平解決」，還會成為日本對台政策今後所堅持的不變的訴求。

二、冷戰後日台「準政府」關係的提升

隨著泡沫經濟破滅，持續了十年之久的經濟低迷、不景氣和衰退，使日本國民的生活受到影響。經濟上的衰退，造成新保守主義抬頭，政治趨向右傾保守化。日本政壇的右傾保守化勢力，一部分是右翼，另一部分是右派。

右翼是極端民族主義者。他們堅持「皇國史觀」，歌頌台灣的殖民歷史，否認對華及亞洲的戰爭責任，宣揚種族歧視，主張擺脫美國成為獨立軍事大國，並以武力解決日本與鄰國的領土爭端。右翼的背後，有許多與台灣相關的團體，如「青嵐會」、「李登輝之友會」、「新日台交流會」、「台灣史研究會」、「台灣之友會」、「新歷史教科書編撰會」、「梅花會」、「日華教育交流協會」和「台灣文化研究會」等。右翼分子近似於法西斯的論調，使其很少獲得同情與支持。

右派，通常也叫保守派。保守派裡又有鴿派與鷹派之分。從意識形態上看，右派往往與右翼的意見、立場相似，尤其是其中的鷹派，大多會持有美化侵略歷史的傾向。這些人在具體事件中的表現，與右翼沒有多大分別，本質上是保守的，其基本主張為：修改憲法、謀求政治大國地位、發揮更大的自主的軍事作用。但外交上他們主張務實，同時又希望有所突破，維持或加強與美國的同盟關係，維持台海地區的勢力均衡。隨著日本政局總體上的保守化傾向，要求提升日台「準政府」關係的呼聲日漸升高。

（一）日台交流窗口的「國家」機能強化

1972年日台斷交以後，雙方互設的交流窗口，主要是透過具有政府背景的政治人物和日台雙方的派駐機構維持，而政治人物也經常以議題為中心，結成彼此聯繫的組織。作為對台民間窗口，「日本國財團法人交流協會」（簡稱「交流協會」）雖是民間組織，但實際功能等同於日本駐台「大使館」，其成員主要來自外務省和通產省等政府部門，經費主要由政府以補助金形式編列。儘管日本一直試圖突出這一機構的「民間性」，但派駐人員的政府背景卻十分引人注目。

而台灣方面，1972年12月2日成立了「亞東關係協會」，也是一個「半官半民」的機構，具體負責推動台日間經濟、貿易、技術及文化交流。實際上，透過這樣的設置，雙方都在力圖突出其國家機能的存在，為尋求台日之間的政治聯繫與「擴大國際空間」奠定基礎。

日台之間透過具有政府性質的機構設置，一開始就沒有只停留在民間經濟貿易與文化交流的層面上，而是形成了「準政府」關係。[58]正是這種「準政府」關

係，才使後來李登輝推進對日「務實外交」、尋求「國際空間」的努力成為可能。

「台灣駐日代表處」只屬於民間機構，沒有「外交資格」，也不能享受「外交特權與豁免」。初期，它沒有簽證權，對外行文或核發簽證時，只能以「中華民國駐韓大使館」的名義進行，其工作人員完全等同於一般民眾，每年必須按時重新向日本出入境管理局申請簽證，並到日本當地行政機關辦理「外國人登錄」。依據日本國內法，「亞東關係協會」不具有法人資格，其組織的代理人，在購買不動產時，只能以個人名義辦理登記。一旦有人事變動，代理人的名字必須重新更正，不僅需要花費時間，更需要向日本政府繳付很大一筆更名登記稅，台灣當局對此十分不滿。經過數年的遊說和施壓，日本外務省終於同意「亞東關係協會」的印章，可以直接在國民護照上使用，工作人員和家屬也改由外務省直接發給居留證。1990年代初，「亞東關係協會」駐日機構正式更名為「台北駐日經濟文化代表處」。雖然，台灣駐日機構名義上是「亞東關係協會」的派出機構，但它不同於日本的「交流協會」，台灣當局經常直接透過外交部與日本駐台機構聯繫，提升台日關係的意圖十分明顯。「台北駐日經濟文化代表處」作為台灣在日本的實質「外交機構」，雖然名義上屬於民間機構，但卻行使著「大使館」和「領事館」的職能。

日台之間透過「交流協會」與「亞東關係協會」，加強「政府間」溝通，處理雙方遇到的問題，每年定期與不定期的召開「貿易經濟會議」，相關部門的高官還以「觀察員」身份參加。表面上的非政府間交流，實際上對會議內容、推動交流方向起決定作用的就是那些「觀察員」。

「交流協會」作為日本對台窗口，雖然不參與對台政策制定，但卻影響日台關係發展。長期以來，台灣方面一直在推動日台間的高級別接觸，而日本方面受制於一個中國原則，還不敢放開手腳。如，在與台灣當局的官員坐在一起開會的時候，不能使用日本政府的辦公大樓；日台間政府級接觸的規格規定為副科長級別；不允許日台相關人員在外務省、防衛廳設施內會面；科長以上級別不踏入台灣地區，不使用經由台灣的飛機；台灣到日本東京的航線不得以成田機場起降，

僅能利用只供國內線使用的羽田機場等。

此前，日台之間的政治交往，主要是那些經歷過二戰的自民黨大佬與台灣當局掌控政治大局的國民黨要員。「交流協會」只處理事務性工作。2000年民進黨上台以後，原有渠道失去作用，日本政界人士除透過金美齡等少數在日台獨分子居中協調外，多數互訪都透過「交流協會」促成，這使「交流協會」的地位迅速上升，成為真正意義上的「主渠道」。

2002年末，日本改變了近20年的規則，將交流規格提高至科長級別。「交流協會」原本是日本的非政府機構，但近年來，在台灣的一系列活動，已經超出了民間窗口職能，且越來越具有了「政府」行為色彩。2003年1月20日，原日本陸上自衛隊少將長野陽一就任「日台交流協會」主任。這是1972年日台斷交以來，第一次具有防衛背景的高官就任此職。長野陽一畢業於日本防衛大學，歷任日本通合幕僚會議情報長官與情報本部計劃部長，曾以日本防衛武官分身份駐在北京日本大使館，具有豐富的安全與情報收集經驗。這一安排表明，日本政府要加強日台之間防衛情報的直接交流及共同享用，同時，表明日本加大了對台灣海峽的安全保障與東亞安全局勢情報的收集力度，也可造成「日本與台灣、美國、韓國、東南亞相關國家和地區間國防部的軍事與情報收集與交流的作用」。[59]

2002年2月12日，台灣當局派遣隸屬於「中央情報機構國家安全局」的「現役將軍」，作為「駐日防衛官」這也是日台斷交以來，首次派遣具有軍方背景的高官赴日，表明日台軍事合作已經上了一個新的層次，軍方開始了密切的接觸與合作。[60]

2002年11月，小泉首相的顧問團「對外關係的特別行動小組」發表了名為「21世紀日本的外交戰略」的特別報告。關於「如何應對中國」的問題，報告書提到「日中邦交正常化以來，日台關係在1972年《日中共同聲明》的框架下正常運行，這期間圍繞個別問題（如，2001年李登輝訪日）中國政府的態度常常過度地強硬，其結果反而給日中關係帶來很大的損失，令人感到遺憾。希望中國能像大國那樣，冷靜對待。另外，中國與台灣斷交以來日台間的實際事務的關係透過『交流協會』得以處理，今天，總結30年的經驗，基於這一期間的台灣

變化及日台關係的發展,應當考慮強化『交流協會』的作用。」

2003年12月12日和2004年12月16日,「交流協會」連續兩年在台灣舉辦「日本天皇生日招待會」,並約請台灣政要人物參加。其中,台灣外交部長簡又新出席了2003年的招待會。2006年11月21日到23日,森喜朗在台灣駐日代表許世楷的陪同下,赴台進行為期三天的訪問,並與陳水扁舉行了會晤。為了「表彰」森喜朗在推動李登輝赴日、台灣遊客赴日免簽證待遇,以及支持台當局加入國際組織等議題上「不遺餘力予以協助」,台灣當局特向其頒贈「特種大綬景星勳章」。2007年6月,李登輝到日本參拜「靖國神社」,正是由「交流協會台北事務所」主任池田維一手安排協調的。「日台交流協會」作為日台關係的紐帶,今後的作用將會越來越大。

除「交流協會」外,日本還有不少涉台機構。它們的共同特點都是以發展民間關係為名,實際上擔負著「外交」使命。日台之間正是透過「沒有外交關係的外交交涉」[61],維持並強化了「政府」交往。可以説,日台之間的「實質關係」,從產生到發展,一直隱藏著「政府」關係的影子。

（二）日台交流層級的提升

1990年代以後,日本與台灣之間的「實質關係」有所發展。日本輿論界、政治家親台論調開始提升,「台灣歸屬未定論」和「強化日台關係」的呼聲日漸升高。近年來,為了提升交流的層級,日本政府透過逐步放寬訪日限制,推動日台政界要員正式與非正式互訪,開始觸碰「七二體制」的底線。

表2-1　冷戰後日台間的「正式」交流表

時間	職位	形式	人物	影響
1990.7	台「立法院」副院長	「立法院」訪日團	劉松藩	是日台「斷交」後第一次高層代表團訪日。
1991.4	日本外務省主管東南亞事務科長	休假	長野本佳夫	赴台擔任日台「交流協會」總務部長。是日本首次派的科長級官員擔任民間領導，具有官方色彩。
1991.4	台灣「外交部」次長	公開訪日	章孝嚴	歡迎日本政府作出的擴大和台灣的實務交流，並認為此舉顯示了雙方信任的增加。
1991	日本通產相	亞太經合組織部長級會議	渡部恒三	同台灣「經濟部長」進行19年來第一次「部長」級會談
1992.11	台「行政院」經濟建設委員會委員、「總統府秘書長」、「工商協會理事長」	亞洲展望年會	郭婉容 邱進益 辜振甫	是日台「斷交」後日台官方最高層次的會面。
1993.5	日本通產省通商政策局局長	公開訪問	岡松壯三郎	磋商亞洲太平洋等問題
1993.11	日本「經團聯」會長	公開訪問	平岩外四	公開訪台並拜會台灣「總統」李登輝
1994.9	台灣「行政院」副院長	參加廣島運動會	徐立德	是日台「斷交」以來訪日級別最高官員
1994.10	台灣「經濟部長」	亞太經合組織中小企業部長會議	江丙坤	與日本通產相橋本龍太郎舉行正式會談

時間	職位	形式	人物	影響
1995.3	台北市長	城市「外交」	陳水扁	竭力推動台北和東京結為姊妹城市
1995.6	日本APEC大使	大使會談	內田勝久	與台灣「外交國際組織司司長」沈國雄會談，實現了「大使級」官員的首次接觸
1995.11	「行政院」經濟建設委員會	台灣產業代表訪日團	辜振甫	是歷史上最大規模的訪日團
1996.5	日本前眾議院議長	日本祝賀團	田村元	參加李登輝就職典禮
1997.11	日本東京都知事	公開訪問	石原慎太郎	與台灣「總統」李登輝及台北市長馬英九會面。企圖對台灣政壇繼續施加影響。
1999.11	日本東京都知事	公開訪問	石原慎太郎	與李登輝、馬英九會面，公開稱台灣為「國家」
2001.4	台灣前「總統」	「看病」名義訪日	李登輝	日台政治交往進一步密切。
2003.12	日本國會議員、前首相	公開訪問	森喜朗	在台海局勢緊張之下，不顧中國反對，訪台。
2005.9	台「總統府」秘書長	參加「台日論壇」東京年會	游錫堃	是台灣最高級別官員首次出席日方的公開活動。
2006.8	日本農林水產省副大臣		宮腰光寬	與台「總統」陳水扁、「行政院長」蘇貞昌、「農委會主席」蘇嘉全會談。開了「斷交」日本內閣在台與台當局高層舉行會談的先例。

時間	職位	形式	人物	影響
2006.9	台灣「陸軍司令」	觀光名義	胡鎮埔	觀摩日本陸上自衛隊實彈射擊演習
2006.11	日前首相		森喜朗	與陳水扁會晤
2008.8	國民黨副主席	公開訪問	江丙坤	發表主題為「兩岸關係的展望」的演講

來源：參考消息統計結果

表2-2　日台間非正式交流

時間	形式	人物、單位	活動	地點
1990.8	私人訪問	日本國會議員、參議院議員上田卓三谷煙孝	訪問台灣	
1993.2	休假	台灣「外交部長」錢復	頻繁接觸竹下登、金丸信、小淵惠三等自民黨	日本
1995.9	私人訪問	自民黨參議院幹事村上正邦	會見李登輝	台北
1996.3	私人訪問	「日華關係議員懇談會」會長藤尾正行	視察台灣「總統」選舉	台北
1997.12	「台灣國際文化基金會」	邀請以日本海上自衛隊參謀長福地建夫為首的自衛隊退役高級軍官參加「台灣的安全保障」研討會	福地建夫做了題為「海軍在安全保障中的作用」的演講	
2000.3	「中日中國大陸問題研討會」	古屋奎三為首的日本學者代表團	表示，若出現台海戰爭，日美介入，維護台海安全	台北

57

時間	形式	人物、單位	活動	地點
2001.8	政黨外交	日本年輕國會議員	赴台訪問，還拜會了台「總統」陳水扁、「行政院長」張俊雄等台高層人士	台灣
2002.4	「民間機構」舉行的日美台安保會議	台「總統府安全會議」專家、「立法委員」和部分日美前政府高級官員列席		華盛頓
2002.8	美日台三邊戰略對話會議—台北會議	日美台的軍事和外交專家參加		台北
2002.8	「西太平洋安全保障台美日研討會」	「台灣安保協會」、「日本亞洲安保論壇等單位」	森喜朗表示：日台是「生命共同體」，美日台的安全防衛要緊密合作，以防備中國	台北
2003	赴任	陸上自衛隊退役少將長野陽一	到台北赴任「日本交流協會台北事務所」主任。「斷交」後第一位赴台任職的軍方要員。	台北
2003.4	「第二屆台日政黨研討會」及「第二屆台日國會議員交流會」	自民黨政調會長麻生太郎及20日本議員	日台「斷交」30年來，執政黨現任高官第一次率團訪台	台北
2003.7	台美日三國研討會	台、日、美相關專家出席	就維護台海和平對地區穩定的重要性達成了共識	東京
2004.8	政黨外交	日自民黨青年局局長金子恭	率日本國會議員到台灣活動	台灣
2007.6	私人訪問、旅遊	台灣前「總統」李登輝		東京

來源：參考消息統計結果

　　1998年，日本國會通過法務省提出的「出入國管理法修正案」，給予台灣旅客「72小時」過境免簽證待遇，並對台灣護照予以承認。1999年9月1日，日本放寬對台簽證的期限，有效期從原來3年延長到5年，前往沖繩則予以免簽。

2005年2月9日，參議院通過《外國遊客來訪促進法》，規定從2005年3月25日到9月25日半年，特例期間到訪愛知縣世界博覽會的台灣遊客，將獲免簽證待遇。由於台灣與日本沒有「外交關係」，日方採取變通辦法，由國會立法，按特例處理免簽問題。但是，對中國大陸觀光客則從目前北京、上海等三市五省的核發簽證，擴大到對各地核發簽證。2005年8月5日，日本國會通過了有關永久免除台灣遊客赴日簽證的「入管難民法特例法案」，為台灣當局推行「觀光外交」提供了便利。

日本對許多國家和地區，包括中國的香港和澳門，均實行免簽。這種免簽不只是出於經濟上的考慮，從法律上來說，實施免簽後，只要持台當局簽發的護照就可進入日本境內，對於政治與安全交流也十分有利。但為了減少日中之間的摩擦，當時日本政府還是將陳水扁、呂秀蓮等台灣地區主要領導人以及台行政院長謝長廷、國防部長李杰和外交部長陳唐山等特殊人物作為特案處理，要求他們事前必須與日本政府進行協商。[62]日方在審議通過此法案前，已按中日兩國政府在日台關係上達成的諒解，多次透過外交渠道向中方作了說明和通報，明確承諾繼續嚴格按照《中日聯合聲明》的原則處理與台灣關係。但潛在背景是近年來日台關係總體上得到加強，其深層次的原因是日台雙方都需要推動政治、經濟及安全領域的實質性合作，從宏觀戰略上平衡兩岸關係，以應對中國大陸的迅速崛起。

（三）日台政治合作空間的拓展及其對「一中原則」的挑戰

1.支持台灣以觀察員身份加入WHO

世界衛生組織（WHO）是聯合國的下屬機構，成立於1948年，只有具有主權國家的資格才可以加入。1990年代以來，台灣當局透過友好的邦交國，開始積極爭取加入聯合國與世界衛生組織等政府間國際組織的活動，試圖謀求國際社會的承認，但屢次碰壁。

台灣謀求加入世界衛生組織（WHO）的努力，是1997年開始的。但由於國際社會普遍遵守一個中國的原則，承認台灣是中國的一部分，其友邦提案從未得到國際社會的認可。2002年4月中旬，台灣外交部政務次官高英茂召集各國駐台代表，希望在其加入WHO的問題上給予支持，並提出三點要求：（1）WHO是關

於醫療問題、包含基本人權的機構，為了台灣2300萬人民的健康，也為了台灣在這一事業中能為世界作出貢獻，台灣不僅有資格，而且有義務，必須參加。（2）為此，台灣將作為「有機的實體」存在，作為衛生健康實體，以觀察員的身份參加WHO組織。（3）希望駐台灣的各國代表，將台灣的上述想法，傳達給本國政府，希望能得到各國的理解與支持。

當時，駐台灣的「日本交流協會」台北事務所長內田勝久向本國政府發去報告：「希望對台灣的請求給予積極的響應」。不久，日本政府官房長官福田康夫在記者招待會上表示，希望能以滿足相關各方的形式，期待著台灣能以觀察員身份加入WHO。儘管日本對台灣的支持僅限於觀察員身份，但對於日本政府的明確表態，台灣當局給予了極高的評價。陳水扁親自將內田勝久請入總統府設宴款待，一些台灣要人，如，總統府祕書長陳師孟、國家安全會議祕書長邱義仁、外交部長簡又新等出面作陪。陳水扁當面向日本政府致意，感謝對其加入WHO給予的支持。9月，「日華議員懇談會21世紀委員會」組團訪台，陳水扁在出面接見時表示，現在的「日台關係是歷史上最好時期」，「相互的信賴得到強化」。

2003年，台灣發生「SARS」疫情。台灣醫學會聯盟基金會理事長、總統府國策顧問吳樹民在4月2日東京記者會上說：「今年SARS流行，是台灣作為觀察員加入WHO的一次機會。」台灣當局再次向日本發出支持的請求。內田勝久向本國政府遞交了文件，表明了自己的看法：

台灣在過去的數年，特別是在加入WTO後，把加入WHO作為自己的最大外交目標。今年5月以來，展開了積極的外交斡旋活動，與去年相比，台灣加入WHO的戰略發生了很大的變化。一直以來，為了使國際社會承認台灣主權，利用加入WHO問題尋找突破口的政治意圖凸顯，而且，不顧成敗與否，台灣現階段的重點放在了以「台灣」的名義正式加盟WHO。這一強硬努力得到了台灣醫學會等團體的支持。

SARS的蔓延，證明了實施全球化的衛生保健網絡的必要性。來源中國內陸的未查明原因的感染源，瞬間擴散到全球……但是，這期間WHO始終對台灣態度冷淡，將台灣排除在外。WHO一直根據WHO的憲章，認為台灣是中國的一個

省，只要中國不同意，就不會向台灣派遣職員，不能對台灣提供相關情報。這是一個由來已久的問題，但對日本而言，尤其是地理相鄰關係，每年人員來往超過百萬，無論是SARS，還是其他感染病，如果台灣發生了重度感染事態，只在日台框架內將無法解決。因此，WHO與台灣之間的合作體制不可缺少。福田官房長官的講話，證明了日本政府的遠見卓識。

毋庸置疑，這次SARS使台灣加入WHO的處境得到改善。在此之前，以歐洲為核心，特別是去年，日美兩國表明支持台灣加入WHO以來，這一問題已經演變成將政治問題與「人道問題」分開來對待的趨勢。借此次SARS危機，歐洲各國對將台灣排除WHO之外，同情台灣的輿論有所增加。各國政府的立場儘管尚未明朗，但歐洲主要報紙、歐洲議會、歐洲醫學會等相關的NGO團體，都有同情的言論。美國國務院經上下兩院的授權，對台灣加入WHO問題展開了對各國政府的說服工作，並且期待日本採取共同行動，對此我給予理解。

在這種情況下，我懇請中國政府，在本次WHO即將開會之際，對台灣加入WHO，給予一貫的積極支持。[63]

對此，儘管日本政府沒有給予回應，但這一動向本身，隱含了日本要積極地介入其中，具有使台灣問題「國際化」的意圖。正如內田勝久所講：「台灣的國際地位、最終的歸屬如何，美國承擔很大的責任。但也需要成立以中國、台灣、美國、日本四方會談形式的組織。」[64]

2002年5月，日本內閣官房長官在世界衛生大會上，首度明確表示支持台灣以「觀察員」身份參與世界衛生大會的立場。2003年，日本外相在世界衛生大會召開前，再度表示了這一立場。2004年，日本首次在世界衛生大會上，公開投票支持台灣。

2、實現李登輝訪日

20世紀90年代初，為尋求「國際活動空間」，台灣推出了一系列李登輝訪日計劃。李登輝卸任後，三次訪日成行，成為日台關係提升的重要標誌。這不僅是日本政府對台自主外交政策的實施，也成為日本試圖打破「七二體制」框架、

突破「一中原則」的嘗試。

1991年6月中旬，自民黨元老金丸信參加台北大學校慶並赴台演講，台灣外交部長錢復提出總統訪日的要求。對此，金丸信當即允諾，計劃安排李登輝於8月15日至18日訪問日本4天，具體手續委託「日華關係議員懇談會」辦理，但在中國的強烈反對下沒有成行。1994年，亞運會在日本廣島召開，李登輝再次謀劃出訪，日本一些右翼政客積極協助，但最終也沒有實現。

2001年4月，李登輝下台，日本政府以人道理由，批准李登輝到日本大阪治療心臟病。緊接著，2004年12月27日到2005年1月2日，李登輝攜其家屬以旅遊觀光的名義再次訪問了日本。

一直以來，台灣當局借李登輝訪日，希望提升日台關係，挑戰一個中國原則，政治意圖十分明顯。而一些親台的日本政客也積極配合，試圖突破日台斷交後的「日台關係的框架」。早在2002年，「交流協會」就李登輝訪問日本慶應大學一事進行了大量的工作，但最終沒有成行。2004年4月，李登輝對日關係的祕書鍾振宏私下找到「交流協會」内田勝久，請求從中斡旋，推動李登輝實現再次訪日計劃。李登輝的親信彭榮次也利用各種渠道，在日本外務省、政治家之間穿梭，積極爭取落實訪日行程。考慮到李登輝的政治背景及中日關係的敏感性，日本才提出在台灣「立法院」選舉之後的新年期間，準許其以「旅遊渡假」的身份訪問日本。

2001年至2004年，不到3年時間，李登輝實現了兩次訪日。儘管他已經卸去總統職位，但他並沒有退出政壇，仍然作為台獨的旗幟特別活躍。應當説，李登輝的訪日行為具有高度的政治性、敏感性，日本政府對此應是有足夠的瞭解。2003年，川口外務大臣的顧問小組提出建議，指出：「在日中關係發展不順暢的情況下，應當重新審視日台關係」[65]。

2007年5月30日，李登輝卸任後第三次前往日本，進行為期11天的訪問。日本將這次訪問確定為「文化學術交流之旅」。期間，李登輝在東京接受後藤新平會頒發的「後藤新平獎」並發表演講。後藤新平曾經在1898年到1906年日據時代，擔任台灣民政殖民長官。日本一些學者及許多親日台灣人認為，後藤新平對

台灣的醫療、衛生以及基礎設施建設等貢獻顯著，更有人視他為台灣現代化的奠基人。日本後藤新平會表示，李登輝繼承了後藤新平的志業與精神，對台灣的現代化有卓越貢獻，因此，將第一屆後藤新平獎頒發給他。

在日本期間，李登輝還在秋田國際教養大會以及東京的「李登輝之友會」分別發表演講，包括6月7日在東京發表「2007年與以後世界情勢」的專題演講。這是李登輝卸任後，首度訪問東京及發表演講。李登輝訪日的邀請者——日本「亞洲展望論壇」發起人、日本國際教養大學校長中嶋嶺雄在《產經新聞》撰文「期待李登輝博士來日」。文章稱，李登輝關於國際政治的演講「充滿學術洞察力，可與國際政治學的世界學會基調報告匹敵」。

如果說，前兩次為李登輝開綠燈，日本政府還有所顧忌，而此次顯示日本政府已經「充分放開」。2006年安倍內閣上台，在強調加強與中國、韓國、俄羅斯等亞洲近鄰關係的同時，還提出了「價值觀外交」的新思維。「人權」、「自由民主價值」自然成為李登輝訪日最熱門用語。

2007年5月25日，日本《朝日新聞》報導說，這次首相官邸與外務省商議的結果，將允許李登輝發表演說，並且基本不對發言內容作限制。此次，對李登輝如此「開放」表明，日本已著手尋找延續李登輝式的、親日的台灣政治人物的後續工作，以期親日人士未來掌握台灣，繼承李登輝親日路線，使日台關係能有新的發展。但目前來看，這樣人物很難找到，正如中嶋嶺雄所說，「再也找不到像李登輝這般學識淵博、對日本常懷深厚友誼的世界領導人。」

6月8日，在李登輝就包括美、日、中、台關係在內的國際局勢發表看法時，自民黨政調會長中川昭一，前財政大臣縞川正十郎，以及數十名國會議員，都親自到會捧場。李登輝稱，日本應該在短期內，努力擁有與中國對等競爭的能力，才能主導一兩年後的東亞政治。

6月9日，李登輝參拜靖國神社，除了有日本著名作家與前官員陪同外，日本警方派出大批人員保安，其陣容接近日本首相參拜。中國政府就李登輝訪日向日本政府提出嚴正交涉，外交部發言人呼籲日本不要為台獨勢力提供政治舞台，要求日方重視中方對此的嚴重關切。

從安倍到麻生政府，在歷史問題上雖然表現得似乎很謹慎，但在現實的台灣問題上，卻試圖走出一大步。2007年6月，允許李登輝訪日並安排其參拜靖國神社，巧妙地將靖國神社問題與台灣問題結合起來，使現實中的台灣問題透過一位具有「獨立」傾向的台灣前領導人的靖國神社參拜，表明日本對歷史問題的態度，這不能不使人聯想到日本是在表達侵台歷史的正統性問題。即使日本政府沒有這種故意的企圖，其行為本身已經產生了這種效果。李登輝訪日得以成行的事實證明，日本已經開始用提升日台關係的辦法，牽制日中關係。隨著日台關係在政治、經濟、文化及安全領域交流的不斷深化，日本政府急於調整日台關係的意圖明顯，在中日關係中，「台灣牌」的使用頻率也在增多。

三、冷戰後日台政黨交流的擴大

1993年自民黨宮澤內閣垮台，產生八黨聯合政府，導致了戰後長達40幾年的「55體制」瓦解。日本政黨政治進入了多黨制時代，出現「超黨派政治」現象。所謂「超黨派政治」，就是自民黨一黨獨大的局面被多黨聯合組閣所替代；自民黨、公明黨、民主黨等總體右傾；左翼政黨日漸衰微；政黨政治路線趨同。在參拜靖國神社、右翼教科書、領土爭端、修改突破和平憲法方面的主張，各黨派逐漸靠攏。尤其是過去制約日本右傾化的政治力量，左翼的議會席位大幅下降。作為最大勢力的左翼政黨社會黨，在村山富士聯合執政以後，透過更改黨名與路線調整，迅速向中間路線靠攏，最終沒有擺脫衰微的局面。另一個以「左」著稱的日本共產黨，伴隨日本社會右傾化和共產國際運動的巨大變遷，其政治主張也出現了大幅調整。1998年日共承認天皇制和《日美安保條約》的合法性，2000年也認可了日本自衛隊地位。左翼的凋零，使得日本政壇的平衡被徹底打破，導致了日本政治生態整體向右轉。在大國主義呼聲日漸高漲的背景下，政黨政治生態與意識形態呈現出明顯的超越性，這就形成並出現了以國家利益為核心的「超黨派政治」。

在台灣問題上,「超黨派政治」主張超越黨派政治紛爭,強化與台灣政黨的多元化交流。同日本保守勢力與美國保守勢力合流,強化日美軍事同盟,推動對台灣問題的介入。1990年代初,日本朝野各主要政黨成立了多個親台政治組織。目前,與台灣仍然有著緊密聯繫的,超黨派的組織有「日華議員懇談會」、民主黨的「日台友好議員懇談會」、「日本台灣安保經濟研究會」、自民黨的「日本台灣友好議員聯盟」、「日本台灣經濟文化交流年輕議員促進會」等五個政黨組織。與冷戰時期相比,日台之間的政黨交流越來越活躍,並且有擴大化的趨勢。這些以兩院議員為核心的親台組織,在推動日台「務實外交」、解決日台之間政治問題方面,發揮了強大的作用。其政治作用,有時甚至超過「日本交流協會」,這對於日台關係的提升,對於日台外交與政治渠道的多元化、擴大化發揮了關鍵性作用。

(一)「日華議員懇談會」——「親台派議員大團結」

1990年代以後,李登輝與陳水扁透過親台組織,在日本展開了大量院外遊說活動,並透過「金錢外交」的方式,在日本政界與財界培植了一大批「親台派」,嚴重影響著日本的外交與安保政策,構成日台關係中一個不可忽視的因素。

1993年自民黨分裂,「懇談會」曾一度受到影響。但1996年日美關係強化和《新日美防衛合作指針》頒布,促使該組織東山再起。自民黨以外的一些政黨議員,開始加入這一組織。1997年2月5日,自民黨的「日華關係議員問題懇談會」與新進黨的「日華議員聯盟」合併為「日華議員懇談會」,成為跨黨派組織。其中,包括了當時的太陽黨、先驅政黨與無所屬黨派等議員。會長為山中貞則,副會長為小澤辰男,形成「親台派議員大團結」的現象[66],成為日本影響最大的親台組織,在日台實質交流方面起著骨幹作用。

「日華議員懇談會」的成立,不僅僅是加強日台間政府層級的疏通,更考慮到親台議員的統和,增強對台發言的權威性,以消除各政黨單獨與台灣打交道、造成不必要歧義與資源浪費的顧慮。[67]合併後的「懇談會」,聚集了日本參眾兩院300名議員,占國會議員總數的40%。其中,包括自民黨202人、新進黨86

人、太陽黨7人、先驅新黨5人。被稱之為「保保聯合」，進一步表明各黨外交路線的接近，以及議員之間的相同政治理念與歷史認識。如自民黨的「大家都來參拜靖國神社國會議員會」與新進黨的「靖國神社參拜議員聯盟」、自民黨的「光明日本國會議員聯盟」與新進黨的「正確傳達歷史國會議員聯盟」中的許多議員不僅都參加進來，而且成為這個組織的骨幹。2004年「懇談會」人數為238人，包括自民黨、公明黨、民主黨及無所屬議員。其中，不乏頑固支持台獨的親台分子，如，廣島亞運會期間，積極推動李登輝訪日的村上正邦等。

「懇談會」是日本政壇影響最大的親台組織，也是極為少見的不公佈會員名單的組織。在近10年鼓動李登輝訪日事件中，每次都有「懇談會」的影子。小淵惠三和森喜朗出任首相後，該組織的許多成員成為內閣官員。現任會長平沼赳夫，原為日本經濟產業大臣，幹事長藤井孝男過去也曾任職運輸大臣。現在的麻生太郎首相、中川昭一財務大臣、原防衛大臣小池百合子、原國土交通大臣石原伸晃、民主黨幹事長鳩山由紀夫等都是該組織的重要成員。截止2006年5月，該組織的成員達240人。2014年3月時，加入日華懇的國會議員有284名。

李登輝2001年訪日，得到隸屬該會的內閣大臣平沼赳夫、麻生太郎和扇千景等人的強烈支持，使日本政府首次在台灣問題上出現公開分裂。持反對意見者受到外界強大壓力，最終被迫同意給李登輝發放簽證。此外，在免除台灣人訪日簽證的議項上，「日華議員懇談會」也造成了關鍵性推動作用。

卸任後的李登輝曾3次訪日：2001年4月，以治療心臟病之名訪日；2004年末訪日，約束其承諾「三不」，即，不與政治家會面、不發表演講、不舉行記者會；2007年6月，被標榜為「學術文化之旅」的第三次訪日，對其沒有了任何約束，不僅參拜靖國神社，而且廣會日本政客，稱「私下致力於日台之間的緊密關係的發展」，[68]並在東京發表演說，主張安倍政權必須努力把握與中國相對抗的能力，「日華議員懇談會」成員大都出席了演講會，表示予以支持。縱觀近年來日本與台灣的交流，可以看出「日華議員懇談會」的地位與影響十分強大。

2003年4月28日，該會副會長、時任自民黨政調會長的麻生太郎訪台，與陳水扁會面，開創了日本自民黨在任內閣高官訪台的先例。

2007年6月21日,台灣立法院院長王金平訪日,與該會會長平沼赳夫會談。

2007年10月10日,該會骨幹、原農業水產大臣玉澤德一郎率團赴台參加雙十典禮,並與陳水扁會面。

2008年2月18日,陳水扁授予該會前會長佐藤信二與現任會長平沼赳夫最高榮譽勳章。

2008年7月4日,平沼赳夫會長主持台灣駐日代表許世楷夫婦送別宴會。

2008年8月4日,該會骨幹成員、原外務省副大臣矢野哲朗為團長訪台,與馬英九會面。

2008年8月7日,立法院長王金平接受時任日本自民黨幹事長的麻生太郎的邀請,與該會的10名成員會談。

2008年9月24日,麻生太郎當選日本首相,該會的11名成員入閣。

2008年10月1日,台灣新任駐日代表馮寄台上任,拜會該會的成員。

「日華議員懇談會」自成立以來,一直以台灣國民黨為主要交流對象。其目的是「為了日本國的未來、亞洲的安定與世界和平,而必須採取的緊密的協調機制。」[69]2000年民進黨上台後,會長平沼赳夫帶隊出席了陳水扁的就職儀式。「日華議員懇談會」中的年輕議員提議,與民進黨建立新的交流渠道,並對台灣的民主化與多元化給予支持與肯定。2007年5月,「日華議員懇談會」以龜井久興為團長的議員團訪台。陳水扁在會見時表示,3月開通的台灣新幹線,是日台合作的結晶。對「日華議員懇談會」的積極努力給予高度肯定評價。

(二)「日台國會議員友好聯盟」——發展與「台灣國」關係

2001年5月9日,屬於「日華議員懇談會」的日本自民黨中堅力量、年輕議員小林興起挑頭兒成立了「日台國會議員友好聯盟」(簡稱「日台議聯」)。其中,包括日本國會議員28名、台灣立法委員44人。小林興起任會長,高市早苗任副會長,幹事長為米田建三。

「日台議聯」設立的宗旨:在與「中國維持健全關係的同時,增進與台灣友

好關係及其緊密的聯繫」，並將台灣視為「亞洲自由民主國家」。[70]公然將台灣作為一個「國家」對待，推動與台灣之間的政治對話與議員交流。[71]小林興起認為，「日華議員懇談會」已經無法適應日台關係發展的需要，對台交流方面明顯力量不足，而且多年來只是保持著與國民黨之間的來往，與台灣的民進黨關係疏遠，因此，需要新的組織與力量發展對台關係，並且應當將台灣視為「國家」來對待。自民黨成立以來一直把對台關係定位在政黨交流，「日台議聯」的這種做法，不僅在自民黨中引起爭議，也引起了駐日美國大使館的關注。[72]

2001年8月24日，「日台國會議員友好聯盟」在台北召集會議，正式推舉小林興起任會長，林重謨任台灣方面的會長。小林興起發言稱：「透過日台關係的強化，能夠為亞洲的和平做出貢獻。」[73]此後，8月29日，原日本農業大臣「日華議員懇談會」副幹事長中川昭一訪台，組建了「日台『兩國』國會議員論壇」，自民黨與台灣民進黨新的溝通渠道得以建立。[74]

2000年5月陳水扁上台後，拜託訪台的小林興起能夠促成李登輝訪日，「日台議聯」開始為李登輝訪日問題奔走。2001年春，時為日本經濟財政大臣的麻生太郎作為「日華議員懇談會」副會長，積極促請內閣給李登輝簽發簽證，並從中斡旋。與此相對應，台灣方面設立了「台日交流聯誼會」，由台灣立法院超黨派立法委員組成，希望透過議員之間的這一系列活動，強化日台雙方國會關係，同時，促使日台「政府級」關係不斷提升。

2002年7月，台灣以立法院副院長江丙坤為團長的「台日交流聯誼會」，一行27人訪日，強調「對日外交關係的組織不僅僅是政府部門，如果透過台日雙方國會議員之間的往來進行的話，日台關係將會得到強化」。[75]

2005年10月底小泉進行內閣改組，任命的17位內閣閣員中有9位是「日華議員懇談會」與「日台議聯」的雙料成員，由此可見，日本的親台勢力是多麼強大。2006年，由於小林興起為首的「日台議聯」的核心成員，反對小泉的郵政民營化改革，從自民黨中脫離出來，「日台議聯」的活動也處於休止狀態。4月26日，以「日台議聯」為基礎的「日本台灣經濟文化交流年輕議員促進會」成立，主張關注台海安全問題，「台灣的安定與安全對於日本而言是不可缺少的一

環」。[76]並以此為切入點，推動今後日台經濟文化的交流。「日本台灣經濟文化交流年輕議員促進會」，實際上是一個代替「日台議聯」的新組織。

自民黨與台灣當局的另一個交流窗口「自民黨青年局」的作用也不可小視。「自民黨青年局」與自民黨同期成立於1955年，作為自民黨的前衛組織，在自民黨50幾年的歷史中，在對外交流、培養人才等方面造成了很大的作用。目前，自民黨在全國有45歲以下的青年黨員20多萬人，「自民黨青年局」局長一職，一向被視為年輕政治家成名的寶座。竹下登、宇野宗佑、海部俊樹與安倍晉三等自民黨總裁與內閣總理大臣都曾擔任此職。「自民黨青年局」與台灣關係非常久遠，每年都要推動與台灣之間的傳統交流，相互安排很多友好訪問，成為日台之間交流一個相對固定的窗口。早在兩蔣時期，為了拓寬這一窗口，台灣方面特別強化了國民黨青年組織——「中國青年反共救國團」。當時，海部俊樹、小淵惠三都曾作為「自民黨青年局」的幹部，致力於日台之間的交流。

1972年中日建交之後，「自民黨青年局」一如既往地開展對台交流，成為自民黨唯一的傳統的交流窗口，至今仍然發揮著重要作用。自民黨411名國會議員中，青年議員84名，構成了年輕議員對台交流的核心力量，成為持續推動日台之間政治、經濟與文化等各方面交流的主力。「自民黨青年局」主要以研修、交流會的形式推動日台年輕議員互動。僅2007年一年，「自民黨青年局」接待了7批次的來自台灣的國民黨與民進黨議員訪問。同時，「自民黨青年局」也派遣110名年輕議員赴台灣研修，與民進黨、國民黨「議員」開展交流。

（三）「日台友好議員懇談會」——支持台灣回歸「國際社會」

2000年5月，陳水扁當選台灣總統，日本的親台勢力空前活躍。為了與自民黨爭奪日台關係強化的主導權，日本最大在野黨——民主黨仙谷由人等年輕議員於2000年4月發起成立「日台友好議員懇談會」，中野寬成出任會長，會員30人，大多為民主黨年輕議員，成為同台灣民進黨建立友好關係的最大政黨。陳水扁的就職儀式，民主黨派遣「日台友好議員懇談會」會長中野寬成及中津川博鄉、大江康弘、長島昭久等4人出席。同年8月，民進黨12人組團訪日，是民進黨上台後的最大訪日團體。

「日台友好議員懇談會」的建立，改變了過去超黨派「日華議員懇談會」作為日台政黨交流的格局，致使日台政黨交流更加多元化、頻繁化。2000年8月，仙谷由人等「日台友好議員懇談會」成員訪台。在與陳水扁會談時，表示將會努力促使李登輝訪日，[77]引起了民主黨內部爭論。為了不刺激中國，2000年9月末，民主黨召開幹部會議，制定出對台交流的新的基本方針，規定政黨間交流將會依循以往的做法，繼續推進與中國共產黨之間的黨際交流，而與台灣政黨之間的交流只侷限在「日台友好議員懇談會」的框架內進行，[78]顯示了對中國方面的顧慮，強調與中國共產黨交流的優先性。但實際上，民主黨的對台政策已經朝著背離中日關係的方向邁出了重大的一步。

2001年5月，民主黨前幹事長菅直人在上海發表演講，認為國際社會應當支持台灣加入聯合國。2002年9月18日，在東京一次公開討論會上，他再次提出支持台灣加入聯合國，「中台雙方加入聯合國，在此框架下討論統一問題，可以避免軍事解決的後果」。[79]2002年11月13日，菅直人與仙谷由人等「日台友好議員懇談會」成員訪台，與陳水扁、李登輝舉行會談，背離了民主黨對華政策的基本方針，引起了民主黨領導層的不滿。對此，民主黨代表鳩山表示，菅直人支持台灣加入聯合國的發言，「不能說是一個普通議員的發言」，應給予牽制。認為其訪台一事，「不代表民主黨訪台」。[80]面對民主黨內眾多議員主張強化與台灣之間的交流，民主黨領導層表示，黨的基本政策仍是基於《日中聯合聲明》，堅持「一個中國」的原則。2008年6月13日，「日台友好議員懇談會」在會長池田元久帶領下訪台，與台灣前副總統呂秀蓮會談，池田會長高度評價了民進黨對日台關係提升所做出的努力，同時，對民進黨在台灣民主化方面的功績表示敬意。

2004年5月18日，由民主黨國會議員47人組成的「日本台灣安保經濟研究會」成立。會長為中津川博鄉，幹事長為長島昭久，事務局長為大江康弘。研究會的宗旨是「全面長期地支持台灣回歸國際社會」，希望透過日台議員的交流，實現東亞的和平與安全。

2004年11月24日，該會透過5點決議：（1）尊重並支持在「憲法」、「國名」更改問題上的台灣民意；（2）支持台灣加入WHO；（3）促成李登輝前總

統訪日；（4）實行台灣旅遊觀光客的簽證免簽；（5）實現在日台灣人的國籍名稱更改為「台灣」。決議文還明確記載：「支持台灣的民主化自由化」[81]，對台獨勢力給予明確的支持。此後，該組織在日本國會遊説李登輝訪日及支持台灣加入世界衛生組織，並鼓動執政黨與在野兩黨以決議文的形式給予明確支持。[82]由於得到這一組織的支持，不久之後，上述決議的前四項內容均得以實現，可見這一組織在日台政治交流中的作用之大。

2005年2月28日，該會會長中津川博鄉、事務局長大江康弘等民主黨議員赴台參加台灣公投遊行，嚴重地干預了中國內政。2006年9月19日，「研究會」在東京召開懇談會，民主黨參眾兩院的議員參加。台灣前國防部副部長蔡明憲發言，希望透過這一管道，強化日台間的軍事交流。日本參議院議員田村秀昭也在會上強調「日台應一起面對中國的威脅，推進軍事交流」。

自1997年成立以來，民主黨以「日中友好議員聯盟」為框架，推進日中友好交流事業。但陳水扁上台後，民主黨出現了改變對華政策的主張，以「日台友好議員懇談會」為核心，黨內年輕議員迅速集結，發展成為有50名國會議員參加的親台組織，並與自民黨議員一起為李登輝訪日遊説奔走，在日本政界出現以民主黨為核心的日台交流的「新潮流」。[83]這種「新潮流」的背後，隱藏著對台獨勢力給予支持的企圖。原有的超黨派「日華議員懇談會」，儘管也是親台組織，不過在台獨問題上很難形成公開的統一意見。但透過與新生代日本年輕議員組織的交往，可以明確得到對台灣自由民主、台灣國際地位上的支持。而且，透過與自民黨的「日台議聯」與民主黨的「日台友好議員懇談會」雙向交流，刺激了日本兩黨之間的競爭，可以形成有利於台灣爭取國際空間發展的競爭機制。

為了使交流更加順暢，台灣方面在小泉參拜靖國神社問題上、釣魚島歸屬問題上，都採取了極其寬容的態度，積極宣傳日台自由民主的相同體制，建立相應的交流機構。2002年4月，民進黨創建「台日政治精英會」，以此促進與日本親台議員的交流。

（四）「日台地方議連」——「促進日台兩國的共存共榮」

日台間的交流並不僅侷限於國會層級，日台地方議員的往來也越來越頻繁。

2003年8月30日,由日本東京、京都、兵庫、神戶等地方議會議員參加的「促進日台關係地方議員會議」(簡稱「日台地方議連」)在東京池袋賓館舉行。出席會議的日本各都道府縣地方議員大約有40人(全國入會會員為70人),包括自民黨與民主黨的很多骨幹。會上選舉東京都議員名取憲彥為會長,神戶市議員和田有一郎為事務局長。台灣駐日代表羅福全、前拓殖大學校長小田村四郎等參加並致祝詞。李登輝也發來的賀詞表示祝賀。

「日台地方議連」的宗旨:「從日台地方交流的角度,促進日台『兩國』的關係,喚起日本全國對日台『兩國』歷史的認識,促進日台『兩國』的共存共榮」,名取憲彥會長發表就職演說稱:「日台『兩國』在社會、經濟上的交流還不能說是完全的順利,對於日本而言,台灣是十分重要的『國家』,作為地方議員深切認識到『日本和台灣在對等的『國與國』的關係下一定要謀求共存共榮』」。「對於這一地方的議員組織,最重要的是在日本國內將年輕的一代,培養成對台灣有新的認識的一代」。「在台灣我們也希望透過這個中堅組織,能培養出瞭解日本的新一代年輕人。」實際上這也充分表達了「日台地方議連」的基本理念。

大會通過了「關於支持台灣加入聯合國的大會決議文」,稱「日台地方議連」懇切希望,台灣作為「國際社會的一員」加入聯合國。今後從各地方交流事業開始,增加會員,改善台灣在日的「外國人登記證明的國名記載」,支援「台灣正名」運動,支持台灣加入聯合國、WHO等國際組織。

2003年9月6日,作為支持台灣的實際行動之一,「日台地方議連」有20名會員參加了在台北舉行的「台灣正名運動」遊行,並到台灣總統府訪問了副總統呂秀蓮。李登輝親自感謝稱:「恭喜『日台地方議連』成立,對於日本各地初次聚集來的親台派地方議員,我感到意義重大,同時,對於諸位援助台灣『正名運動』,不勝感激。透過此次運動,台灣有了尊嚴,推動了台灣人民的國家目標的實現。與此同時,也強烈希望與貴國之間的關係能有更深一層的發展。台灣『正名運動』,日本是發祥地。目前在貴國,在日台灣人的外國人登記證明上的國籍記載的仍然是『中國』。懇請貴國政府將其改正,修改為『台灣』,這是此次運

動的初衷。⋯⋯據我所知，『中國』和貴國，歷史上就形成了很深的紐帶。今後如果透過年輕的一代能夠架起這座橋樑，我堅信『兩國』之間的友情會有高一層的加深。」

2004年3月，「日台地方議連」發表聲明支持台灣「公投運動」，稱「台灣的未來只應由台灣人民決定，任何國家都不應干涉。台灣的『公投運動』，是民主主義的表現，台灣人權利不可侵犯。」[84]

自民進黨上台以來，日本國會議員訪台呈迅速上升趨勢。尤其是2001年以來，陳水扁強化對日關係，透過各種手段拉攏日本議員，以增進對台灣所謂自由民主的認識，形成日本國會議員訪台的歷史最高峰。2001年8、9兩個月，日本各政黨密集訪台。8月23日，自民黨的「日台議聯」所屬議員12人訪台；29日，多個議員團體集中訪台，即便被視為對中國友好的自民黨原幹事長加藤弘一也赴台演講；其他相繼訪台的，還有自民黨的中川昭一、衛藤征士郎、龜井久興等議員。各議員團體訪台期間，紛紛與陳水扁、李登輝及政界、財界要人會面，廣泛交流意見，尋求政治對話，開始了日台政黨交流與政界交往的多元化與頻繁化時代。這期間，作為日本地方首長的東京都之事石原慎太郎、長野縣知事田中康夫也先後造訪台灣。

2001年8月20日，日本民間機構「亞洲戰略會議」（會長中條高德），在台北舉辦日台關係報告會，參加的24名議員中有民主黨的、自由黨的，也有無黨派的，會議討論了「擁有自由民主等共同價值觀的日台合作的必要性及與中國共存的問題」。[85]除了政黨組織與台灣頻繁交流外，日本的一些右翼組織對於日台關係的提升也造成了推波助瀾的作用。成立於1973年3月的青嵐會，是日本比較重要的親台組織，成立當初的會員，大多是否認歷史事實的右翼人士，包括藤尾正行、渡邊美智雄、中川一郎、濱田幸一、中山正暉、原田實等人，幹事長就是反華親台的石原慎太郎。

近十年來，由於李登輝、陳水扁不斷向日本右翼勢力示好，使日本對台灣的興趣不斷增加，各種新興親台民間團體大量出現，主要包括「新日台交流會」、「梅花會」、「台灣史研究會」、「日華教育交流協會」、「台灣文化研究會」

和「台灣之友會」等。其中「日華教育交流協會」成立於1972年，是日台民間交流團體中歷史最長的組織之一，成員約有200人。該組織與李登輝關係密切，1997年在創立25週年紀念會上，李登輝還特別發去書面祝詞。

　　日台之間每年還會定期舉辦「東亞經濟人會議」。台灣還設有「日本人會」與「日本人工商會議所」、「台灣高座會」等。這裡值得一提的是「台灣高座會」。二戰時期，日本強徵台灣的青少年到神奈川縣高座郡軍工廠生產軍工武器，許多人死在日本。戰後，返回台灣的人在「戒嚴令」解除之後，成立了為日本戰爭歌功頌德的組織，並將日本稱為「祖國」。該組織1987年成立，是個地道的「親日」團體，在台灣島內有18處分會所，會員有3000人，會長李雪峰。與其相呼應，在日本也成立了「高座日台交流會」，會長由野田毅擔任。

第三章　日本與台灣的安全關係

　　軍事與安全政策是日本對台政策的核心與綱領性內容。無論是冷戰時期，還是冷戰以後，「維持台灣地區的和平與安全，對於日本的安全而言是極其重要的內容」。[86]日本對台軍事安全政策，具有如下戰略意圖：（1）避免中國打破美日主導下的東亞勢力均衡；（2）防止中國「咄咄逼人勢力」的「禍水東進」，避免對日本其他「環境目標」的威脅，如，東海油田開發、釣魚島問題；（3）維護美日在台海地區的經濟利益；（4）保護西方自由民主制度，防止中國社會主義意識形態的「擴張」；（5）追隨美國對台干預政策，遏制中國的和平崛起等。

　　日本對台軍事安全政策的實施方式是多方面的，大體可以分為：「硬性介入」與「軟性介入」。所謂「硬性介入」，是基於軍事實力的「硬權力」，透過「同盟」與本國軍事力量的加強，而實施的軍事權力上的一種干預。所謂「軟性介入」，是透過相關法律的修改、制定以及日美政策的協調，在強化「硬權力」的同時，透過外交、經濟、文化等「軟實力」相關手段，實施對中國大陸的制衡。兩者的主體都表現為透過日美同盟進行「共同干預」。

　　日本對台軍事安全政策的實質，體現出「硬性介入」與「軟性介入」共同干預的顯著特徵。透過一系列對台軍事安全政策的實施，推動了美日台之間安全「命運共同體」的形成。

　　自1972年中日恢復邦交正常化以來，日本對台軍事安全政策成為對華政策的重要部分。冷戰結束後，國際格局板塊發生了遷移，以2001年為分界線，形成了一種新的、不同特徵的後冷戰構造。1989年——2001年，隨著蘇聯解體、兩極對立消逝，美日同盟開始設定新的戰略目標。1996年，台海危機出現，為

美日同盟重新定義提供了契機。日本迅速調整了對台安全政策，以日美同盟為手段、以軍事安全為內容的「硬性介入」成為這一時期日本對台安全政策的主要特徵。這一時期，日本對台安全政策明顯地表現出對中國大陸「圍堵與遏制」的企圖。2001年「911」事件發生後，國際形勢出現轉變，東亞國際體系進入相互融合又彼此競爭的時代，美國改變了將中國作為「假想敵」的戰略考慮，而日本出於對國家利益的考慮，在使用「台灣牌」方面也開始有所收斂，對台政策「軟性介入」的特徵十分明顯。這一時期，日本對台安全政策由遏制戰略（對抗）向勸阻戰略（威懾）轉變。

冷戰結束後，日本的對台政策不再單純考慮軍事安全層面，更多地表現出政治、經濟、社會與文化等多層面、綜合性特徵，但軍事安全政策作為核心內容，始終貫穿並在對台政策中一直起著主導作用。在新的環境下，平添了許多誘發中日之間發生對立的新變數。

冷戰後，日本的對台安全政策主要體現在三個方面：提高對台海事務的關注度，透過日美同盟介入台海安全事務；透過戰區導彈防禦體系的建立以及安保適用對象的調整，試圖將台灣納入日美同盟安全保護之中；透過相關法律的修改、制定以及政策的協調，最大程度地應對兩岸出現改變現狀的突發事件，以保證維持台海現狀的目的。

冷戰後，儘管日本的對台政策還沒有表現出直接軍事介入的跡象，但確實對兩岸政治、經濟、社會與文化方面的交流與統合產生了深刻影響。

一、日美安保體制下的日本對台灣安全政策

（一）日台安全關係——日本安全保障的「新基軸」

1.日本海上生命線

由於台灣的地緣戰略價值，日台安全關係構成了日本安全保障的重要基軸。

台灣地緣戰略的重要性，在日美安保條約與日本的防衛大綱中多次言及。2000年8月，日本外務大臣河野洋平在中共中央黨校演講時稱：「台灣海峽的和平與安定對於日本而言具有生死攸關的重要性」。[87] 2006年5月，日本前海上自衛隊航空自衛群司令官川村純彥在接受台灣「中央社」記者採訪時聲稱，台灣在東亞的戰略地位不容置疑，它密切關係到日本海上生命線的通暢。

台灣之所以重要，關鍵在於它的位置。「一個海港還是一個海峽，其戰略價值都取決於：（1）它的位置；（2）它的力量；（3）它的資源。人們可以在位置合適之處積聚力量和資源，但無力將一個地點本身並不優越的位置予以改變，因而位置應成為首先關注所在。」[88]美國海軍軍官和歷史學家馬漢得出這樣的結論：控制海洋，特別是控制具有戰略意義的狹窄航道，對於大國的地位至關重要。[89]

過去，對一個國家的安全評估，往往注重領土與領海安全。與以往不同的是，在經濟全球化的今天，各國經濟依賴加深，表現為互有投資，互為市場。實際上，一國只是靠本國的資源與市場，已經無法滿足需要。國家的發展速度，取決於對海外能源等寶貴資源和市場的占有能力，而對具有戰略意義的海上航線的控制，則是保證國家安全的關鍵。正如馬漢所指出的那樣：「對海洋——尤其是沿著由各國的利益和商業勾畫出的重要航線——的控制，是決定一個國家力量和繁榮程度的主要物質因素。之所以如此，是因為海洋是世界上極重要的聯絡媒介。」「對商業的打擊就是對有關國家交通的打擊。它截斷了它的營養，它使之忍饑挨餓，切除了它的力量之根基、戰爭之筋骨。」[90]

台灣海峽是扼守東亞的海上交通要衝。台灣島及其附近島嶼是東海到南海的必經之路，具有海上要衝的制控作用。台灣島以東的太平洋，是美國、俄羅斯、日本等大國海軍活動的重要區域，在這些國家的軍事戰略中占有重要地位。台灣海峽作為中國的「東南大門」，向東北可以通過日本海，與九州島和本州島之間的關門海峽及瀨戶內海相連；向西南通過馬六甲海峽，與印度洋相通。台灣海峽不僅是台灣島東西海岸海上聯繫的必經之路，而且也成為聯繫日本海與黃海、東海、南海的捷徑。它控制著日本通往印度洋的重要航道，不但直接關係到日本的

安全,同時也控制了日本方向的太平洋戰略區域。另外,台灣島西海岸與中國大陸的政治經濟中心滬京津地區隔東海與黃海相望,直接牽連到中國東部沿海的安全。由此可見,地緣戰略、地理位置是亞太地區各大國特別關注台灣的重要原因。1986年2月,美國海軍部宣布,將台灣海峽列為在全球需要控制的16個海上航道的咽喉之一。1997年5月17日,日本自民黨幹事長村上正邦在台灣與李登輝會談時說:「台灣正如日本的喉嚨,處於重要的航道上,日本理所當然地持有關心。」[91]

台灣島位於亞歐大陸的東部,從地理的角度看,隔台灣海峽位於亞洲大陸東端的海上「邊緣地帶」,處於中國大陸隔台灣海峽向外延伸、過渡的特殊地理位置,成為大陸與海洋力量交匯的緩衝帶,自古及今,都是大陸國家與海洋國家兩種地緣政治力量角逐的要害地區。美國著名國際關係理論家斯皮克曼提出的「邊緣地帶」理論認為,「誰支配著邊緣地區,誰就控制歐亞大陸;誰支配著歐亞大陸,誰就掌握世界的命運」。[92]台灣作為海上「邊緣地帶」,具有重要的地緣戰略價值。這種位於大陸邊緣和幾個大國之間的地理位置,使其具有邊緣、橋樑、緩衝的地緣戰略意義。海上邊緣地帶的特徵,是處於大陸心臟與海權的邊緣,夾在海陸強權之間,具有獨特的防衛與進攻的地緣戰略意義,是圍堵大陸心臟地帶的關鍵。

2.日美安保的「第一島鏈」

台灣不僅靠近主要的貿易通道,擁有良好的港口,其位置是無可替代的戰略資源,一旦發生戰事,將會化作巨大的無形力量。台灣與亞洲大陸隔台灣海峽相望,有海峽作為屏障,既可對抗外敵入侵,又便於打擊敵人,進可攻,退可守,是天然的海軍基地。台灣的地理位置,決定了其重要的軍事意義,被喻為「不沉的航空母艦」。中國海軍要進入太平洋,必須先經過西太平洋第一島鏈當中狹窄的海峽。從日本九州島開始,經台灣,到菲律賓,全處於美國及其盟國的控制之下,將中國封閉在內海,等於在中國的腹部插上了一把利劍。因此,台灣不僅關係到中國東南沿海經濟中心的安全,更是中國國家安全的核心問題。

台灣是日美安保「第一島鏈」上最重要的一環,控制了這一戰略位置,就把

握了戰略優勢。失去了第一島鏈，就很難維持西太平洋的戰略均勢。台灣的戰略優勢，使它在歷史上多次成為外國軍事力量侵略中國的跳板，二戰時，日本飛機就在台灣機場起降，轟炸中國大陸的沿海及腹地。

現階段台灣對日本所具有的政治價值在於遏制大陸發展，挑起兩岸軍備競賽，拖延中國的崛起速度。對日本而言，台灣海域的經濟地位也十分重要，不僅每年有70%的出口貨物要通過台灣海域，作為進出東南亞各國的重要門戶，台灣又是日本石油運輸的主要通道。

維持台海現狀，可以保障資源通道的安全，遏制中國海軍進入大洋，壓縮中國的戰略空間。台灣的戰略地位是不可取代的。從這個意義上說，「日本因素」不只是客觀存在，而且也是影響兩岸關係的主要外部因素之一。

近現代史表明，台灣島已成為大國的角力場。19世紀末及20世紀初的甲午戰爭、日俄戰爭、第二次世界大戰，台灣島作為日本殖民地一直充當著進攻大陸的基地，顯示了戰略上的關鍵作用。

戴維‧休謨指出，「維持力量平衡實在是基於常識和明顯的道理」。二戰以後，台灣由以往的地區均勢抗衡，演變為美蘇全球性對立的前線地區。今後，台海地區仍將是敏感而脆弱的政治板塊，它不僅關係到東北亞局勢，也必然是大國縱橫捭闔的全球戰略中不可或缺的一部分。

3.地緣政治規律與圍堵中國戰略圖謀

學者在探討地緣政治規律問題時，基本認同於這樣一種觀點，即「地緣的遠近在這裡具有重要的作用。距離近的國家，相對於距離遠的國家來說，對本國的影響會大得多」[93]，可見距離的遠近對國家的地緣政治戰略有著巨大的影響。距離近的國家之間會感受到對方的權力壓力，所以很容易走向敵對，中國古代的「遠交近攻」思想就體現這樣一種地緣政治內涵。造成這種情況的原因是，「一方面，因力量隨距離增加而衰減，這樣，傳送力量的費用隨距離而增長……另一方面，一個國家的實力以本國領土為源頭向外界傳播，這種力量在本國領土上最為強大，對外擴散時強度遞減，離國內基地距離越遠，力量變得越弱」[94]。雖然

隨著科技水平的提高和運輸手段的多樣化，距離的作用已經不再像遠古時期那樣難以抗拒，但是國家總是特別關注來自於鄰國的威脅，1960年代的古巴導彈危機說明了世界上最強大的國家也不能脫離距離製造的安全感，導彈在古巴和在蘇聯對美國的威脅程度是不同的。在科技日新月異的現時代，距離與安全的密切關係仍然存在，西歐與美國在喬治亞能否加入北約問題的立場迥然不同，原因在於西歐擔心會被喬治亞拖入與俄羅斯的對立甚至衝突之中，從而造成歐洲的動盪不安，而作為「離岸平衡手」的美國由於大西洋的阻隔作用而不能或較少受到這一問題帶來的安全威脅，可見，距離的遠近和地緣因素至今仍然是影響國家安全和國際關係的重要因素。

從地緣政治學的角度看，中日關係就或多或少受這種規律的影響，雖然中日關係的複雜性受歷史問題、領土爭奪等多方面因素的影響，但是距離上的不安全感可能是中日關係長期不能取得突破性進展的重要因素。從地理條件看，中國屬於大陸沿海國或稱海陸複合國，而日本是島國，兩國沒有領土交集，但是相隔狹窄的水域隔海相望的地緣條件使雙方仍然算得上是鄰國，任何一個國家的權力增大都會讓對方感到威脅，特別是雙方在相鄰海域內存在東海大陸架及釣魚島等問題上存在領土糾紛，而現有國際海洋法領域尚無解決該問題的有效方案，這樣一來使兩國關係較多的依賴於地緣因素。中國是海陸複合型國家，向外發展既可以透過陸權，也可以透過海權，在歷史上中國一直是比較傾向於陸權的國家，但是隨著海洋資源及海上交通的重要性日益增加，任何國家都不能忽視海洋權益，一向被認為是陸權國家的中國，在未來很有可能會更加注重捍衛對周邊國際海洋法公認合法的海域內的權力，特別是隨著中國的實力日益增長，這種傾向會更加強烈，而這必然與隔海相望而又存在分歧的日本產生利益紛爭，在日本看來，防止中國在太平洋上謀求更多的海洋權益的遏制戰略是基於地緣政治角度形成的切實可行的計劃，而台灣由於地理的、歷史的原因必然成為遏制中國戰略的重要棋子。

對於日本來說，一個親日的台灣不但能在政治上對中國施加壓力，成為中日關係中有利於日本的重要籌碼，更能在地理上形成牽制中國的力量，從地理上看，台灣海峽是整個東北亞地區各國遠洋交通運輸的必經之路，控制台灣就等於

控制了中國的海上交通要道，所以說在台灣扶植親日政權是日本遏制中國戰略的重要步驟，這種重要性不僅是基於政治，更是基於地理因素得出的結論。

（二）遏制中國——日美同盟「矛與盾」的「硬性介入」

台灣問題是中國內政，但日、美在台灣利益盤根錯節，日本對台海事務具有借助日美同盟「硬性介入」的企圖。

日美同盟正式起步於1951年9月，雙方簽訂了「日美相互合作及安全保障條約」，確定了日本提供基地，美國保護日本的權利與義務關係。這種同盟關係，具有鮮明的「人與物」非對等的基本構造特色。從50年代開始，日本積極推動安保條約的修改工作，最終在1960年代初期，完成了對舊條約的修改，將第六條日美同盟的防衛目標，改成「為了遠東的和平與安全」日本提供基地等。同時，將「遠東範圍」界定為，「菲律賓以北的日本周邊地區，其中包括韓國與中華民國支配下所在地區」，被稱之為「遠東條款」。1967年11月，日美發表佐藤、尼克森「共同聲明」。其中，第四項被稱為「台灣條款」，認為「維護台灣地區的和平與安全，對於日本的安全而言，是極其重要的要素」。這份聲明明確表現出美日分裂中國的企圖。

1979年中美建交以後，雖然美台之間斷絕了正式的外交往來，但美國國會通過《台灣關係法》，以國內法的形式，用向台灣出售武器等手段，繼續「干預」台海事務。而日本，雖然沒有上述法律手段，但透過實施「日美安全保障條約」的條款，對台海事務保持了連帶的責任與義務。日美軍事同盟，透過「日美安全保障條約」的修訂，對周邊事態與「適用對象」的確認，擁有隨時干預台海局勢的權力。換句話說，和平時期美國通過出售武器，強化台灣的防禦能力，一旦台海有事，《台灣關係法》及「日美安全保障條約」則成了日美武力干涉台灣的「法律基礎」與另一手段。

1970年代，中美關係緩和，日中之間也實現了關係正常化，面對蘇聯咄咄逼人的態勢，日美透過「防衛合作計劃」的制定，將蘇聯作為共同防範的目標。冷戰時期，美日同盟的合作是遏制蘇聯；冷戰結束以後，隨著蘇聯的解體，中、美、日共同對抗蘇聯的「鐵三角」基礎不復存在，中、美、日三邊關係的戰略構

造發生變化。中國改革開放國力增強，被美、日等國視為「今後15—25年將超過美日的地球上最大的經濟力量」，「中國的強大令日本感到不安」。[95]美日兩國成為製造、宣傳「中國威脅論」的源頭。日美互動開始增加，並尋求重新「定義」日美安保條約。

與此同時，台灣內實施一系列「民主改革」，開始對歷史進行修正與翻案，否認「一中原則」、李登輝訪美、「兩國論」頒布，國際與島內勢力開始挑戰「現狀」，亞太與台海地區局勢進入了轉型期。1989年以後，美日利用中國的「六四」事件，推動與中國的意識形態對立，並實施經濟制裁。美國允許李登輝訪美，更對「台海危機」造成了推波助瀾的作用。美日藉機修改，並重新「定義」日美安保條約，對華實行政治、軍事的「圍堵政策」。過去因借助中國而弱化的對台介入政策，開始重新強化。修訂以中國為「假想敵」的日美安保條約，成為冷戰後日美安保軍事同盟的共同戰略方針。日本成為美國「遏制中國發展」的全球戰略的重要力量。[96]

1991年第一次海灣戰爭、1994年朝鮮核危機以及1995年海峽兩岸的嚴峻對立，為日美同盟的「再確認」提供了機會。1996年發表了《日美安全保障共同宣言——面向21世紀的同盟》，1997年制定了《新日美防衛合作指針》，將「日本周邊事態」作為日美同盟防衛範圍，將維持亞洲、太平洋地區的安定作為日美同盟新的防衛目標。目標任務的重新確立，導致日美安保同盟發生了結構轉移。這種結構轉移，既被納入美國的全球戰略目標之中，也被日本所利用，作為實現國家「正常化」的強力手段。

近十幾年，由於鄰國崛起與自身實力不振，日本在亞洲的主導地位相對削弱。日本積極向美國靠攏，希望能夠保持地區乃至全球更大的影響力。這即表現為對國際大環境的適應，也反映了日本國內政治格局的演變。伴隨美國在全世界進行力量重組，日本自衛隊也開始出現在各個地區，特別是911事件發生後，日本迅速成為美國在伊拉克戰爭中最積極的亞洲盟友，表現出前所未有的，想要更多地承擔維護地區與世界安全的意圖。這不僅迎合了美國的需求，也滿足了日本國內民眾渴求國家「正常化」的心理，為自民黨維護國家利益樹立了強力形象，

贏得了在全球與區域安全合作上的「政績」，鞏固了國內的地位。日本也以此為理由，說服美國，積極爭取自己能成為聯合國安理會的常任理事國。

日美同盟經過了近60年的調整，其防衛目標，已經或正在從日本本土，向遠東、向亞洲、太平洋、甚至更廣闊的方向發展。日本對美國提供的合作，更由保護本國的安全，向保護日本以外地區的安全方面轉變。已經由「人與物」的保護與被保護關係，演變為「矛與盾」共同出擊的合作關係。

古典現實主義與新現實主義理論認為，國際體系是一個自助體系。在這樣的體系中，各國透過正式和非正式的安排進行合作，以增進他們的安全，防範可能構成威脅的行為體。「同盟」的目的，就是要實現成員們某一共同的目標。

國際關係學者漢斯·摩根索認為，「作為同盟的基礎必然要求雙方的利害一致」。同盟的目的，在於順利實現戰略目標。因此，這個「同盟」必須提出實現目標的具體承諾；在一定限度內，將具體承諾寫入條約，使其具有合法性；承諾會增大各方努力實現目標的可能性。日美同盟經過了冷戰時期及冷戰後的發展，伴隨著國際形勢的變化，又不斷調整目標任務，保證了利害關係的一致性。

日美安保條約第5條規定，「對於日本的軍事威脅，美國將透過日美同盟的共同對應，發揮對日本的和平與安全的決定性的作用」。一方面，利用美國全球最強大的力量，尤其是核威懾，為日本安全提供保護傘。同時，借用與世界最強大的美國力量的結盟，保證自己在國際社會中的發言權，逐步改變戰敗國的窘境。日美安保條約第6條規定，遠東地區的安全與和平，納入了雙方共同防範的目標，以確保東亞地區力量均勢。日本戰略目標的基本核心，是防止東亞地區出現強大的力量，打破地區的現狀均衡，以確保日本在東亞地區的優勢。這與美國的全球與地區戰略相吻合。因此說，日美同盟的戰略合作基礎，在於核心目標的一致性，即維護東亞勢力均衡，防止這一地區現狀被打破。

冷戰後，作為日美同盟基礎的利害一致性，基本體現在如下方面：首先，從美國來說，已把全球戰略目標定位為「阻止在歐亞大陸出現敵對的霸權國家」。[97]美國透過在歐洲的「北約」，透過在日本橫須賀、橫田、嘉手納等地駐軍，透過日美軍事同盟，達到了向歐亞大陸廣闊領域的力量輻射，確保了全球範

圍內的軍事優勢。在地區戰略上，美國將亞洲安全作為目標，日美同盟為美國對亞洲的軍事介入提供了強有力的保障。其次，對日本而言，考慮更多的，則是從本國利益出發，定量日美同盟的容量與尺寸。具體講，可以把日本的國家戰略目標歸納為以下幾個內容：（1）保衛國土安全；（2）確保周邊安全；（3）維持東亞地區安全與穩定；（4）保證海上航線的自由暢通；（5）防止出現某一國家對現行秩序的挑戰。

日本尋求日美軍事同盟的目的，還有以下考慮：冷戰時期，日本依靠美國實現國家的本土防衛，但美國對日本提供的安全保證，只侷限於防衛日本本土免受外來攻擊，但並不表示在因領土爭端同周邊國家發生衝突時，美國會自動站到日本一邊。冷戰結束後，日本與近鄰的領土紛爭時而激化。日本欲借日美安全同盟關係的提升，逐步向軍事大國的目標邁進，以更好地應付領土糾紛，並取得在國際社會的發言權。

利斯卡認為，獲得安全、穩定和地位，是國家參加同盟的目的。日本強化日美同盟，當然也是從本國利益出發，並非完全直接針對中國的台灣問題。因此，不能簡單地得出結論，日美同盟的日益深化，將轉化成為日本對台灣更實際的援助和支持。但不可否認，台灣海峽被日本視為「生命線」，認為台灣海峽的和平穩定，事關國家利益，台灣一旦被中國統一，會對日本的地緣戰略造成衝擊。日本對台海問題的關注程度，並不會低於美國。只是面對國際政治的現實，不得不慎重對待台灣問題的「國際介入」。

從日本防衛省就有關如何保衛日本安全及途徑所做的社會輿論調查中可以看出）。其中，認可透過日美同盟和自衛隊作為防衛手段的達到76.2%（2006年即平成18年），與1969年（昭和44年）相比，提高了35個百分點，為歷史最高。認為放棄日美同盟，強化自衛隊的為8.6%；認為放棄日美同盟，縮小或廢止自衛隊的，僅為5.6%。表明在日美同盟框架下，作為今後保衛日本安全及其「國際介入」的手段，已經成為國民共識。

台灣因素並不能解釋日美戰略同盟的所有動機，但至少說明了東亞地緣政治板塊的巨大改變。目前，地緣政治影響力的重心，已經從歐洲轉移到亞洲。伴隨

著這種轉移，亞洲的安全平衡也發生了變化。從中亞到南亞，從南亞到東亞，都隱藏著潛在衝突點。其中，朝鮮半島與台灣海峽是促使這種轉移的兩大關鍵因素，並都將直接影響中國和平發展的進程。在台海問題上，中國在更加靈活地團結島內外一切反台獨力量的同時，理所當然地加強國防建設，威懾台獨鋌而走險，儘量避免兩岸兵戎相見，最終還是出於維護東亞和平大局的目的。但「樹欲靜而風不止」，一方面，台獨勢力希望與美日結盟，尋求保護，另一方面，基於維護東亞原有政治格局的目的，美日的同盟合作為台獨的發展製造了很大空間。對於中國反台獨的軍事準備，美日感到不安，將中國視為亞洲軍事失衡的「推手」，藉以提升美日同盟的層級。

一個國家的安定與繁榮，與周邊的國際環境緊密相關。日本是否會將「環境目標」置於「領土目標」之上？值得推敲。雖然日本沒有自己的「門羅主義」，但是，透過日美同盟，已經將台灣劃進了「周邊事態法」所幹預的範圍。日本對台灣問題的關注，雖然不能說是以攫取為目的，但基於台灣地理上的重要性，日本對華戰略無疑會透過台灣問題，儘可能的削弱中國的權力。因此，可以推斷出這樣結論：日本的台海安全政策不會改變冷戰時期的戰略，只是在某些戰術上有所調整。長期而言，日本不會放棄均勢與「硬性介入」的手段。

（三）保護台灣——日美同盟「共同干預」的「公共目標」

迄今為止，與美國公開表示「干預」台灣問題不同，日本尚無在正式場合公開使用「干預」的詞彙。1995年秋，外務大臣河野洋平在日本國會答辯，解釋有關日美安保共同宣言的本意時表示，「對華封鎖是日美安保的真實想法」。根據這個發言，日本外務省外交官也公開表示，「干預政策是日美共同的政策」[98]。

1997年，自民黨外交政策「日本與亞洲太平洋戰略」提言書的英文譯本使用了「干預（engagement）」一詞，但在日文的譯本中，卻用的是「協力」一詞。[99]但是，日本一些安全政策專家在其著述中，「干預」一詞確有使用與提及。如，田村重信在其《日美安保合作與台海有事》的著作中，明確使用了「干預」的詞彙。[100]在日美兩國的一些聯合宣言中，日本有關台海問題的記述，也

表現相當謹慎。如，1997年4月的《日美共同宣言》，日本期待中國在地區與國際社會中發揮「建設性的作用」。實際上，無論使用何種語言，都無法掩蓋日本對台政策是基於軍事手段「勢力均衡」的政策本質。不是日本不想強調「干預」，而是怕喚起中國與亞洲人民對日本軍國主義的記憶。1998年，中國《國防白皮書》明確指出：「一些國家，利用軍事上的優勢，對其他國家構成了軍事威脅」，中國反對任何形式的軍事同盟。

1999年，美國國防報告對日美安保新指針的強化給予積極評價。再次將發展日美同盟作為美國亞洲政策的基軸，作為亞洲安全保障的關鍵手段。該報告明確提出，為使中國融入國際社會，將繼續推動干預政策的方針。[101]

1999年7月，李登輝「兩國論」頒布，台海局勢再度緊張。針對美日干預政策，中國政府指出「美國及其軍事集團的干預與介入，將會對中國的經濟建設及台海穩定帶來嚴重的不良後果，中國必須要做好軍事準備」。[102]

1999年8月19日，《解放軍報》評論員文章指出，「此前，日本國會透過了日美防衛合作的新指針，日美又企圖透過導彈防禦體系將台灣納入其中，李登輝希望借外國干預勢力從事分裂祖國活動」，「認為外國勢力會無條件的支持」，「這種借重外國勢力的企圖，注定會招致失敗的結局」。[103]1999年，中國評選出十大新聞，其中，第三個就是日本國會通過《新日美防衛合作指針》，日美軍事同盟發生質變，日本向危險的方向邁出一步。

1999年，朱鎔基總理在會見訪華的日本首相小淵惠三時強調，「日方在《中日聯合聲明》、《中日和平友好條約》和去年的《中日聯合宣言》中就台灣問題向中方作出了一系列鄭重承諾，構成了中日關係的重要政治基礎，任何直接或間接地把台灣納入日美安全合作範圍的作法，都是中國政府和人民堅決反對和不能接受的」。

中國總理溫家寶在談到這個問題的時候，一針見血地指出：「日美安全同盟是日美雙方的事情，中國之所以關心就是因為它涉及了台灣的問題，而台灣問題是中國的內政，不允許任何國家直接地或間接地予以干預。」[104]

可以說，日本對台軍事安全政策明顯地表現出，想透過日美同盟，在某些可能導致戰爭的事務上介入、干預中國的和平崛起。對於「軍事安全」政策的理解，應當是多方面的。從現實主義角度來看，包含了「遏制、圍堵」等勢力均衡的要素。日本一些學者認為，形成「勢力均衡」的核心力量，必須依靠「日美同盟」，這是亞太地區所有國家的依靠。其中，日本對日美同盟緊密合作的程度及其如何貢獻，不僅是至關重要的因素，也將會影響到亞太地區的和平與穩定。「日美同盟如果穩固，中國想要與日美能夠對抗需要20年的時間」[105]

日本軍國主義在台灣50年的殖民歷史以及二戰的失敗，導致日本無法單獨、明目張膽的干預台灣事務，即使有著強烈的願望與能力，單獨遏制中國的代價將會極其高昂。美國擁有其他國家難以抗衡的「硬權力」以及強大的「軟權力」，為了維護自身霸權，美國在東亞建立了一系列廣泛的同盟，以維持「均勢」。在日、韓保持大量駐軍的同時，又透過同盟方式，讓其他國家承擔干預的代價。這種「直接干預」東亞秩序，又「間接管理」同盟成員的一舉兩得的方式，長期以來，被美國運用的得心應手。透過「硬權力」，「直接干預」中國的統一，同時，又鼓勵日本參與遏制中國的「均勢遊戲」，以減輕美國構建東亞秩序的成本，一直是美國戰後維護東亞均勢的戰略手段。日本透過與世界最大強權的合作，結成遏制中國的同盟，落實「硬性介入」戰略，成為其戰後影響台海安全形勢的主要因素。

美國憑藉自己在國際體系的超群地位，接管了日本二戰期間對台灣的管制，成為繼日本之後主導台灣的又一強權。儘管中美建交，美國與台灣的軍事同盟關係破局，但透過《台灣關係法》，美國仍然是主導台海局勢及台灣政局的「特殊行為體」。美國不僅擁有實力，也擁有遏制中國改變台海現狀的意願和手段。因此，借用美國霸權，透過日美同盟的「硬性介入」，台灣很自然地變成了日美兩國地緣戰略的「公共目標」。在這種格局中，美國起著領導與組織作用，日本則作為原來台灣的「管理者」，將權力轉交給現在台灣「領導者」美國的手中，透過這種權力轉移，再透過與美國的結盟，日本變成了擔負重任的「參與者」，台灣成為日美兩國共同保護的「公共物品」。

现有的台海国际结构，改变了二战前只有利于日本，而有损于美国的「大东亚共荣圈」的设计体系，跨越了日本狭隘的战略目标与利益，变成既有利于美国，也有利于日本的新的国际格局。

透过给日本与台湾提供安全保障，美国不仅为其霸权奠定了基础，也保证了在「自由民主世界」的领导地位。日本透过日美同盟，透过对台湾的「硬性介入」，既没有因为对台湾的侵略及战败而遭到惩罚，也没有完全放弃对台湾的权力，透过炒作「归属问题」，继续与美国一起干预中国的内政，保证了日本在东亚地区的权力优势。

日美两国保护台湾这一「公共目标」，既满足了台湾的安全需要，也加强了各自在东亚地区的地位。同时，台湾作为日美「共同干预」的「公共物品」的存在，也因军事安全成本的降低而成为受益者。无论台湾，还是日本，都在依赖美国的同时，帮助美国成就了东亚霸业，减轻了经济上的「相对成本」，增加了地缘上的「绝对收益」。

日本的重新武装，政治权力的重新获取，也都在日美同盟的框架下得到解决。同时，透过不断制定新的法律，推进国家安全战略的调整，发展本国的军事实力，日本时刻不停地蓄积了单独介入台海事务的能力。

二、日美安保再定义与日台安全关系的调整

（一）台海危机——日台安全关系调整的契机

冷战结束，伴随亚太地区政治格局的变动，美日开始谋划安全关系的重新定义，试图重新分配这一地区的政治经济权利。1995年台海危机发生，美日两国提升了双方军事战略合作层级，进一步更新了安保涵盖范围，将「日本周边局势」纳入共同战略目标。1996年3月，为了震慑李登辉的台独势力，中国在福建南部海域实施军事演习。期间，驻日美军与日本自卫队进入了高度的戒备状态，日本航空自卫队反覆多次的进行预警飞行。美国派遣尼米　航空母舰特混编队穿

過台灣海峽,其中的驅逐艦就是從橫濱出發,海上自衛隊為美國艦隊實施了燃料補給[106]。日本自衛隊參謀長西元統在記者會上聲稱,「偽裝演習集結的中國軍隊有可能奇襲攻擊台灣海峽一側的金門與馬祖等島嶼」,「現階段中國軍隊採取的實際行動,是軍事演習,還是進攻準備很難判斷」。指出,中國軍隊存在從演習向突襲攻擊推進的危險。[107]日本首相橋本龍太郎等政府首腦也公開要求中國政府「保持克制」。日本外務省發出聲明:「台海緊張局勢有損於東亞的和平與穩定」。要求和平解決爭端,確保台灣海域的航行安全。

1996年3月19日,美國眾議院通過防衛台灣的決議案稱:「美國必須保護台灣,阻遏來自中國的侵略、導彈攻擊、海上封鎖」。[108]此前,美國參議院通過了相同的法案。之後,日美之間設立了熱線電話。

1996年3月20日,日本前首相細川護熙在美國西雅圖發表題為「日美安全構造的重建」的演講,指出:「日本應當強化與中國的關係,日本完全沒有遏制中國的意圖。但是對於海洋國家日本的安全來說,唯一的選擇就是與美國及其他國家合作,在亞太地區構築戰略同盟的關係。美國也是亞太地區的海洋國家,在這一地區的利益與日本相似。對於海洋國家的日本而言,中國問題與台灣問題重疊在一起。台灣對於日本,既是大陸國家的咽喉,也關係到海洋國家的生死存亡。日本在《舊金山和約》中放棄了對台灣的權利,但是從地緣政治學上來講,海洋國家與大陸國家的關係不會隨著時間的推移而有所變化。」可見,在日本政治家的心目中,台灣是「生命線」的看法,從沒有發生變化。「今後共同安全體系的構築的關鍵,將基於太平洋海域國家的相同的利益」。[109]

1996年3月,日本自民黨安保調查委員會委員長田村重信致信池田外務大臣,要求中國即刻停止導彈發射實驗。甚至被認為「親華」的自民黨幹事長加藤弘一,也發表聲明稱:「不能允許中國在公海的台灣海峽進行導彈發射實驗」。日本參議院外交委員會也於1996年5月16日,一致通過要求和平解決台灣問題的決議[110]。美國《紐約時報》週刊發表文章稱,「日本對於美國派遣航母通過台灣海峽心懷感激,同時,也讓日本覺醒」,「防衛範圍擴大的日美安保協議不只是一般的集體安保協議,日本能夠同意簽署的原因就是台海危機」。[111]

這些對中國內政的干涉行為，引起了中國的震驚。應當說，日本政府在此次危機中，也保持了某種程度的「慎重」。日本媒體全天候地追蹤報導中國導彈發射實驗情況，極力渲染對日本造成的影響，如東京至台北的飛機停飛、貨物運費提升、客機繞行提高了航空運費、沖繩地區的漁業受損等。這種宣傳的擴大化，使日本國民感到本國的安全保障受到了嚴重的威脅。日本沖繩地區的漁民，以中國演習威脅漁業為由，請求派遣日本海上自衛隊「護漁」，但遭到日本首相的拒絕。

在這種背景下，日本媒體甚至出現了政府反應「遲鈍」的批判呼聲，認為台海發生戰事，日本的海上交通、航空與漁業等許多領域已經受到威脅。不只是經濟活動，台海危機也給東亞帶來了高強度的軍事緊張，威脅了地區的和平，首相「保持克制」的發言，等於日本處於旁觀者的立場，至今享受東亞和平與安定的通商大國日本，理所當然應當積極出手。[112]

1996年3月31日，中日外交部長在東京舉行雙邊會談，池田外務大臣對於中國在台海地區實施的軍事演習，給予批評。稱此次軍事演習「日本國內反應強烈，（政府對此）也擁有質疑」，希望台灣問題透過兩岸對話解決。錢其琛外交部長予以堅決回擊：中國的軍事演習是為了反擊台獨勢力，純屬中國內政問題，「外國勢力的介入導致台海形勢緊張，如果外國勢力不支持台獨，台海形勢會恢復正常」，「日本是除了美國以外反應最強烈的國家」，希望《日美安保條約》，不要超出雙邊框架，否則將會帶來複雜的因素，「妨礙中日關係的健康發展」。[113]

針對美日兩國對台灣問題的干預，聯合國祕書長加利發表聲明，「台灣問題純屬中國內政問題，只要當事者沒有發出邀請，只要沒有聯合國安理會的授權，（任何國家）都不能介入一國的國內問題」。[114]

（二）「聯合宣言」與「新指針」——日美安保再定義

1995年11月，日本國會通過《國家防衛計劃大綱》。與1976年《國家防衛計劃大綱》不同，新大綱特別強調與美國的防衛合作，認為日本應該在遭到直接侵略的一開始就尋求美國的合作，增強日美防衛合作的可靠性，並提議審查

1978年闡述的這一雙邊合作指針。隨後簽訂了《日美相互提供物資和勞務協定》，內容包括，在日本周邊區域若發生衝突時，日本將向美軍提供後勤支援。

橋本龍太郎（1996年1月至1998年7月執政）上台後，比前任村山富市首相更強調加強日美安全關係。1996年4月16日至18日，美國總統柯林頓訪問日本，與橋本龍太郎進行了會談。這次日美首腦會談不同於以往雙方都將經濟問題放在首位的慣例，而是將日美安全問題作為主要內容，討論了如何強化日美安保體制，具有直接針對台海危機事態的意圖。

4月17日，雙方簽署《日美安全保障聯合宣言》，從法律上完成了對日美安保體制的重新確認。「聯合宣言」提到：「重大政策的協調一致，包括處理在日本周邊區域可能出現的事態時進行雙邊合作的研究」。此後，日美兩國加速推進對1978年《日美防衛合作指導方針》的修訂。1997年6月，日本政府提交了關於新指針的中期報告，隨後，於同年9月提交了最後的報告。1997年末，「新指針」修訂完成，主要包括三個內容：（1）日美之間戰時的合作；（2）對於日本武力攻擊的「有事」合作；（3）對於日本周邊事態的對應。可以看出，「新指針」圍繞著日本的本土防衛與周邊事態，對安全形勢的處理進行了「新調整」。換言之，日本已將台海安全視為對日本本土與周邊和平環境的重要影響。這是「一種戰略目標，同時也是軍事現實的常識」。[115]

1998年4月，日本政府向國會提交了《關於在日本周邊事態發生時保護日本和平安全措施的法案》，以及關於《自衛隊法案》和《日美相互提供物資和勞務協定》的修改案。這三個法案，經過微小的修改，於1999年獲得通過。儘管日本政府採用了「非地理概念」的「周邊事態」的解釋，但是，這種曖昧政策無法掩飾日本政府在台灣問題上主動發揮作用的戰略意圖。

透過上述一系列動作，完成了對安保條約的「再定義」。修改後，安保條約使日美同盟關係防範範圍向著更大的地區擴展。以面向21世紀為目標，重申日美安保體制的重要性，開始了日美同盟在東亞安全及其他地區和全球性問題上的全面合作關係。同時，也完成了日本國家安全戰略目標向西南方向的轉移。

安保條約的「再定義」，不僅是對日美兩國之間軍事同盟的調整，更主要的

「功能性」作用，在於完成了日美兩國對台海安全的重新設計。實際上是建立了美日台三邊互動的合作機制。透過「聯合宣言」、「新指針」、「周邊事態」等法案的頒布，再度將台灣安全納入日美安保干預的範圍之內，向中國傳遞了日美同盟在台海地區的存在，以及維持台海安全的強烈意圖。與冷戰時期相比，日美軍事同盟中的台灣因素一直存在，所不同的是當時的台灣因素構不成日本政府自身的戰略選擇，更多地是應付美國的東亞政策。但此次日美同盟的調整，不僅僅是對美國東亞政策的追隨，更是基於日本本國的安全戰略需要，表現為日本自發地將台灣安全因素納入日美安保體制之中。

安保條約「再定義」，使日本在台海安全上的作用發生了極大的變化。日本已經不單純只為美國提供軍事基地，而是為美國的軍事行動提供支援。一旦台海有事，日本會基於自身安全考慮，從正面馳援美國。可以說台灣因素使美國把對台防衛與日美安保體制、日本的國家安全戰略結合起來，形成了「有機的一體構造」，並使之成為21世紀處理對台關係的一種新的戰略調整。

日美台三邊合作機制變化、提升的另一個標誌，是祕密溝通管道的建立。1994年，李登輝主政時期，為建立台灣和美日「祕密渠道」，台灣國安局用總額新台幣35億元成立「明德基金」。台國安局透過運用專案中的龐大祕密資金，在美日政商界打通關係，以透過軍情系統和美國、日本建立實質關係，促使台、美、日三邊體制的祕密管道形成。這一組織被稱作「明德小組」。

2002年3月，國安密帳曝光，相關文件暴露了「明德小組」的一些重要成員。美方以共和黨為主，官員則屬國防部及國家安全副顧問層級。美國智庫FPRI「外國政策研究所」的彼得、美國前國防部副助理部長坎貝爾，小布希政府的國防部副部長沃爾福威茨。日本方面以自民黨極右派為主，包括防衛廳前防衛事務次官秋山昌廣、參議院議員椎名素夫、內閣總理大臣輔佐官岡本行夫、外務審議官加藤良三、防衛廳顧問佐久間一上將、海上幕僚長夏川和也以及備役中將小西岑生。橋本龍太郎卸任首相後，也旋即加入這一組織。前自衛隊「北部方面」指揮官、現任帝京大學教授志方俊之也是其中成員。退役軍情首長、內閣情報調查室室長、公安調查及警視廳部長卸任後也都加入了「明德小組」的三邊會

談。台灣方面，李登輝的親信、台灣運輸機械公司董事長彭榮次是「明德小組」對日工作的主要策劃者，前外交部長簡又新是重要成員。[116]

「明德專案」本來是臨時性的任務編組，後來因其成員由非官方延伸到了官方，並在化解台海危機時發揮明顯作用，進而成為例行性專案會議。每年定期舉行兩到三次，緊急狀況時則加開臨時會議。開會地點，在台灣、日本、美國三地輪流舉辦。

1996年台海危機期間，這一祕密管道發揮了作用。美國中央情報局事後告知，橋本龍太郎派密使向柯林頓表示台灣岌岌可危，催促趕快派兵。為讓美方明白事態的嚴重性、緊迫性，刺激美方行動，日本甚至拿出兩個極端的辦法，「不是向中國投降，就是立即核武化」。日本這兩個動作都不是美方所樂見，柯林頓決定派出尼米號及獨立號兩個航空母艦戰鬥群，趕赴台海附近。美方將這個訊息告知橋本，橋本則指示明德小組成員、「北部方面」指揮官志方俊之轉告台灣，1996年的台海危機才告稍解。事後，柯林頓訪問日本，4月17日與橋本共同發表《美日安全保障聯合宣言》，並且隨即通過《周邊事態法》，事實上將台灣納入周邊事態內。

「明德小組」的合作相當廣泛。例如，1997年9月，彭榮次赴日聽取日方有關橋本龍太郎訪問大陸的簡報。1998年，岡本行夫先後5次赴台，向台當局通報舊金山「日美安保會議」以及他兩次訪問大陸的情況。其中一次訪問大陸的費用，是由台灣國安局報銷的。1998年5月，佐久間一上將抵達台灣，討論《新日美防衛合作指針》。同年10月，彭榮次等人赴日通報「汪辜會談」情況。李登輝在日本政界的收買對象，也擴大到小組以外的政府官員和議員。台灣「國安局」資料上出現的名字，有日本前運輸大臣龜井善之、眾議員小池百合子、內閣情報調查室室長杉田和博、前駐南斯拉夫臨時大使中村義博，以及政論家日高義樹和若林正丈等。當時，李登輝常邀這些人訪問台灣，安排遊覽和宴請活動，所有費用全部由「明德專案」支出。

1998年，美國總統柯林頓訪華，表明對台「三不政策」。其後，中方希望日方也能做出同樣表態，但遭到被台收買的日本政要的阻撓。公開資料顯示，當

年7月26日—30日，彭榮次等人祕密赴日，與日方人員研究如何防止「田中效應」，並討論台日情報合作問題。

以上事實表明，日美台三邊在1994—2000年間，直接對話與互動管道一直發揮著重要的作用。可以說日美台重要的安全保障對話機制已經建立。陳水扁當選總統後，這一安保對話機制，作為美日台三方的重要運作管道及交流模式，繼續發揮著作用。

確保自己在台灣的戰略利益，是日本的長遠追求，它不會甘心於目前由美國保護的狀況。因此，一旦台海現狀有變，不管美國如何應對，都會引起亞太地區地緣安全格局的變化。如果台灣當局採取輕率舉動，肯定會給東亞與西太平洋地區的和平與安全帶來巨大威脅。不僅美中關係、日中關係，即使是日美同盟關係，也將受到前所未有的考驗。日本如果不支援美國，日美同盟將會被置於解體的境地；如果日本與美國一起介入，中日關係將面臨嚴重危機。因此，無論何種情況，台海地區的軍事衝突，都會給日本帶來重大危害。

為此，日本一直在努力尋求有效的介入措施以應對台海「有事」：（1）透過強化日美同盟體制，與美國一道共同開發TMD戰區導彈防禦體系，提高中國武力行使的代價成本。（2）透過日美同盟戰略目標的「適用範圍」，遏制中國使用軍事手段的意圖。（3）透過外交與經濟手段，讓中國意識到軍事衝突的高昂代價，透過開發援助的ODA與經濟相互依存的關係，傳達日本的政治意圖。[117]透過上述手段，從安全、政治與經濟等全方位貫徹日本「維持台海現狀」的政策目標。

（三）「TMD與周邊事態適用」——日台安全關係的「設計」

戰區導彈防禦體系，起源於冷戰時期，雷根政府推出的對抗蘇聯的「星際大戰計劃」。而日本與美國的共同參與，則是冷戰剛結束的1989年末。1994年，日美頒布了「西太平洋導彈防衛構想最終報告書」，其中提及「為防禦俄羅斯、中國、朝鮮的導彈攻擊，日美應當共同開發與配置導彈防禦體系」。[118]

美國邀請日本加入，一方面出於需要分擔研發資金的考慮，另一方面，也想

尋求日本的技術支持與保護駐日美軍。1995年台海危機，加速了共同研發的進程。1995年4月，日本防衛廳專門設置了「彈道導彈防衛研究室」，開始了海上上層空間與陸上下層空間的導彈防禦研究。1998年8月，朝鮮發射飛躍日本上空的大浦洞一型遠程導彈，導致日本朝野及輿論做出強烈反應。以此為契機，日美發展導彈防禦的合作迅速實施，以對付大浦洞及射程可達日本的短程導彈。2003年，日本政府決定以宙斯盾導彈防禦系統（Aegis）和愛國者三型（PAC-3）反導彈系統為基礎，發展多層次導彈防禦體系，並開始在美國駐日基地部署愛國者三型導彈防禦系統。2006年3月，日美兩國於夏威夷外海，成功地測試了可由配有宙斯盾雷達的戰艦發射的先進標準三型（StandardMissile-3）攔截導彈，將導彈防禦合作再向前推進了一步。兩國預計在2015年前，完成可運作的導彈防禦系統部署。朝鮮於2006年7月測試導彈，10月試爆核彈，朝鮮核問題成為日美加快發展導彈防禦系統的催化器。目前，美國已經在沖繩部署了愛國者反導彈系統。

　　任何一項武器都具有兩重性，貼上「防禦型」的標籤，並掩蓋不了可以作為攻擊武器的作用。評價一種武器攻擊還是防禦，當然要依據衝突中的使用狀況。日美聯合開發的這種「防禦武器」的攻擊性是不言而喻的。由於日美同盟關係的存在，再加上美國的區域與全球戰略，注定要經常使用武力攻擊手段干預國際事務。在台灣問題上，完全不排除發生這種干預的可能性。2001年7月，美國擔任國際安全保障的長官明言，日美導彈防禦體系涵蓋台灣地區。[119] 1996年1月，在第三次中日安全保障協議商討會上，中國明確地表明了反對的態度。

　　1999年8月，李登輝公開表明要參加日美導彈防禦體系。日本防衛廳長官石破茂也稱：「如果排除台灣，東北亞的安全將會形同虛構」。[120] 2003年2月25日，陳水扁在與「日本駐台協會」理事長會見時公然聲稱：「北朝鮮向日本海發射導彈，中國也在沿海地區裝備導彈，因此所有的周邊各國都應當採取相應對策。台灣與日本、韓國必須積極加以應對」。民進黨國際事務部主任蕭美琴稱：「中美在朝鮮核問題上的合作，對台灣極其不利」，「中國眼下，無法與美國爭奪世界霸主地位，但卻有實力獲得亞洲盟主寶座。中國對於台灣的危險，與北朝鮮對於日本的危險一樣，日本應當強化自衛隊的戰鬥力，日台都有必要加入

TMD」。[121]

中國對日美導彈防禦的顧慮是理所當然的,因為它不僅直接影響到台海軍事平衡,更可能削弱中國對台獨勢力的軍事威懾能力。佈置在日本的導彈防禦體系,將對中國威懾台獨導彈的有效性造成一定抵消。如果美國干涉中國統一,基於日美同盟合作,日本導彈防禦體系無疑將成為攻擊武器的一部分,台灣也會籠罩於日本安全的防護網,變相加大了對台獨勢力的支持,增加了中國統一的難度。

日美共同開發導彈防禦體系,也使日美的同盟關係發生了由美國單方主導,向雙方共同支援合作的結構性轉變。不僅強化了日本在同盟中的地位與作用,也增強了日本的軍事能力,潛藏著美日共同封鎖中國的企圖。[122]並為日本將來擁有「核攻擊」能力奠定了基礎。從現有的技術來講,即使台灣不加入日美導彈防禦系統,配置在日本陸上的導彈防禦體系完全可以涵蓋2000公里的範圍,至於搭載在美日艦隊上的海上導彈防禦系統,更有可能達到防禦台灣的目的。[123]

對台介入政策的另一個手段,就是「周邊事態」的適用對象。有關日美同盟的「適應範圍」,最早可以追溯到1960年修訂的《日美安保條約》。岸信介政府在所謂的「遠東條款」中,將菲律賓北部至日本周邊地區作為日美同盟的干預範圍,其中,明確強調包括「韓國政府與中華民國所管轄的地區」。[124]後來的《佐藤與尼克森共同聲明》,提到「維持台灣地域的和平與安全,對於日本的安全具有極其關鍵意義」。可以説,1972年中日邦交正常化以前,日本明確將台灣納入日美同盟的保護範圍之內。

20世紀70年代初,在中日邦交正常化交涉時,中國政府嚴正提出,1960年的「遠東條款」與1969年的「台灣條項」無效,田中角榮首相接受了中國政府的主張。但是,這一問題在日本國會爭吵不休,尤其是一些親台政客不斷利用政府表述上的曖昧,提及並置疑這一問題。1972年,外務大臣大平正芳在國會答辯時稱,「台灣問題基本上是中國內政問題,有關《日美安保條約》適用對象的問題,應當以日中友好為重,慎重加以對待」,「這是日本政府的統一見解」。《中日和平友好條約》簽訂時,中國政府再次提及這一問題。1978年9月,園田

外務大臣在國會答辯中指出：「1969年《日美共同宣言》已經失去意義」，根據中日相關條約，日美安保條約的「遠東條款」已經沒有其存在的必要。「遠東條款」所涉及的台灣地位問題，透過日美協議已經被解決。[125]但美國國務院為了牽制日本發表聲明稱，沒有必要重新協商「遠東條款」。[126]不久後，園田外務大臣又改口稱：「遠東條款」的變更，有可能提高蘇聯在台灣海峽的威脅，日美之間還沒有就此進行協商。

　　1996年初，以李登輝訪美引發的台海危機為契機，日美加速了對安保條約的「再定義」。1996年4月17日，《日美共同宣言》發表，其中，提到「在日本周邊可能發生的事態將給日本的和平與安全帶來重大的影響，基於這一方針，應當開始日美間合作的研究，推進日美間的政策調整」。1997年9月，日美安保條約的「新指針」修訂完成。1999年5月，日本通過了「確保中國周邊事態和平與安全的法律」，即，《周邊事態法》與《自衛隊改正法》，日美完成了冷戰後「有必要與中國對抗的兩國間安全保障條約改定的再認識」[127]。「新指針」不僅沒有否定對台灣的「適用」，而且，日本政府高官在許多場合的發言，都出現了「明確化」的趨勢。首相橋本龍太郎在自民黨內部懇談會上發表講話稱，「美日防衛合作所設定的軍事範圍，不僅包括朝鮮半島與台灣地區，也包括南沙諸島」。[128]此後，日本防衛廳長官久間章生也表示，所謂的「不限於朝鮮半島，是指日本海上生命線的範圍」。這兩種提法不言而喻地道出「日本的周邊事態」無疑包括了台海地區。日美防衛「新指針」的「周邊有事」，包含了「台灣有事」這一事實。正如日本軍事評論家小川和久所說，「日本周邊有事，就是指中共武力犯台，美國從日本基地出兵制止」。[129]1997年6月5日，中國政府透過外交渠道向日本表明了不要干預中國內政的嚴立場，並指出：「1972年中日建交時，大平正芳首相在國會答辯時已經闡明『台灣問題根本上是中國內政問題』，舊《日美安保條約》第六條中包含的『遠東』台灣地區，伴隨著中日建交與1978年《日中和平友好條約》的簽訂自然地這一條款失去效力。日本應當遵守這一國際條約，不應當干預中國內政」。對此，日本外務省表示：「修改後『新指針』的日美安保條約有關『遠東』的適用範圍沒有變化，中國方面誤解了條約上的『遠東』範圍與『新指針』的日本周邊地區『有事』的概念」。[130]

但隨後，美國國防部副長官克雷曼在與訪美的日本民主黨代表團長橫路孝弘舉行會談時，卻明確表示：「美日『新指針』的目的就是牽制中國，日美應當控制（東亞）的安全環境，而不是被中國控制」。[131]1997年8月，日本官房長官尾山靜六在電視節目中也說：「日美防衛合作的範圍當然包括台灣海域，歷屆政府發表的言論，已經明確了這一事實」。[132]1998年5月，日本外務省官員高野稱，「基於日美安保條約，日本對美國的後方支援，只限於遠東與周邊地域」。自民黨政務調查會長山崎拓稱，「只要中國不放棄武力統一的方針，台灣地區形勢的變化就屬於周邊事態範圍」。[133]1999年，身為自由黨黨首的小澤一郎也公開表示：《新日美防衛指針》理所當然地包括俄羅斯、朝鮮半島、中國與台灣。1999年7月，針對《新日美防衛合作指針》適用範圍，日本首相小淵惠三進一步指出，「法律的運用基於中國國家利益的判斷」，「也完全依賴於中國如何行動」。[134]

三、日美共同戰略目標與日台安全關係新動向

2002年以後，有三個因素導致國際形勢的重大轉變。其一，「911」事件發生，美國的國家戰略出現轉折。美國改變以中國為主要假想敵的立場，中美在反恐、朝核問題以及台灣問題上出現積極合作的局面。其二，中國加入WTO，中國經濟上升到全面開放時期。外國的投資及中國的對外出口迅速增加，中、美、日之間的貿易與經濟合作依賴關係加強，中國的發展成為日本經濟恢復的巨大動力。不僅如此，中國更積極地參與多邊國際組織，推動多邊機制形成，成為亞太地區及國際社會穩定的核心力量。無論是國際政治領域，還是經濟領域，中國都成為日本不能無視的存在。中、美、日由過去相互對立、合作，走向競爭、共存。中國的崛起，成為日本制定對台政策，調整日台關係的主要變量。其三，美國對阿富汗及伊拉克的占領，顯示了超群的軍事能力，其軍事裝備、高精端武器、系統性能及其軍事戰術，具有「軍事革命」的特徵。加上美國推行的單邊主義，借維護自由民主之名，行霸權主義之實，以及「先發制人」的做法，引起國

際社會的普遍不滿。

這導致了四個結果：一是，造成被美國視為「無賴國家」的恐慌。為了保護本國的安全，朝鮮與伊朗出現「核危機」，美國對世界範圍的核擴散表示擔憂。二是，引起中國、歐洲、俄羅斯等大國對美國棄聯合國於不顧的單邊主義行為的警惕。各國對於與美國在軍事實力上的懸殊差距感到擔憂。尤其是中國，美國的單邊主義、意識形態的口號及中美之間的軍事差距，在台灣問題上亮起了警示的紅燈。三是，美國借反恐戰爭之名，行霸權之實，日本不僅不加以反對，而且積極介入其中，使人對軍國主義復活有所警覺。日本透過強化日美同盟，透過「有事三法案」、向印度洋派遣軍艦、「伊拉克特別措施法」的實施，為日本發展獨立的軍事力量提供了法律依據。四是，一些分離勢力乘機以捍衛民主之名，希望借美日的力量與支持，推動分裂運動。如陳水扁推動的台獨運動。

基於上述變化，日本一方面透過提升與台灣的關係，藉以平衡中國崛起對於日本地緣戰略地位的衝擊。另一方面，與美國一道鼓勵中國以一個負責任的國際利益攸關者發揮積極作用，改善軍事事務的透明度，並希望中國在「和平發展」問題上言行一致。這一時期的日本對台安全政策，發生了由此前的對抗性「圍堵」，向威懾性「勸阻」的微妙轉變。

（一）「SCC2＋2會議」——日美共同戰略目標的確立

1994年3月，由兩國外交和防衛閣僚組成的美日安全磋商委員會（SCC，又稱「2＋2」）成立。在2002年底的美日安全磋商委員會的「聯合聲明」中，涉及中國的部分只有一條，即美日部長們「重申了中國在加強區域穩定和繁榮方面扮演建設性角色的重要性」。2005年2月19日，美國國務卿賴斯、國防部長拉姆斯菲爾德與日本外相町村孝、防衛廳長官大野功統，在華盛頓舉行的美日安全磋商委員會上有一份「共同聲明」。詳細羅列了美日在亞太地區的12項共同戰略目標，其中3項和中國有關。「共同聲明」第十條「（亞太）地區共同的戰略目標」第五款，明確涉及中國領土台灣，說兩國歡迎中國在本區域和全球扮演一個負責任及建設性的角色，鼓勵透過對話和平解決台海問題，鼓勵中國提高軍事透明度。日本前海上自衛隊航空群司令川村純彥稱，日美這種做法「符合國家利

益」,因顧及中國,過去對台海問題一向態度較為曖昧,「可能帶給中國錯誤的訊息」。他表示,日本與美國在維持台海安全上有共同的戰略目標。陳水扁立即對此表示感謝,並希望在區域內與美日等友邦有共同的戰略利益並深化合作。這是美國和日本首次將台灣問題公開列入兩國共同戰略目標,被視為日美同盟公開干涉中國內政的新動向,在日本對台灣政策上具有里程碑意義。

首先,在美日「共同聲明」中,日本首次公開對台海問題表態,強調台海問題應以和平方式解決,但對台獨問題卻未予理會,反映了日本對台政策上的重大調整。在此以前,為了避免觸怒中國,日本一直小心翼翼地避免在台灣問題上發表意見,以免產生日本有意介入台灣問題的印象。由此可見,日本朝野與民間對於日台關係升級已經具備了一定的共識,日台合作有提升的趨勢,為台獨造勢的媒體及政客不在少數。他們聲稱日本的安全取決於台灣,而台灣的「獨立」可以保證日本「生命線」——海上航路的暢通。有一些議員,積極地往返於日台之間,表現出對台灣「獨立」傾向的相當熱心。一些加入日本國籍的激進的台獨分子,如金美齡等,更是著書立說,鼓吹台灣「獨立」,並經常出現在日本的電視媒體進行狂熱的台獨鼓噪。

其次,美日「共同聲明」的發表,被認為是21世紀日台軍事整合初步完成的標誌。所謂的戰略同盟,當然是結盟國家從長遠目標考慮,為共同抵禦外部威脅而結成的戰略關係。其核心與實質,是圍繞某一戰略目標進行的長期合作安排。透過創造新的競爭對手,提升同盟的合作水平,以求得全球與地區優勢的最大化。這不僅表明美日戰略同盟得到提升,而且美、日、台之間的軍事整合初步完成。近年來,由於美、日、台各自利益驅動與合作訴求趨強,出現了所謂的「民主政治同盟」、「亞太安全同盟」以及「美日協防台灣」安排等導致中國不得不面對的一些美日同盟衍生體,即「隱形的美日台同盟」。「一個毫無外在制約、具有無限擴張性的美國霸權,加上一個內心極度不安和不自信的日本,再加上一個想依賴美、日的力量在自保的同時推進『獨立』運動的台灣,使得美、日、台同盟的雛形已經躍上紙面」。[135]

第三,「共同戰略目標」的制定,表明了日本政府對台政策已從曖昧轉向明

朗,並越來越具有擴張性;已從顧及中日友好關係,轉向明確牽制中國的立場。這是中日關係的歷史性倒退。1972年中日建交前,日本追隨美國,採取反華親台政策,透過「日台條約」將台灣同美日安全綁在一起。中日邦交正常化之後,日本政府在公開場合態度極其謹慎。1972年11月,外相大平正芳在日本國會表示:「有關日美安保條約的運用,作為日本政府今後要將日中兩國間的友好關係放在首要位置,應當慎重加以對待。」1999年5月,小淵內閣時期制定了《周邊事態法》,考慮到中國政府的態度,基本上保持了一貫的曖昧態度,稱《周邊事態法》不是地理概念,而是事態概念。2005年2月,「共同戰略目標」制定以後,以往曖昧的態度開始改變。外相町村在美國紐約新聞發佈會上,公開聲明「台灣原來就是日美安保條約的關注對象。」[136]近年來,在首相參拜靖國神社、東海石油開採和釣魚島領土主權爭議、李登輝訪日等問題上,日本的態度越趨強硬。

迄今為止,世界上公開干涉中國內政的只有美國,如果日本也來公開干涉中國的統一大業,無疑對今後台灣問題的解決增加了更多的變數與障礙。正如1998年11月江澤民訪日時,在中日首腦會談中所說,「日本如果與美國一道將台灣劃入安全合作範圍,就意味著日本捲入了台灣事態軍事對抗之中,將具有很大的潛在的危險傾向。」[137]目前,還不能因此斷定日本政府在台海有事時,會奮不顧身地介入台海衝突。除非是極右翼政客上台,日本對台政策才可能會發生不可預測的逆轉。在現實情況下,日本是否介入台海危機,肯定要看美國如何因應。但日本已經表現出的主動性,具有助長台灣「獨立」,破壞兩岸和平局面的危險性。

對此,中國外交部發言人孔泉表示,美日軍事同盟是在冷戰特殊歷史條件下形成的一種雙邊安排,不應超出雙邊範疇,中國堅決反對這兩個國家把「涉及中國國家主權、領土完整和國家安全」的台灣問題列入其軍事同盟的範圍。對於美日呼籲中國提高軍事透明度的要求,中國政府則明確表示:「中國奉行獨立自主的和平外交政策」,「任何人對中國為維護國家安全和領土完整所進行的國防建設說三道四,都是站不住腳的」。

在2007年日美「二加二」會議上，台灣並沒有像2005年一樣被列入雙邊聲明，表明日本考慮到上次引發中國國民反日的教訓，以及中國對美日將台灣納入安保議題的高度敏感性。同時，當時的安倍政府也不想破壞上任後修復日中關係的一大政績，以及在朝核問題上與中國難得的合作。但這並不表示台海若發生軍事危機，日本就不會同美國合作護台。實際上，在台面下，台海問題始終沒有掉出美日「安全雷達」的監視範圍。台海形勢依然是美日兩國政府關注的焦點，仍然是美日安保的關鍵議題。日美安保軍事同盟自誕生之日起，就已經奠定了日美兩國在台海問題上的種種戰略企圖，美日聯手干預台海局勢的可能性與介入深度，不會因為「共同聲明」是否涉及台灣，而有所鬆動或有絲毫的改變。

美國希望增進與日本的戰略合作，以平衡中國在東亞重新崛起的影響。日本欲借美國的力量，推動國家戰略轉變，穩住東亞主導權。兩國都希望透過「同盟」的強化解決區域危機。但日美軍事同盟把中國的內政問題作為共同的戰略目標，顯然暗含著對中國的戰略威懾。強調「台灣問題解決的和平方式」，為中國的內政問題強加前提條件，具有很強的「干預」色彩，這是中國政府絕對不能接受的。

（二）「有事法制」——自衛隊「集體自衛權」的「責任分擔」

近年來，日本對台海問題的關注點主要在三個方面：（1）中國大陸及其對台動向；（2）台灣內統獨力量的消長變化；（3）兩岸良性互動狀況。

2006年，日本防衛省就影響本國的和平與安全因素做了社會輿論調查。其中，認為朝鮮半島是最大問題的達到63.7%，排在第一位；排在第二位的是國際恐怖組織，達到46.2%；排在第三位的是中國軍事現代化及其海洋活動，達到38.8%；排在第四位的是美中關係，達到27.8%；排在第五位的是中東形勢，占27.4%；排在第六位的是日本周邊地域美國的軍事形勢，占16%。此外，日俄北方領土糾紛、美俄關係、東南亞形勢、其他等等，分別為14.2%、11.7%、11%、0.5%。排在前五位的因素中，有三個因素與中國直接相關。這表明，在日本國民中，有相當一部分人將朝鮮與中國看作對日本安全的重要影響因素。

冷戰結束後，日本視中國為東亞最大的不安定因素。認為今後20年，中國

的GNP增加、軍費增多以及追求超級大國的野心,決定了中國將成為東亞最大的不安定因素。「世界主要國家出現裁軍發展趨勢,但中國逆國際潮流,推進軍事擴張。同日本與周邊的多數國家,圍繞島嶼歸屬問題,存在矛盾與爭執」,對於日本而言「海洋形勢非常嚴峻,不容樂觀」。[138]

冷戰後,日本安全保障體制從內容到外延都發生了實質性的變化,與冷戰時期相比,政府及媒體更加關注有關安全保障問題的討論。這個過程,分三個階段,而每個階段又都有標誌性事件發生。

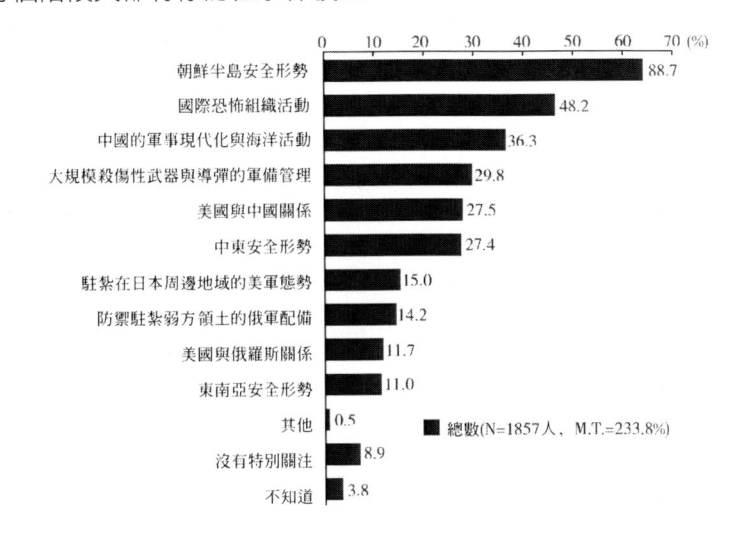

項目	百分比 (%)
朝鮮半島安全形勢	88.7
國際恐怖組織活動	48.2
中國的軍事現代化與海洋活動	36.3
大規模殺傷性武器與導彈的軍備管理	29.8
美國與中國關係	27.5
中東安全形勢	27.4
駐紮在日本周邊地域的美軍態勢	15.0
防禦駐紮弱方領土的俄軍配備	14.2
美國與俄羅斯關係	11.7
東南亞安全形勢	11.0
其他	0.5
沒有特別關注	8.9
不知道	3.8

總數(N=1857人,M.T.=233.8%)

來源:日本防衛省統計調查結果

第一階段,1990年——1998年,《新日美防衛指針》與《周邊事態法》制定。這一時期,經歷了1994年朝核危機、1996年台海危機,透過防衛目標的再確認,日本開始了冷戰後安保體制的重建歷程。其中,《周邊事態法》明確規定,周邊地區一旦發生戰事或危機,自衛隊可以對作戰的美軍進行支援。1996年7月,著手修改1978年11月制定的《日美防衛合作指針》,並於1997年9月拿出了一個《新日美防衛指針》。這期間,日本高級官員多次表示:日美防衛合作範圍包括台灣。1999年5月24日,又頒布了與《新日美防衛合作指針》相關聯的三法案,即《周邊事態安全保障法草案》、《自衛隊修訂法》、《日美相互提供

物資與勞務修訂協定》。「新指針」把「日本周邊」作為日美防衛地區，而且聲稱「日本周邊地區」的概念將隨著國際形勢的發展而變化。日本甚至將「周邊事態」解釋為：「是對日本和平與安全造成重要影響的事態，它不是地理概念，而是著眼事態的性質」。這種解釋，暗含將中國的台灣問題劃入日美防衛合作範圍的明顯企圖。根據這一法律，日本可以在非戰鬥區域，對美軍進行通信、運輸、補給等方面的援助。但基於日本憲法對集體自衛權行使的規定，這種援助只能侷限在「非戰鬥地區的後方援助」上。儘管如此，這一立法實質上已經對冷戰時期日美安保體制進行了修正，突破了日本在周邊地區發生危機事件時，自衛隊無所作為的侷限，強化了自主行動的能力。很明顯，台灣海峽的地理界線應屬於「日本周邊」，這就預示著台海一旦有事，日本有與美國一道介入的權利。

第二階段，2001年「911」事件後，借打擊恐怖主義之名，日本於當年10月29日頒布實施《反恐怖特別措施法案》、《自衛隊法修正案》、《海上保安廳法修正案》，為海外派兵提供了更為寬鬆的法律環境。這些法案，無限擴大了日本向海外派兵的範圍，將自衛隊的活動擴展到所有國際公海及上空，以及有關國家同意的外國領土。而且，在採取反恐措施時，不必經國會批準，僅以臨時內閣會議的形式即可做出決定，行動後20天內報告國會。《反恐對策特別實施法案》，開始衝擊日美集體自衛權的使用禁限。由於這一法案是響應美國對阿富汗反恐戰爭的需要而制定的，美國又將對阿富汗塔利班政權的打擊，定義為自衛戰爭，是對美國本土安全的防衛，是對美國海外武力行使「集體自衛權」提供的支持，這就打破了冷戰時期日本防衛只是侷限於本土及周邊安全的界線。意味著日本對任何威脅到美國國家安全的事件都將給予支持的法理突破。《反恐對策特別實施法案》儘管引用了很多聯合國決議的條款與提法，而且以「時限立法」的形式出現，規定「恐怖主義是威脅世界安全的敵人，也是威脅日本安全的問題，作為威脅日本安全的敵人，日本將會給美國及其他國家予以支持。」換句話講，這一法案不僅是為美國提供支援，也是為美國的盟友及安全利益相關的行為體，提供政策支持的法律依據。

第三階段，起始於2003年制定「有事法制三法案」與《支援伊拉克特別法案》。2003年5月，日本頒布了《應對武力攻擊事態法案》、《安全保障會議設

置法修正案》、《自衛隊法修正案》，亦稱「有事法制三法案」。其中《應對武力攻擊事態法案》規定，當日本遭到武力攻擊時，政府可以在內閣會議上決定應對的基本方針，並設置由首相擔任部長的對策部；授予首相對地方自治體發佈具體行政指示的指示權和代理執行權。《安全保障會議設置法修正案》增加的主要內容是：設置向安全保障會議提供建議的應對緊急事態專門委員會。《自衛隊法修正案》則增加了這樣內容：當預測到要遭受武力攻擊時，自衛隊可以構築防禦措施；接到行動命令後，自衛隊有權強行徵用私人用地或改變私人房屋結構。「有事法制三法案」是對《日本國憲法》的進一步突破，使得日本僅憑「預測」即可捲入戰爭。在所謂的「周邊地區」爆發武力衝突時，可以不經國會同意，首相直接派遣自衛隊，採取軍事行動。自衛隊可以隨時協同美軍參戰，共同威懾整個亞太地區，尤其是構成對台灣海峽安全的重大威脅。一個月後，國會又強行通過《支援伊拉克重建特別措施法案》，為日本戰後向海外派兵鋪平了道路。

問題在於，這一法案面對的事件有如下特殊性，應該引起世人的注意：一是，美國對伊拉克的占領，撇開了聯合國這一維護世界和平與安全的國際組織，以單邊主義的形式進行，破壞了聯合國的權威與地位，引起了國際社會及美國歐洲盟友的反對。二是，美國對伊拉克的占領是基於本國自衛、在世界範圍內推行西方式自由民主主義、防止核武器及生化武器等大規模殺傷性武器擴散為理念的武力行使。換言之，伊拉克占領是在聯合國框架之外，美國及其盟友的單邊的先發制人的武力行動。三是，對美、英在伊拉克的武力行使迅速做出回應，頒布「法案」，這是戰後日本國家安全政策首次明確而迅速的決定。這表明，日本已經拋開了以日美同盟與聯合國為中心的戰後國家外交的安全理念。也就是說，即使沒有聯合國的授權，為捍衛「自由民主」，日本可以給予支持。一旦朝鮮半島或台海「有事」，即使沒有聯合國的決議許可，日本也可以進行干預，甚至實行先發制人的打擊。

上述法案的基本特徵是：擴大了冷戰時期日本自主防衛的範圍；初步開始了行使「集體自衛權」的嘗試；推動以維護民主意識形態為目標的國家安全戰略的轉變；跳出聯合國框架，使日美同盟具有先發制人的攻擊色彩。2003年公佈的《防衛白皮書》，首次將協助聯合國維和行動，確定為自衛隊的主要任務。從

而，為日本制定永久向海外派兵的法律作了鋪墊。2004年5月20日，眾議院通過了政府提交的《國民保護法案》、《限制外國軍用品海上運輸法案》等7個與「有事法制」相關的法案，至此，日本確立了戰時應急法律體系。

2004年7月6日，日本內閣通過的2004年度《防衛白皮書》，將參與「國際活動」，列為自衛隊的基本任務；把自衛隊赴海外執行任務的性質，從原來的「附屬任務」，提升為「本職任務」，旨在使海外派兵制度化、永久化。

2005年日本《防衛白皮書》提及中國軍費開支的持續增長，以及中國軍事現代化問題。指出，中國有100多枚中距離導彈，這些導彈射程涵蓋了日本。「中國2005年的軍費是2000年的兩倍，比起1997年更增加了3倍，這些還不包括軍事研究費……中國軍事現代化規模，已經超出本身的防衛需要，各方應該給予高度關注。」

2005年5月12日，日美兩國著手制定針對台灣海峽以及朝鮮半島「有事」的「共同作戰計劃」等軍事文件，並於同年6月，以共同文件的形式加以確認。2006年4月，日本外交部發表《2006年曆年報告書》，對中國的國防開支連年迅速增加表示關注。對於中國國防開支連續18年以兩位數增長一事，首次採用了激烈措辭，稱「（其中）存在不透明的部分」，將「要求中國國防開支更加透明化」。過去的《歷年報告書》，日本也曾提及中國的國防費用問題，但這是首次呼籲中國增加軍費開支的「透明度」。

日本政府每年發佈國防白皮書，其主旨是為了向日本民眾說明國防需要，也是外界觀察日本軍事佈局的一份重要參考資料。在《2007年度國防白皮書》中，日本高度警惕中國軍事現代化發展，首次將日本防衛部門升格為「國防部」，認為中台軍事失衡將會影響日本的安全。白皮書稱，中國有更遠程的海上作戰能力，國土的防空能力不僅有加強，也具有向前方發展的空戰能力，而且還在不斷建設對地、對空的攻擊力。針對台灣問題，白皮書分析認為，中國以台灣為目標的短程導彈有700多枚，而台灣在應對上缺乏有效手段。台灣原本在質量上居優勢的情況，現在變成中國處於有利的局勢。中國軍事現代化，眼前的目標是台灣，但也不能不警惕，這將超越對付台灣的需要，對日本的安全產生影響，

必須慎重對待。

2008年度《防衛白皮書》，日本更對中國的軍事現代化表示高度關注，繼續高調批評中國軍費不透明。認為兩岸「軍事不均衡」，將導致在武器質量上的進一步較量。《白皮書》花了不少篇幅在中國身上，15頁中有10頁對中國軍力進行分析。稱中國軍隊正在推動高科技化、電子化，擴大軍事產業基地，並舉例中國培養了專門的網絡部隊，使用電腦病毒等手法攻擊對方的軍事指揮系統。認為中國軍隊現代化的動機在於「阻止台灣『獨立』，提高能力以防禦外國軍隊給台灣支援」。

2008年11月，日美兩國著手修改當前的「共同作戰計劃」，為應對朝鮮半島的「突然情況」，進一步細化了「共同作戰計劃」的各項內容，明確了分工及操作流程。「共同作戰計劃」並不僅限於朝鮮問題，也適用於日本「周邊地區」。根據《周邊事態法》，台灣海峽當然被納入適用範圍。

日本通過一系列的法律制定，透過提高防衛部門的地位與規格，精簡人員，將自衛隊改造成為更靈活、更有威懾性的軍隊，提升了獨自承擔國防安全的能力。2004年12月，日本內閣公佈新的《國家防衛計劃大綱》，把國家防務目標明確為：防止軍事威脅直接侵害到日本，降低威脅產生的可能性，建立一個良好、和諧的國際環境。要達到這個目的，除了自身的努力（成為一個正常的軍事大國）外，美日之間的安全部署，以及與國際社會的合作，都是不可缺少的。2005年10月28日，執政的自民黨通過了《新憲法草案》，其中，最重要的修改是將《日本國憲法》第九條第二款改為：「為了確保中國的和平與獨立及國家和國民的安全，保持以內閣總理大臣為最高指揮官的自衛軍」；將日本的自衛隊升格為自衛軍，並規定自衛軍可以為「確保國際和平而展開國際合作活動」。

上述所有的一切，都是在美國全球戰略調整中完成的。而日本一系列令人矚目的行動，表面上是對美國戰略調整的響應，事實上一直都貫穿著自己的戰略意圖：依靠美日同盟，利用美國在全球事務中的窘迫處境以及美國在東北亞事務中對日本的依賴和縱容，盡快從「和平憲法」中解脫出來，突破「專守防衛」，實現與美國一起行使「集體自衛權」，與美國一起共享東北亞國際事務的主導權，

步步為營，解脫束縛，進而成為軍事政治大國，實現成為「普通國家」的宏願。

進入21世紀，無論是阿富汗戰爭，還是此後的伊拉克戰爭，日本都突破了憲法限制，首次踏入尚未結束戰爭狀態的地區，向海外派兵，為日本以後的海外軍事行動提供了實例。輿論普遍認為，這是「軍事的一小步，政治的一大步」。冷戰以後，日本已經完成了獨立「介入」台海事務的軍事準備。一旦「有事」，日本絕對不會單純只是「後方支援」，肯定要大顯身手。

（三）維持台海現狀——日本實施對兩岸的「勸阻戰略」

1.反對《反分裂國家法》與歐洲對華武器解禁

2002年11月，陳水扁提出「一邊一國」論，引發兩岸關係緊張。面對台獨勢力猖獗的台海形勢，2004年5月12日，國務院新聞辦發言人表示，中國政府將認真地考慮「包括以法律手段促進統一的建議」。首次明確表態，將考慮透過法律手段遏制台獨勢力。

2005年3月14日，中華人民共和國第十屆全國人民代表大會第三次會議通過《反分裂國家法》。《反分裂國家法》共有十條，主要內容是鼓勵兩岸繼續交流合作，但同時也首次明確提出，在三種情況下，中國大陸可使用非和平方式達到國家統一。《反分裂國家法》首先開宗明義地表明：「世界上只有一個中國，大陸和台灣同屬一個中國，中國的主權和領土完整不容分割」，維護主權完整、促進兩岸統一是包括台灣同胞在內的全體中國人民的共同義務與神聖職責。該法第三條將台灣問題定義為，「中國內戰的遺留問題」，因此是中國內部事務，「不受外國勢力干涉」。第五條提出，一個中國原則是和平統一的基礎，並許諾和平統一後，台灣將「可以實行不同於大陸的制度，高度自治」。第六條則要求政府推進兩岸人員的交往，鼓勵和推進經濟合作和直接「三通」，鼓勵和推進教育、科技、文化等各項事業的交流，並保護台商的利益。第七條主張透過協商和平解決兩岸問題，並提出兩岸可在包括結束敵對狀態、台灣政治地位、台灣國際空間等六方面來進行協商談判。第八條則列明，在三種情況下，政府將採取「非和平方式及其他必要措施，捍衛國家主權和領土完整」。這三種情況是：台灣從中國分裂形成事實、將發生可能導致台灣從中國分裂的重大事變，以及和平統一的可

能性完全喪失。外界將焦點集中在三大條件中的最後一項,即「和平統一的可能性完全喪失」,這被認為是一項可以被非常靈活解釋的條件。另外,第八條也允許國務院在必要時先採取行動,隨後再向全國最高權力機關人民代表大會通報,等於授權政府可以先斬後奏。第九條則要求在「採取非和平方式及其他必要措施」時,應盡力保護台灣平民和外國在台僑民的生命財產安全。

《反分裂國家法》,反應了中華人民共和國政府對兩岸現狀的看法。兩岸目前處於主權統一、治權不統一的現狀,即屬於分治,而不是分裂的狀態。制定該法的目的,在於避免台灣從祖國大陸分離出去。溫家寶總理在十屆人大三次會議的記者招待會上指出:「這是一部加強和推進兩岸關係的法,是一部和平統一的法,而不是針對台灣人民的,也不是一部『戰爭法』。」關於可能的美國和日本的干涉,中國政府再次聲明:「維護主權與領土完整是所有國家共同的利益。台灣問題為中國內政,中華人民共和國政府不希望、也不害怕其他國家的干涉」。「中國大陸的軍費總額同美日等國相比相差很遠,並且中國不是好戰的國家,百年來,一直受人欺負,不曾占領別的國家一寸領土」。

俄羅斯、法國、新加坡等國際社會相繼表示支持與理解。俄羅斯外交部聲明認為,「《反分裂國家法》是一部關於解決台灣問題的途徑和方法的法律」。法國政府認為,「有關的法律主要是針對台灣的分裂活動,不反對中華人民共和國通過反分裂法」。但美日則表現出與此完全相反的立場,美國國務院發言人包潤石說,該法案與近來海峽關係春暖花開的趨勢相逆,美國對法案的通過感到不幸,認為該法案對兩岸形勢沒有助益。[139]美國《華盛頓郵報》發表社論,譴責中華人民共和國使用兩面手法,一面與台灣修好,一面又制定反分裂法,企圖威脅台灣。認為,以法國及德國為首的國家在積極運作,試圖取消歐盟對華軍售的禁令,實在是完全不負責任的政策。[140]

時任日本首相的小泉純一郎稱,日本正在密切關注兩岸局勢,反對以武力解決台海問題。在隨後表達的反對意見中,他特別強調,日本非常關注《反分裂國家法》可能對台海和平與穩定所造成的負面影響,強烈反對兩岸的任何一方以軍事力量化解主權紛爭。要求中國和平解決台灣問題,提出今後將繼續推動以促使

中國以和平的方式解決兩岸問題。「確保《反分裂國家法》不至於引發任何負面後續效應」。內閣官房長官細田博之在記者會上指出，「日本對台灣海峽的和平與安定以及最近兩岸緊張緩和所造成的否定與負面的觀點來看而持有憂慮之情」，重申日本一貫反對以動武的對立方式來解決兩岸問題，反對以和平解決以外的任何解決方式。[141]外務省官員千葉明表示，日本反對和平手段之外的所有措施，表示非常擔心「非和平方式」可能對台海穩定造成負面影響。日本《產經新聞》批評中國的這個舉動，並認為台灣的未來必須尊重台灣人民的意思，兩岸以經濟面為中心，正在深化交流之際，武力威嚇的法律化令人對中國「一國兩制」的疑慮升高，製造兩岸對立和破壞東亞和平，這只會造成所謂的「統一」繼續開倒車。[142]

相較於美國，日本政府對《反分裂國家法》呈現出強烈反彈的態度。[143]這表明，日本將台海問題視為本國在亞太地區安全利益的關鍵之所在，反映了日本一貫的介入台灣問題的立場。

在反對《反分裂國家法》的同時，日本積極阻止歐盟解禁對中國的武器禁運。2005年3月，在日本外交部草擬的藍皮書以及防衛廳智囊機構國家防衛研究所發表的《東亞戰略概觀》報告書指出，由於中國擴展軍力，東亞的局勢變得失衡，若歐盟解禁對中國的軍火禁運，情況會惡化。「中國海軍將會從沿岸防衛轉變為近海防衛」，對日本構成威脅。中國的軍事能力是造成東亞緊張的要素，而中國核潛艇去年進入日本領海的事件以及東海油田問題，也進一步成為日本對中國軍事戒備的導火線。「中國加速擴大軍備，組織以及訓練現代化，用以對台灣行使武力，阻止美國介入為前提，頻繁進行軍事訓練，軍事能力確實提高。」「中國若獲得歐盟的尖端軍事技術，亞太的軍事平衡就會崩潰。這對日本以及美國來說是極為憂慮的事態。」[144]

2005年3月末，小泉和法國總統希拉克舉行會談時提出：「反對歐盟考慮解除對中國軍售的想法，並希望法國能夠做出負責任的對應」。2007年1月，在德國訪問的日本首相安倍晉三，促請歐洲聯盟維持對中國的軍售禁令，稱中國不斷增加國防開支意圖不明。中國經濟的擴張，對世界有正面效應，但中國國防開支

缺乏透明度卻是個問題。擔心解除對中國的武器禁運，將影響東亞的安全局勢。日本反對歐洲解除禁令的理由，一是歐洲對華軍售破壞東亞勢力均衡；二是破壞台海地區的軍力均衡；三是中國武器的現代化將對日本構成威脅。其中，維護台海軍力平衡是核心內容。

2.反對「台灣公投」——避免台海衝突升級

考慮台灣海峽的任何衝突都能極大地影響日本的安全和經濟發展，相較於台灣「獨立」，日本當然更鍾情於保持現狀。台海地區的任何軍事衝突都難免會牽涉到美國，《美日安保協定》的簽訂，意味著一旦中美因為台灣問題發生衝突，日本必然會捲入其中。

2003年末，台灣選舉處於高潮階段。陳水扁為了爭取連任，主張「公民投票」並制定「新憲法」，致使兩岸關係緊張。日本政府透過「交流協會」向台灣當局提出了「建議書」，內容包括：（1）關於台灣問題中國政府的立場是基於日中共同聲明的原則，中國強烈主張圍繞台灣問題的當事方應當透過對話協商，儘早恢復對話，和平加以解決。（2）但是，最近陳總統的「公民投票」並主張制定「新憲法」的發言已經對「中台」關係造成了不必要的緊張，對此，中國從台灣海峽及這一地區的安定與和平的觀點出發，感到擔憂。中國希望陳總統能切實遵守在就職演說時的「四不一沒有」的發言，慎重地加以對待這一地域的和平與安定，避免目前的狀況在今後出現更加惡化的局面。

日本政府的建議書，在台灣當地報紙被公開。日本《朝日新聞》發表社論指出：「台海的穩定需要冷靜的頭腦，無論日本、美國還是其它亞洲鄰國都不願意看到台海緊張局勢升級」。這份「建議書」招來許多台獨人士的抗議，認為這是對台灣「內政」的干涉。主張台獨的「台灣團結聯盟」成員，前往「日台交流協會」進行抗議。這是日台斷交以來，日本政府少有的對台嚴厲的態度。這一意圖的背後表明了如下事實：（1）日本強烈關注本國的國家利益，台海的任何波動以致發生戰事，都被視為對日本利益的威脅與傷害。（2）「交流協會」已經從對台的民間窗口變成代表政府意圖的政治機構。（3）建議書表現了日本對台灣「獨立」傾向的牽制。另外，還應看到，日本對台獨的勸阻與建設性「遏制」，

主要是基於日本的國家利益，同時也有著從屬於美國對台政策的一面。

2003年12月9日，布希總統在與溫家寶總理會談時表示，「美國反對台灣領導人試圖改變現狀的言行」，對台灣的舉動進行了牽制。美國也向日本轉達了這一方針。日本自民黨幹部稱，「日本提出外交照會，對台灣採取的強硬姿態進行了牽制，是與美國保持了步調一致」。

2003年12月12日，日本不顧中國的再三反對，「日台交流協會駐台北事務所」在台北舉辦了天皇生日招待會。這是自日台斷交後，台灣當局領導人首次出現在天皇生日招待會上。此後，又透過前首相森喜朗訪台等動作，不斷提升日台官方關係。自從1972年日本同台灣斷交，中國堅決反對日台以任何形式保持官方關係。日本政府也一直只限於與台灣發展「非官方務實關係」。但上述行為，已經跨越了這一界限，表明日本政府一方面希望維持台海穩定，另一方面，又希望提升與台灣的關係，其目的在於牽制兩岸，以達到維持現狀的目的。正如外務省幹部稱「日本的對台灣出口額2002年達270億美元，而且雙邊人員往來頻繁，現在已不是墨守成規的年代了。」日本對台灣「公投」進行「勸阻」，「舉行的天皇生日招待會是誘因」，「為了保持與台灣海峽兩岸關係的平衡，才想到了向台灣提出外交照會」[145]

2007年5月14日，世界衛生大會（WHA）召開年會，台灣當局決定以「台灣」名義申請加入WHO。期間台灣「駐日代表處」發動「外交人員」與僑胞攜帶家眷上街示威遊行，還特地從台灣請來三位SARS患者現身說法，在日本召開記者會。台灣駐日代表許世楷，在例行記者會上對日本政府施壓，他說：「日本若支持以『台灣』名義加入WHO，等於日本認定台灣並非中國一部分，是個『獨立國家』」。日本自民黨政調會長中川昭一表示，「陳水扁試圖以『台灣』名義加入WHO，這讓美日很難下台，日本對此感到遺憾，這樣會使台灣情勢更不利。」「日本對這種方式的加盟無法提供任何支持，美國也是如此。」中川昭一作為執政黨的政調會長的發言，表明了日本政府對此疑惑且相當慎重。

中國總理溫家寶訪日時，曾針對反台獨問題要求日方表態支持。安倍首相在雙方會談以及聯合新聞公報都提及台灣問題。中方要求日本要信守承諾。

5月1日，日本防衛大臣久間章生在日美「二加二」會談之後的美國智庫傳統基金會演說時提到：「如果台海爭端並不影響日本的和平與安全，我很難想像日本如何直接涉入。」這說明日本逐漸意識到台灣當局台獨的危害性，也考慮到中國政府對台灣問題立場的不可撼動性。

第四章　日本與台灣的經濟文化關係

　　羅伯特‧基歐漢和約瑟夫‧奈認為，「相互依賴指的是國家之間或者不同國家中行為體之間相互影響的情形。……當交往活動產生彼此（儘管不一定是對等的）都付出代價的結果時，就存在相互依賴。」[146]這對於日台關係而言，起碼造成了兩個作用。首先，複合相互依賴使內政外交界限模糊，這就極大的挑戰了主權原則。按照傳統的主權原則，一個國家對其內部事務具有絕對的管轄權。主權原則一直是中國對台灣地區施加影響合法性的最大來源。但是，由於複合相互依賴可以使一個國家更容易和更頻繁的以受到影響為理由，介入另一個國家的內部事務，又因為其合法關注與非法干預的界限極其模糊，所以給日本以此介入台灣事務提供了絕好的理由。日本從戰後經濟恢復以後，一直利用經濟與文化交流培育台灣親日勢力，並把日台緊密的經濟文化聯繫作為號召國內支持政府介入台灣政策的藉口。由於相互依賴確實造成了國家間利益複雜糾結的現實，因此，日本對台訴求經常得到國際社會某些國家的支持。台灣內部的分裂勢力，也可以利益集團的名義發展對日關係，進而爭取日本的政策支持。

　　其次，相互依賴又加劇了中日關係的矛盾。1990年代以來，隨著冷戰的結束，東北亞地區形勢和安全環境發生了深刻的變化。中國以發展經濟和提高綜合國力為主要目標，中日間的雙邊交流與合作得到快速發展，成為東北亞區域未來發展的基本條件，也是該區域擺脫嚴重的全球經濟危機的主要選擇。在區域整體相互依賴日益加深的情況下，日台經濟文化關係的政治化趨勢，成為阻礙中日關係共贏的一個消極因素。

　　由於複合相互依賴是一種區域性乃至體系性概念，其效應普遍施加於東北亞區域每個成員，因此，日台密切的相互依賴關係是否會導致相應的政治後果，還

要取決於中日、海峽兩岸以及區域一體化發展的水平。相互依賴產生了一系列複雜的、有時相互矛盾的後果，最後導致日本產生了「台灣特殊」的觀點。這一觀點的核心是：在不公開反對「一個中國的原則」的基礎上，堅持台灣是一個特殊區域，日本需要參與台灣事務。但另一方面，與中國的理解不同，日本認為基於複合相互依賴因素（這其中包括經濟、文化等複雜考慮）承認「一個中國的原則」，不意味著日本會置身於台海事務以外。因為台灣問題與日本的經濟、文化、價值觀息息相關。日本透過強化與台灣的經濟文化關係，表明了台灣對日本而言是 個特殊區域。從這個意義上說，日本承認的中國主權是一種「有限主權」。

一、日本對台灣的經濟政策

日本的台灣經濟政策主要有兩個方面的考慮：一是，透過日台之間經濟合作的深化，形成戰略合作關係，主導日台貿易發展方向，達到影響台灣、牽制大陸的目的，將日台間的經濟合作轉化為政治影響力。日台貿易中存在日本主導的傾向，台灣對日經貿關係出現嚴重赤字，雙方存在出口商品的結構差問題。這種日台經貿關係，決定了日台之間各自的政治、經濟利益，體現了日台雙方的戰略意圖。李登輝與陳水扁時期，出現日台間經濟行為的政治化傾向，台灣拉日本搞台獨，日本控制台灣牽制大陸，雙方各有所需。換言之，就是要將台灣視為「特殊區域」，推動台灣問題國際化，達到維持台海現狀的目標。

二是，透過加深與中國大陸的經濟合作，透過兩國雙邊與區域、全球範圍多邊的經濟交往，在貿易、投資與制度建構上，增加經濟上的相互依存程度，突出在中國大陸經濟發展中的作用。一方面，將中國納入美日主導的國際經濟體系之中，用國際制度與規則制約中國對台海政策的行為方式，將經濟約束轉化為政治影響力。另一方面，透過經濟發展促進中國大陸的「民主化」進程，增加中國不放棄武力解決台灣問題的成本，達到維持台海現狀的目的。同時，也可淡化日美

軍事同盟對台干預政策所帶來的負面影響。日台「FTA」談判與日本消減「政府開發援助」可以作為典型事例，窺見日本對台經濟政策的實質性內容。

（一）「FTA」談判——推動台灣問題「國際化」

日本將台灣視為「特殊區域」，透過日台自由貿易協定談判，尋求對中國大陸的制衡，同時，在談判過程中，推動台灣問題國際化。

台灣作為亞洲「四小龍」之一，1980年代，在威權體制之下，經濟取得迅猛發展。當時的外匯儲備，僅次於日本、中國，位居第三。台灣經濟不僅與中國大陸日趨緊密，與日本的貿易往來也出現了前所未有的深化。一方面，台灣從日本進口大量的機械、零件及其他產品，帶動了日本經濟的發展。另一方面，台灣對日貿易赤字加劇，日台之間的貿易摩擦呈擴大趨勢。因此，日台雙方一直藉貿易摩擦談判，提升政府間的對話與接觸。日本還試圖將日台貿易摩擦，納入國際體系去加以解決。這與台灣當局謀求加入國際組織、擴大國際空間的意圖不謀而合。長期以來，台灣一直把尋求參與國際社會、國際承認、加入聯合國及其它國際組織作為奮鬥目標。對外不再堅持中華民國，並以各種名稱，廣泛參與各類官方及非官方國際組織。在這一背景下，日本在廣島亞運會與在大阪召開的APEC會議上，採取試探性舉措，企圖邀請台灣高官，引起了中國政府的高度警覺。

促使台灣問題國際化的經濟手段之一，就是推動日台簽訂「FTA」。FTA又稱自由貿易協定（英文：Free Trade Agreement，簡稱FTA），是兩國或多國間具有法律約束力的契約，其目的在於促進經濟一體化，消除貿易壁壘。例如，關稅、貿易配額和優先級別等，允許貨品與服務在國家間自由流動。這些協定的夥伴國組成自由貿易區。來自協定夥伴國的貨物，可以獲得進口稅和關稅減免優惠。無論進口國，還是出口國，自由貿易協定均有助於簡化海關手續。當協議國之間，存在不公平貿易慣例時，自由貿易協定可以協助貿易商進行補救。日台自由貿易協定談判，開始於2001年秋季。在上海APEC會議上，日本經濟產業大臣平沼赳夫與台灣經濟部長林義夫舉行會談，雙方同意，首先透過民間經濟交流與研究的方式，為雙方的FTA打下合作基礎。此後，以日本經團聯與「台灣工商協進會」為主體的「東亞經濟人會議」上，經過多次商談，於2002年末，提出了

「日台FTA民間研究中間報告」。報告提出了日台FTA締結的可能性及今後可能合作的課題，並得出如下結論：（1）日台是重要的經濟互補夥伴。日台簽訂FTA，不僅會深化發展日台經濟關係，也為東亞的經濟交流提供了必不可少的活力。透過開展日台之間FTA的研究，應在東亞地域範圍內推進經濟交流。（2）為了使日台之間的交流事業發展順利並更具活力，日台雙方應簽訂包括取消非關稅貿易壁壘、投資自由化、相互承認認證、知識產權保護等一系列的經濟合作協定。（3）今後，日台雙方應在包括經濟界及相關的產業界的更廣泛領域，深化有關日台FTA的研究，調整體制。

台灣一直希望和日本簽署雙邊自由貿易協定，借經濟議題，提升日、美、台三邊關係，突破其在國際政治舞台上所面對的困境。2002年4月11日，陳水扁在會見來台灣訪問的美國商務部副部長時提出：「經濟安定是維持國家及地區安全保障的非常重要的關鍵，可以減少中國大陸的吸引力，為了防止對中國的過度依賴傾向，希望台美日之間簽訂自由貿易協定。只有這樣，才能保護三個國家的共同利益，維持太平洋地區的安全和和諧。」「經濟的安全是國家保障戰略重要的一環，台美日三方為了台灣海峽和太平洋地區的安全和和平，一定要維持良好的合作關係和交流」。[147]

為了提升日台關係，2001年5月，台灣總統府成立了「對日工作特別小組」。提出對日外交五個目標：一是，促進日台雙方政府高官和國會議員的交流；二是，加強和日本官員的接觸；三是，構築日台安保對話機制；四是，簽訂自由貿易協定；五是，竭盡全力推動支持台灣加入WHO等國際機構。

中國的立場十分明確：雙邊自由貿易協定是國家和國家之間簽署的協議，而台灣不是一個國家，儘管雙邊貿易自由化原本是經濟上的課題，但它的意義現在已經超出了經濟的範疇，因此堅決反對日台簽訂FTA。

由於中國的反對，2002年10月10日，日本外務大臣川口順子與中國外長唐家璇會面時強調，日本和台灣之間只存在工作關係，「不會考慮和台灣簽署任何『國與國』之間的協議」。[148]對此，台灣採取迂迴戰略，2006年10月31日，陳水扁在接見到訪的日本眾議員荻生田光一時表示，台日商業經貿關係良好，在日

台雙邊未簽訂自由貿易協議前，可考慮先從台日投資保障協定開始，再進一步協商「兩國」經濟夥伴關係，最終推動「兩國」洽簽自由貿易協議。[149]此前，台灣當局一直借日台FTA的簽訂，尋求政治上的突破，用強化日台關係來牽制中國，尋求日本制定類似於美國《台灣關係法》那樣的法律，為其走向獨立提供後援。日台如果真的簽訂了FTA，那就是以法律條文形式，開闢了日台政府間交流的先例。而且，台灣當局將日台FTA的目標定位為：應對中國的經濟威脅。建議「雙方首先簽署相互簡化投資企業準入手續等的投資保障協定，之後進入經濟合作協定（EPA），最後實現簽署FTA的共同理想和目標。」[150]

基於中國反對台獨的堅定立場，加上中國已經成為日本第一大貿易國的事實，日本希望在「整個東亞經濟合作的框架內」，推動日台FTA的運作。主張先在民間經濟界進行廣泛的經濟交流，在一些具體領域深化交流的基礎上，再進行日台FTA的簽訂，日台FTA應當具體化。日本平成國際大學的淺野和生，作為「日台FTA談判」東京財團委託研究項目負責人，在提交的一份報告中提到：「日台FTA的簽訂會遭到中國的反對，將影響到中日關係。就是說從現狀來看，日台政府間的談判很難，現實的做法是雙方的談判應在民間組織之間進行，透過雙方在『國內』制定『國內法』的形式來推動日台FTA事業」。他認為，「日台FTA事業應當具體化」。[151]日台FTA，目前僅處於民間研究階段，何時進入政府間交涉並沒有確切的時間表。但日台FTA談判的嚴重性，不在於結果如何，而是在於談判過程，將台灣作為「特殊區域」，推動台灣問題「國際化」的政治企圖。

在對台關係上，日本外交一直在尋求一種牽制力量，推動與台灣之間的自由貿易協定簽署，將台灣問題納入國際與區域組織的框架內，促使台灣問題國際化，將經濟手段轉化為政治外交力，強化對中國外交討價還價的能力。同時，「日本政府將把簽署自由貿易協定，視為加強國家安全和促進東亞經濟合作的一部分」，以「制衡中國在未來東亞共同體中的影響力」。[152]

（二）「政府開發援助」——對大陸的牽制

長期以來，日本政府透過資本、技術與建廠等手段，在中國編織了廣闊的經

濟網絡。一方面，促進了中國的經濟發展，同時，也為日本產品開闢了廣闊的海外銷售市場；另一方面，這種相互依存的狀況，也使經濟成為日本對華外交政策強有力的干預手段。這種經濟上的相互依存，對中日兩國而言，雖說是一種雙贏，是一個積極因素，但日本一直潛藏著一個另外的戰略意圖，即經濟增長可以改變一國的意識形態，為使中國向「民主化」方向發展，必須努力把中國納入國際經濟體系的網絡中去，敦促中國經濟自由化，使其進入國際市場，進入國際經濟軌道，促進中國的民主化進程。一旦中國基於經濟利益行事，就可能迫使中國放棄武力解決台灣問題與中日之間的領土糾紛，迫使中國在安全方面收斂行動，以達到維持台海現狀與東亞均勢的目的。隨著中國經濟的發展及加盟WTO等國際機構，使中國變為遵守國際準則的國家，以消除日本在台灣及東亞地區安全方面對中國的擔心。

事實上，台灣問題關係到中國的核心利益，日本的戰略意圖只能在某種程度上具有一定的效果。改革開放30多年，中國一直將發展經濟作為國家的首要目標，中國的民主化進程也在循序漸進。但台獨及其支持勢力卻野心膨脹，活動頻頻，迫使中國在不改變和平發展路線的前提下，不得不採取措施，強化國防能力，防備台灣從祖國分離出去。在這樣的背景下，日本一方面強化日美軍事同盟，另一方面，將對華「政府開發援助」（ODA）作為經濟外交手段被經常使用。

「政府開發援助」是日本政府的對外經濟援助項目，英文簡稱「ODA」。日本戰敗後，對部分國家支付了戰爭賠償，但是，東亞和東南亞許多國家放棄了對日本提出戰爭賠償要求，日本則以「對外經濟援助」的變通方式對外進行賠償。這樣，既可以了卻沉重的戰爭賠償負擔，又可以重新開拓外交空間，打通被堵塞的貿易通道，返回到國際社會。ODA並非全部無償經濟援助，大部分還是低息長期貸款，也有一部分無償資金援助和技術援助。

1954年10月，日本參加援助發展中國家的「可倫坡計劃」，創造了全面重返資本和商品市場的先機。ODA計劃，早期有80%的項目集中於亞洲。1972年中日邦交正常化，中國放棄日本的戰爭賠償。1978年8月，和平友好條約簽訂，中

日經濟合作的框架得以建立。1979年12月，大平正芳首相訪華，宣布向中國提供日元貸款和技術合作。1980年，雙方簽署第一批日元貸款協議，為中國的改革開放提供了外匯資金和先進技術，日本企業大型成套設備向中國出口，中國的能源開始輸往日本。

日本對華經濟援助項目主要分三個部分：一是有償援助，即對華日元貸款，占整個對華ODA的80%；二是無償援助，三是技術援助，各占對華ODA的10%。當時，對華日元貸款占中國外來貸款的40%，而且，利率低，還款期長達30—40年。在中國改革開放初期，確實造成了非常重要的作用，成為中日友好關係的重要組成部分。[153]據統計，1979年至1998年，在中國接受的外國援助中，50%來自日本的ODA。至2004年的25年間，其累計金額約為300億美元。日本連續多年成為中國最大的援助國，其次為德國、英國、加拿大與法國。[154]ODA與日本對華政策直接相關，也是日本促進貿易與直接投資，在中國大陸建立經濟網絡的主要手段。

作為中國獲得外國政府資金的主要渠道，日元貸款有力地促進了中國的基礎設施建設，對中國的改革開放和經濟建設造成了重要作用。當然，也為日本進口中國能源和資源創造了條件，為日本企業投資中國，並帶動日本成套設備出口中國創造了具有雙贏性質的經貿局面。上世紀80年代，ODA項目主要集中在港口、鐵路、能源、環境設施的建設。但冷戰結束後，日本將對華ODA與日本的國家利益、外交戰略掛鉤，將其納入對華外交戰略體系之中，成為日本對台介入政策的外交戰略工具。

1996年台海危機，中國在台灣海域演習，日本是除美國外唯一對華提出抗議的國家。甚至還提出，日本要更加關注台灣的現狀和前景，並以中國進行核試驗為由，對華實行經濟制裁，凍結了對中國的ODA，公然主張使用有效的經濟合作這張外交牌。日本認為，中國在台灣海域「肆無忌憚的威嚇，日本政府應當重新審視ODA大綱援助計劃，日本依賴美國的軍事遏制是束手無策的行為，台灣是民主國家，日本應當擔負起維護國際和平與安定與民主秩序的重任。」[155]

1997年8月27日，美國國防大學研究所提出報告稱：「日本對華ODA加強了

中國的鐵路、公路與地下網絡等運輸與通信網絡的建設，提高了中國的軍事能力」。「一旦台海有事，將會在戰時使用這些交通運輸通道，來運送軍需物資與兵員」。「會將作戰部隊運送到海岸與城市周邊地區，這將成為戰爭的生死存亡的關鍵」。「至1996年前的日本ODA主要部分用於中國的鐵路、公路、橋樑、機場等基礎設施及電話網絡、通信等國家情報網絡系統的建設」。「日本的公共資金對中國的軍力增強造成了幫助的效果」。「這與日本外務省的主張的ODA促進中國的民主化與市場經濟的目的背道而馳，日本政府應當重新審視ODA政策」。[156]日本的保守國會議員在國會竟然指責中國「將日本的ODA用於中國的核武器研究開發與宇宙飛行計劃研發等項目方面」。指責「中國方面一直以來將其視為戰爭賠款，未曾言謝」。[157]因此日本有必要凍結ODA項目的實施。

2001年以後，日本ODA不僅被日本強調使用於環保、電力、教育等項目方面，而且，由原來的每五年審核一次，改變為單年度申請，並宣布對華日元貸款將逐年遞減，明顯地擺出了一副「隱性經濟制裁」的姿態。

2004年12月24日，《產經新聞》發表社論指出：「中國將日本經援間接用在發展軍備上，還為了政治目的，使用日本經援來援助其它發展中國家。」強調：「在日本還無法出口武器以前，經援依舊是日本重要的對外戰略手段」。

2004年12月，日本首相小泉純一郎在與中國領導人會面時提出：「中國經濟發展順暢，已經到該從對華ODA中畢業的時候了。」

2006年，日中在東海油田開發問題上矛盾激化。內閣官房長官安倍晉三在記者會上表示：「政府是根據目前的日中局勢，決定花時間重新檢討（經援項目）。」副外交大臣鹽崎恭久也表示：「鑒於目前的日中關係，很難在這個時候提出經援預算」。宣布，暫時凍結對華經援。[158]

綜上所述，東北亞作為全球經濟最富活力的區域之一，區域經濟合作與相互依賴水平很高，各國經濟交流活躍，對話頻繁。這種趨勢，又消減了各國採取傳統權力與政治手段的風險。在複雜而向前發展的全球與區域環境中，日台經濟關係不可能忽視外部環境而逆向發展。權力政治和均勢外交的傳統，依然會影響雙邊關係。在一定時期、一定條件下，肯定要互相利用對方，去平衡中國大陸的影

響，以實現遏制中國，擴大自身空間的目的。當然，日台經濟關係也不可能徹底排除相互之間的依賴與影響。全球化是一個複雜的多邊關係，日台經濟聯繫和日中、兩岸的經濟關係交織在一起，相互影響，相互滲透，也相互抵消。在政治上，基於冷戰思維殘餘，日台對大陸的發展雖然多有顧忌，但國際關係總體緩和的態勢，限制了日台對大陸敵對措施所能施展的空間和力度。因此說，日台經濟關係實際上是一對被層層束縛的很有限度的雙邊關係。

馬英九接替陳水扁，登上總統寶座以後，與民進黨執政時期日台密切溝通的狀況形成了鮮明對比。但是，日台關係的起伏不能僅憑領導人的更替來觀察與分析。事實上，日台經濟關係的運作有一個整體上的限度。這一限度，即便在李登輝、陳水扁執政時期也沒有突破。那就是，日台經濟關係的發展，不能上升至激怒中國、破壞區域經濟合作的地步。

二、日本與台灣的經貿關係

（一）日本對台經貿主導權的強化

日本和台灣的經濟關係一直以來都十分緊密。1960年代以前，日本是台灣第一大貿易夥伴。1961年開始，美國取代日本成為台灣的第一大貿易夥伴，日本退居第二，這一格局持續了近40年。到了90年代中期，中國大陸取代美日成為台灣的最大貿易夥伴。2007年，日本次於中國大陸、美國與韓國成為台灣的第四大貿易夥伴。長期以來，日本是台灣最重要的進口市場，具有重要影響力。截至2018年，日本還一直是台灣的第一大投資國、第四大出口目的地國和第八大進口商品來源地。2017年日台貿易總額約為627億美元，其中，對台灣的出口額為419億美元，從台灣進口額為207億美元，台灣對日本貿易逆差為212億美元。

1989/01 - 2018/06（單位：100萬美元、%）

日對台經貿主導關係表現為如下特徵

1.台灣關鍵產業對日本依附嚴重

日台經貿關係中，由於雙方存在出口商品結構差問題，導致台灣對日貿易出現大量的逆差現象。台灣向日本出口的商品大多是原料、零件與設備，而從日本進口的則是科技含量極高的高附加值商品，如電子與電器、機械等，這是台灣對日貿易逆差的重要原因。

至今，台灣在一些關鍵產業上，對日本依附傾向仍很嚴重。台灣最具競爭力、產值規模最大的液晶面板產業，就是以日本技術為主，幾乎全來自日本的松下、富士通、東芝、夏普、三立化工與日本大印刷等大企業。儘管台灣許多產品的世界市場占有率位居前列，但關鍵的、具有高科技含量的產品都要依靠日本，即使是台灣本土的產業技術，也大多是依靠美國或日本的技術轉移發展起來的。但日本並不願意將關鍵技術轉移台灣，台灣不僅需要向日本不斷支付技術權利金，而且必須從日本不斷進口關鍵零配件。台灣的生產與出口越多，從日本的進口量就越大，從而形成台灣對日本巨額貿易逆差一直無法改善，台灣對日本經濟技術的深層次依附關係無法根本改變。[159]尤其是近年來，日本跨國公司加快對台灣電子等產業的收購行動，造成台灣對日本的技術依附關係更趨嚴重，因此，台灣對日貿易出現赤字，也很難在短時期內得到改變。

2.日本控制著台灣地區的對外貿易權

多年來，台灣對日貿易一直是逆差，而且這種赤字狀況越來越嚴重。早在1980年代，台灣對日本的貿易逆差，平均每年以11.2億美元的速度增長。如，1985年為20.88億美元，1986年為37億美元，1987年為48.6億美元，1988年為60.6億美元，1989年為69.65億美元。進入90年代，貿易逆差更加嚴重，1990年為77億美元，1997年高達173.2億美元。七年增加96.2億美元。

進入21世紀，台灣對日貿易逆差有增無減。

長期以來，日本是台灣最大的進口市場。在貿易與技術上，幾乎控制著台灣

地區的對外貿易權與經濟命脈。

相比之下，台灣對中國大陸的貿易雖迅速擴張，但從中國大陸的進口卻非常有限，每年還不足200億美元，彌補了對日本貿易產生的巨大逆差。與歐美相比，日本對台灣的高科技轉讓進行著嚴格的控制，這必然加速擴大台灣從日本大量進口高科技產品，如電子產品及零件等，這也是台灣對日貿易赤字的主要原因。台灣每年對日貿易出現如此巨大的逆差，主要是靠對美國與中國大陸貿易順差來彌補。這些順差，加上巨額的外匯儲備，使台灣並沒有制定相關的政策對日本進口貿易赤字進行限制。

由於日本跨國公司在台灣大量併購企業，使台灣經濟的日本化趨勢更加明顯。如，日本新生銀行收購台灣日盛金融控股公司、日本野村與美國新橋合作收購台新金融控股公司，都使日本對台灣地區經濟的影響力進一步增強。

（二）日台產業戰略合作關係深化

日台相互投資關係是維繫雙方經濟關係的重要紐帶。長期以來，日本一直是台灣地區重要的投資國。1952年到1999年，日本的投資占台灣地區外資直接投資的23.5%，僅次於美國，很早就是第二大投資國。目前，日本已躍居到第一位。與美國不同，日本的投資集中在電子、電器機械、批發零售業及化學用品製造方面，而美國對台灣地區的投資，主要集中在金融、保險及與電腦相關聯的生產領域。

日本對台灣地區投資最大的領域是電子與電器機械方面。日本對台投資特徵表現為零售業一躍而起，其它年份，電子與電氣機械的投資一直排在第一位，其次是批發零售業，排在第三位的則是精密機械製造業。

日本對台灣投資多集中在高科技半導體產業。近十年的投資焦點，集中在半導體設備及材料、汽車電子產品及部件、機械、軟件開發等五大產業。

2005年，台灣當局放寬了對主要尖端產業的投資限制，並於當年10月，以台灣經濟部為中心成立了國際招商引資小組，組團訪日，遊說日本加大投資力度。在TFT-LCD（超薄液晶顯示器）、半導體、汽車電子及零件、機器、遊戲等

五大重點產業，吸引具有比較優勢的日本企業。日本NEC在台灣設立了台灣光電公司，台灣企業成為日本主要IT企業和委託加工的基地。日本索尼和NEC公司從2004年開始，每年從台灣購買50-60億美元的IT產品，他們還在台灣設立了網路家電與半導體研究開發中心。

值得關注的是，最近日本企業與台灣企業聯手，在中國大陸投資項目增多，除IT業以外，雙方企業在其它領域也積極建立合作關係。如，台灣統一食品公司、日本日清食品公司、台灣康師傅和日本三洋食品建立合作公司，攜手進入中國大陸市場。1999年至2003年的4年間，日系台灣企業在海外投資103件，其中在中國就達50件之多。[160]日本利用台灣企業，在中國國內建立的流通網，對進入中國大陸的市場，迅速建立營銷網絡造成很大作用。日本和台灣聯手，既可以建立穩定的客戶關係，又可以作為戰略合作夥伴增強競爭力。目前，在日台貿易中，台灣的產品經由第三國或地區輸往日本的比重增加。如2002—2005年，日本由台灣進口的電腦減少了一半，同時期，從中國大陸的進口卻增加了一半以上。

台灣對日本的投資在逐年下滑。2000年為3.1億美元、2001年、2002年、2003年、2004年都僅為1億美元，而2005年更下降到只有4555萬美元，從2004年至2006年總共對日投資為19件。2004年至2006年，全世界在日本投資共815件，其中美國最多為388件，占47.6%，居第一位；英國為96件，占11.8%，居第二位；中國包括香港地區為66件，占8.1%，居亞洲之首，在世界排名第三位。即使不包括香港地區，中國大陸對日投資2004年為5件，2005年為9件，2006年為17件，呈不斷上升趨勢。中國的台灣地區，2004年為8件，2005年為2件，2006年為9件，占2.3%，在亞洲位居第五。由於日本對外商投資限制嚴格，台灣地區對日本的投資規模相當有限，又以金融、保險、服務業為主，約占總量的一半左右。

台灣地區的對日投資，以與日本合作的比率增多。如，2003年，台灣的中國鋼鐵向日本東亞聯合鋼鐵投資8465萬美元，而成立於2003年7月的東亞聯合鋼鐵公司，是由日本住友金屬工業與住友商社以及中國鋼鐵三家持股的聯合企業，

三方分別出資的比率是62%、5%與33%。東亞聯合鋼鐵公司每年向中國鋼鐵出口大約60萬噸鋼鐵。

日本與台灣之間的經貿關係,一直由日本主導的特徵顯著。日本作為最大的投資者之一,經營主導著台灣的市場和出口貿易。日本透過投資、收購、合營等方式,使台灣地區的工廠,成為日本的加工企業。同時,透過對企業經營權的管理與市場占有率的提升,彰顯雙方經濟中日本主導的一面。但雙方經貿關係的發展,也存在一定的侷限性。

日本對亞洲國家及地區直接投資額中,台灣地區處於較少的一方。在亞洲,無論日本,還是台灣,都深受中國大陸的影響。為了抵消來自中國大陸的經濟牽引力,雙方開始深化戰略合作關係。很早台灣當局就提出「中琉經濟圈」構想,得到日方的響應。同一期間,日本政府亦提出,以琉球、台灣及福建三地為主,成立「蓬萊經濟圈」的構想。[161]儘管這一構想進展緩慢,但體現了日台雙方的戰略意圖。可以說,日本與台灣的經貿關係,決定於各自的政治、經濟利益。預計雙方經貿關係仍有很大的發展空間。但基於雙方政治、經濟等主客觀因素的制約,如勞動力緊缺、市場空間狹小等因素,雙方的經貿關係發展將會受到一定的限制。

(三)日台經貿關係的政治化傾向

日本一直是台灣最大的出口國。1998年台灣從日本的進口額占其進口總額的25.8%。但相比之下,日本從台灣的進口卻十分有限,使得日本對台貿易出超年年增加,主要原因是日本對台灣有長期、大量的直接投資,出於政治考慮,台灣當局很少談及對日貿易赤字,日台經貿關係日益呈現政治化趨勢。

與此前國民黨當局相比,民進黨執政8年對日台貿易摩擦表現了少有的大度,出於不得罪日本的政治考慮,致使「逆差」與「赤字」都沒有演變為貿易摩擦。2005年12月,台灣經濟部長何美玥在答記者問時表示:「台灣的貿易盈餘是近20年來最低的時期,但由於台灣擁有的外匯儲備已達2500億美元,因此順差的減少對台灣經濟不會構成影響。」認為對日貿易逆差屬於台灣經濟發展的正常現象。

事實上，起決定作用的是政治性因素。2002年，日本積極支持台灣加入WTO，以換取日本汽車更大程度地進入台灣市場。在大型政府項目上，出於對抗中國的考慮，台灣需要拉攏日本，因此，讓其在與歐洲各國的競標中屢屢得手。如，高速鐵路建設、核電站建設，給日本企業優先談判權等，都隱藏著「政治性行為」。

從台北到高雄，全長345公里的高速鐵路計劃，啟動於1990年代初。從1996年開始，以日本新幹線等7家大型商社為中心，聯合大約30多家企業，組成了「日本聯合」組織，並與劉泰英（李登輝的大管家）的「中華高鐵聯盟」攜手。與此同時，歐洲一些企業也組成了「歐洲高鐵聯盟」，與台灣高速鐵路公司合作，參與競爭，希望承接這個項目，並於1997年取得了優先申請人資格，與台灣當局簽約，拿到了「最優議約資格」。但是，最終「優先議約權」，還是從歐鐵聯盟轉到日本手裡，承接了高達950億元的核心機電系統工程及590億元的四段軌道鋪設工程。

後來，「歐洲高鐵聯盟」提請國際商務仲裁，2004年3月，國際商會裁定台灣高鐵賠償21億元。聯合國開發計劃鐵道工學專家、日本東海道新幹線總局運轉車輛部長和總局次長、鐵道勞動科學研究所所長齋藤雅男證實，當年日本之所以會去台灣搶這筆生意，是因為經濟不景氣。日方以實現李登輝訪問為交換條件，「拯救鐵道車輛製造商」。但「日本新幹線是以技術做考慮，台灣的高鐵卻是以政治做交易。」[162]

當時，日本最終奪標，是在李登輝和石原慎太郎的共同努力下促成的。1999年，李登輝的「台灣的主張」一書出版，在談到了台灣高鐵的建設問題時，明確表示，如果日本的商社和企業參加投標，台灣當局就應該做出「政治決斷」。東京都知事石原慎太郎與李登輝為至交，石原曾擔任竹下登內閣的運輸大臣，新幹線是他的管轄範圍。1999年11月，石原繞過台灣當局外交部，直接接受李登輝的邀請，到台灣地區傳授防地震經驗，與李登輝祕密會談高鐵項目。石原向李登輝承諾：「只要台灣的新幹線落成，日本內閣成員就可以『正式』訪問台灣，參加剪綵儀式。同時，兩國國民的感情也會因此而加深。」

石原慎太郎訪台後不久日本刊出新聞稱，日本極有可能在「台灣新幹線」競標中勝出。[163]此後2001年、2004年、2007年，李登輝以「就醫、觀光、文化之旅」的形式，3次訪問了日本，表明當時執政的民進黨，利用李登輝拓寬日台政治關係的意圖十分明確而又強烈。

對於台灣當局以經濟利益進行政治交易的做法，台灣內部也有不同聲音。2005年11月，新幹線試運營，在立法院交通委員會的高速鐵路基金審議會上，親民黨立法委員李鴻鈞提出質疑，認為新幹線建設合約存在很大問題，日方約定投資130億元，但實際上只投資30億元，在工程訂單額為1000億元的情況下，日方投資不過是3%，這樣的契約極不合理，對當局的政治交易提出批評。[164]

三、日本對台文化政策與文化交流

日本與台灣不僅存在安全利益的關聯、經濟上的相互依賴，文化因素也是研究日台關係無法迴避的一個環節。

「文化」一詞的含義十分廣泛。正如大多數專家所認為的那樣，大致可把其歸納出三個方面的含義，即觀念形態、精神產品、生活方式。包括，人們的世界觀、宗教信仰、心理特徵、價值觀念、道德標準。對文化的區分也包羅萬象，如，政治文化、物質文化、精神文化等等。日本對台文化政策，主要體現在心理特徵的精神文化與價值觀念的政治文化兩個方面。日本對台文化政策，正是透過長期的「文化滲透」與「文化制衡」，透過培養彼此之間的「日本情結」與「台灣情結」以及相似的價值觀認同來強化日台雙邊關係。

（一）實施文化滲透，培養「親日情結」

在日本的殖民統治時期，為了向外侵略，一定要確保台灣的繁榮，極力開發，苦心經營，致力於農、工、商及基礎設施建設，破壞了台灣的手工業和家庭作坊，瓦解了自給自足的自然經濟，奠定了台灣近代化的基礎。2006年2月4日，時任日本外相的麻生太郎，在日本福岡市發表演講，公然宣揚了這種殖民有

功的論調。他說：「台灣今天擁有較高教育水平，得益於日本殖民統治」。「正是因為台灣的教育水平急速上升，識字率也大大提高，今天才成為教育水平很高的國家，得以跟上時代的步伐」。

這種殖民社會的背景，比較容易發展出一種互相認同的共同體感覺，即「日本情結」與「台灣情結」。為了同化、奴役台灣人民，日據當局推行「皇民化」教育，在文化教育上進行了無所不在地滲透。日本在台灣基本上完成了從初級教育到高等教育的體制建設，而且培植了一批以日語為「母語」，以日本為「母國」的台灣人。本質上來說，日本殖民時期的教育方針，是對台灣民眾的漸進式洗腦與毒化政策。他們企圖透過在台灣建立一個日本化的大環境，先進行語言、文化上的滲透，使台灣人在日本的統治之下，不得不按日本的方式來自我確認，從而達到不僅在現實世界上，而且在國民心理、精神世界上，完成對台灣的殖民化過程。

「皇民化」教育，使中國人的群體意識發生了分化，一些原本對清政府割台不滿的人，祖國意識發生動搖，台灣本土意識強烈，對日本的順從度也越來越高。當時，相當一部分台灣青少年，在日語教育的環境下長大，祖國概念淺薄，「皇民化」烙印深刻，形成了濃厚的「日本情結」。與此同時，由於日本統治政策事實上的歧視和不平等，又使得一些人雖說不能從心理上接受日本，但又總感覺自己是「棄兒」，日後也成了「獨立」意識的思想根源。他們當中，有些人後來身居要職，握有重權，這種「日本情結」與「獨立」思想發酵，對台灣的命運走向、兩岸關係和中日關係也產生了重要影響。為戰後日本右翼勢力支持台獨運動，重新染指台灣埋下了伏筆，打下了一定的社會基礎。

戰後，這些「歷史進步的不自覺的作用」，成為日本人「台灣情結」的主要根源。日本國內的這種「台灣情結」，也使許多日本人不願意承認台灣是中國的一部分，認為台灣已經融入了日本。因此，在台灣主權回歸中國後，日本仍然有一部分人念念不忘地惦記著台灣，但他們也明白，再度殖民台灣的機率非常小，所以，只能挖空心思的積極拉近日台關係、鼓動台灣「獨立」，以利於日本變相控制台灣。這種「台灣情結」，是日本「親台」、阻礙中國統一政策的一個重要

文化心理因素。

從戰後開始，日本對台灣的文化交流具有深遠的戰略目標。日本就有意培植在日台灣人的「日本情結」，表現在幾個方面：

1.收留台獨分子。一方面，對「以德報怨」的蔣介石政府，日本提供「反共」支持；另一方面，收留「反蔣」的台獨人士，如，金美齡等。結果，一大批以日本為「第二祖國」的台獨人士，將日本作為大本營，最終導致以台獨為目標的民進黨、台聯黨勢力壯大。應當說，沒有日本的背後影響，台獨勢力的發展不會如此迅速。

2.培養台灣留日學生的「親日感情」。戰後幾十年，日本許多國立、公立及私立大學，在「台駐日代表處文化組」爭取下，幾乎每位台灣留學生均可領到獎學金。「交流協會」獎學金每個月可領18.55萬日元，日本的許多非盈利性組織及相關機構，如，日本證券、東急、國際教育協會等，每年會給台灣學生提供清寒子弟獎學金和一些免收學費的公立名校的入學名額，以吸引台灣青年到日本留學深造。目前，每年得到獎學金的人數已達1040人外，台灣學生如果念日本國立大學，則學費幾乎均可全額減免。2004年，台灣留日學生達到了4100人。這些留學生畢業後，要麼在日本就職，要麼回台灣發展，成為日台關係發展不可或缺的關鍵角色。

3.強化日台青年交流。1995年3月，由日本「交流協會」主辦的第一屆日本青年訪台團成行，其成員有日本各大學選拔出的研究生，這些學生大多從事對台灣政治、經濟、社會、文化方面的研究。訪台團不僅參觀政府、大學及其它設施，更多地安排與台灣各大學的日語系學生進行廣泛的交流，並且以專題討論會的方式，對「台灣人的主體意識、日台關係、台灣的政治、經濟發展與社會問題」等相關內容交換意見。除此之外，日本許多大學的教授，常常組織日本學生赴台「休學旅行」，通常是由自己講座的台灣留學生帶領，進行現地考察。一方面，培養了日本青年人的對台感情，同時，也加強了台灣青年對日本的親近感。2005年5月9日，「交流協會」代表日本政府，對為日語教育作出貢獻的東吳大學蔡茂豐教授授予旭日中勳章，這是日台斷交以來，首次具有政府行為的授勳活

動。

　　4.日台民間人員交往加深。據日本外務省公佈的數據顯示，2005年前往台灣的日本人有112萬。很多退職的日本人，在台灣購置大量地產，台灣的南投縣埔里，聚集了許多日本人，並在那裡長期生活。台灣的訪日人數也連年遞增，2002年至2004年，每年都超過70萬人次。2005年，日本在愛知縣召開萬博會，對台灣居民採取免簽證措施，來日本的外國人超過100萬，其中台灣居民占19%。此後，日本宣布永久免除對台簽證，允許台灣居民在日本逗留90天。2005年到日本觀光的台灣居民達131萬。2006年，日台之間的人員往來劇增。日本訪台人數為116萬，台灣訪日人數為135萬。2007年，日本訪台人數上升為117萬，台灣訪日人數為139萬。

　　除了人員流動，伴隨著日本企業在台灣的發展，台灣的日常生活體現了更多的「日本色彩」。台灣街頭常可看到日資的購物中心，如，三越、伊勢丹集團、高島屋，遍佈台灣城鄉的日式連鎖店、便利店、日式的超市，大街小巷日本的汽車，書店裡擺設的大量日文書籍，在台灣可以買到日本的高檔產品等等，可以說日本的文化已經走進了台灣的每個家庭。

　　5.全面推銷日本文化。日本對台文化政策，一直採取潛在、滲透的方式。1987年台灣「戒嚴令」解除之後，日本文化首先透過電影、電視媒體、音樂、小說、漫畫、雜誌、遊戲，全面走進台灣社會，並很快成為年輕人接受的主流文化。1994年，台灣對日本電視節目全面開放，隨後，NHK、韓來日本台、JETTV、國興衛視、博興東映台等迅速進入台灣人的日常生活中；日本的電視劇、動畫片、體育節目、影星、歌星，被許多台灣年輕人所喜愛；日本的小說，如「失樂園」、日本漫畫等也成為暢銷品。隨著日本文化的全面滲透，台灣年輕人對日語的學習熱情高漲，日本成為台灣人嚮往的旅遊地之一。

　　6.日台地域文化交流也在不斷升溫。2003年4月，日本岡山市與台灣新竹市簽訂友好合作協定，結為姊妹城市。日台之間有20幾所高中結為姊妹學校。很多大學、研究所之間也強化彼此間的學術合作。如，東京大學與台灣大學、日本的「大陸問題研究所」、「世界和平研究所」與台灣的「中華歐亞基金會」，也

有著長期合作的關係。「北九州學術研究都市」與「新竹科學工業園區」之間，也簽訂了科技交流協定。

7.推進日本國際交流基金會與台灣的交流事業。作為對外文化交流機構的日本國際交流基金會，成立於1972年，2003年10月成為獨立行政法人。總部設於東京，在全世界18個國家設立了19個海外事務所。日本國際交流基金會的任務是：促進日本與其他國家之間的國際文化交流，加深彼此之間的相互理解。它主要從事三方面業務：文化藝術交流；日本語教育；日本研究與知識交流。換句話說，國際交流基金以國家為交流對象。由於日台斷交，台灣自然無法成為其交流地域。因此，日本與台灣之間的文化交流，一直透過「交流協會」在運作。但是，隨著日台關係的提升，日本國際交流基金會已悄悄開始與台灣開展各種文化交流事業。

（二）推動「文化制衡」，強調價值觀認同

日本對台灣不僅有自甲午戰爭以來的長期殖民文化的歷史，雙方還幾乎同時開始推行西方民主體制。東方式民主制度與威權政治的結合，使日台在政治和社會層次，較本地區的其它成員具有更多的共同特徵。

冷戰時期，以美蘇為代表的兩種不同意識形態集團嚴重對立。美國透過國際體系的「內部重建」，將日本與台灣納入自由資本主義陣營，共同遏制共產主義勢力。透過這種用自由與民主制度的改造，美國提供了安全上的物資保障，更完成了對日本與台灣的「制度安排」。也就是說，透過政治信仰，促使日本與台灣加入西方資本主義陣營，接受美國主導的國際秩序安排，從而，為美國的權力擴張提供支持。按美國戰略要求進行的這種價值觀念改造，既可以使日本自由民主力量壯大，防止軍國主義重蹈覆轍，也可以強化對共產主義世界的遏制。其戰略成功之處，在於透過對日本國內社會的秩序安排，也把日本拉入美國主導的國際秩序參與之中；透過對日本國內自由民主力量的控制，迫使日本統治者對於美國意識形態的集體認同與共同價值觀念的強化，促使美、日、台三方在政治、經濟與文化上緊密依賴。同時，透過締結條約與法律條文等行為規則，增加了對日台的「約束力」。這種「自由民主」的安全共同體，又影響著日本的戰略選擇與對

外政策。

　　冷戰結束以後，雖說東西方意識形態尖銳對壘的局面被打破，但東北亞地區卻成為例外。中國式社會主義蓬勃發展，中國的社會主義現代化建設取得了偉大成就，這就在合法性層次和現實層次對西方構成了巨大的挑戰。中國經驗被發展中國家推崇、借鑑，由此帶來日本國際地位的相對下降，這使日本朝野都更樂意從意識形態的角度，去考慮與大陸及台灣的關係。中日之間意識形態與政治體制的對立狀況，恰恰與日台之間的政治「一致性」形成了鮮明的對比。

　　按照「多元安全共同體」的定義，國家地區間的多元安全共同體具有三種特徵：一是其成員擁有共享的認同、價值觀和意圖；二是其成員擁有多方面直接的聯繫和互動；三是該共同體展現出一種在面對面接觸中產生的、透過某種程度的長期利益和利他主義表現出來的互惠性。這種長期利益源於互動產生的知識，而利他主義可以理解為一種義務和責任。[165]當代西方國際關係理論往往認為，多元安全共同體是國際行為體之間關係深化的一種表現。而這種關係深化，無疑是以政治體系與意識形態的同質性為前提的。喬舒亞·穆拉夫切克在論述美國外交政策與國家利益關係時也明確指出：首先，「世界上的民主國家愈多，美國所處的環境就愈友好」；其次，「世界上民主國家愈多，世界就愈趨向於和平」。[166]

　　如果我們引入多元安全共同體的概念，那麼，台灣與日本的關係，在「民主同盟」的相互標榜上的特殊性，也就很好理解了。在雙方都意識到了某種共同需要的時候，政治體制的相近性，就會成為關係進一步緊密化的助推器。這種體制的一致性，會增加雙方民眾對政府政策的支持程度，鼓勵雙方的相互滲透，增加彼此政策的透明度和相容性。1990年代中期，日本就出現了所謂「民意決定論」，即主張台灣居民可以「民主地」決定是否贊同統一，把政治體制問題和領土主權問題混為一談。[167]有「平成之妖」之稱的日本民主黨黨魁小澤一郎曾在《日本改造計劃》一書中特意提出，「日本有必要摸索與台灣建立一種『正式』關係。」[168]日本與台灣的「民主同盟」定位，意味著彼此之間一種「朋友」身份的相互認知。但是，任何聯盟性身份認識的另一個側面，就是對聯盟以外行為

體的排斥。日台之間的「民主同盟」關係，意味著中國被認為「非民主」，在身份上有別於日台。這種「民主聯盟」身份的界定，也從一個方面消解了日本對於「台灣是中國一部分」的認知。

應當說，透過日美同盟，日本在戰後巧妙地完成了東亞國際體系下的權力集中。這種「硬權力」的集中，在相當長的一段時期內，決定了美日在東亞國際體系中的主導地位。但對日本而言，這種「硬權力」始終存在一個不可克服的缺陷，那就是日本必須基於美國的戰略意圖來發揮作用。特別是在制約東亞其他國家及中國統一的問題上，「硬權力」明顯地造成了日本單獨戰略擴張的侷限性。為了彌補「硬權力」發揮的受限缺陷，日本啟動了本國「軟權力」的「設置日程」。希冀透過「政治文化制衡」，發揮自己特有的作用。1970年代以後，透過在亞洲國家以及台灣地區投放的資金與技術，既打開了日本需要的海外市場，也推銷了日本的文化，發揮了文化輻射與經濟霸主的吸引力。這種文化與經濟權力，替代了日本戰前推行的軍事霸權，又透過「自願接受」的原則，彌補了日美同盟基於軍事權力所帶來的「強迫接受」的消極影響。

伴隨冷戰結束，中國的經濟實力壯大，中、美、日經濟聯繫加深，致使以武力相威脅的「硬性介入」的代價越來越高。任何「硬性介入」都會導致被遏制國家針鋒相對的「預防性」反擊，從而威脅到有利於日本等發達國家的穩定的全球及東亞貿易體系。加之，對於「硬權力」手段使用的受限性，以及「硬性介入」的高代價，日本開始考慮更好地利用「軟權力」手段，來平衡台海局勢。透過新自由主義的「民主和平機制」，利用「和平功能」的介入手段，為中國統一台灣的方式制定規範與規則，從而，約束中國改變台海現狀，儘可能地拖延中國統一的時間。

這種「政治文化制衡」，不同於基於經濟權力的「軟權力」，也不同於以「軍事權力」為基礎的「硬性介入」，而是基於政治制度與意識形態的影響力，注重「觀念的內斂與集聚」，表現隱蔽，而不是咄咄逼人。同時，這一制衡失去了「硬性介入」的暴力特徵，更多地表現為非暴力的「和平功能」。

與傳統的日美同盟不同，這種打著民主旗號的同盟，不是公開干預，而是暗

中牽制。其口號是：推動民主國家的合作，共同維護地區和平。台灣民主化之後，這一提法當然也就包含著維護台灣「民主成果」的立場，但卻一直用模糊的言辭掩蓋其真實的目的。

這種「政治文化制衡」的表現形式更為隱蔽，雖然沒有公開地反對中國，但卻對兩岸現有體制做出了具有傾向性的判斷。其潛在用意，就是平衡中國相對於台灣「民主體制」的權力失衡，加強台灣的民主力量，削弱中國對台灣越來越明顯的吸引力與影響力，提高台灣在國際社會中的相對權力。另一方面，由於「民主同盟」的「和平功能」，必然導致日本等所謂民主國家，反對中國透過武力行使的方式解決台灣問題。這不僅為中國解決台灣問題設置障礙，同時，也在助長台獨分子以「民主化」為口實，有恃無恐地推動台灣與中國大陸的分離。這種制約的目的，不是從外部公開的透過與台灣結盟的形式來阻礙中國的統一，而是強化「民主同盟」內部的凝聚力與中國相抗衡。這種制衡，也不像日美同盟那樣，一旦台海有事，有可能直接介入，而是從長遠的目的出發，渲染兩岸的制度差距，以擴大民主為口號與中國大陸對抗，反對與大陸統一，強化台獨意識的影響力。

1996年2月，日本參議院外交委員會下設的「亞太委員會」，針對當時的台海危機，以一致通過的方式，宣讀了「決議案」，提出五點主張：（1）台灣問題應由台海兩岸雙方透過自主、和平、協商的方式加以解決，國際社會不應有所妨礙。（2）台海兩岸的軍事持續緊張對立，不僅兩岸的軍備增強，也會導致亞洲地區各國的軍備競賽。日本希望應迅速採取措施制止這一事態發展。（3）台灣近年依靠自己的力量，致力於民主主義制度的建設，透過國民的選舉，選出自己的領導人，日本對此表示歡迎。並且期待著兩岸雙方發展民主主義及其保護人權問題，建設一個比較開放的社會。（4）中國與台灣經濟持續發展，日本歡迎兩岸經濟圍繞著資金、技術、市場方面的經濟合作，並期待著這會對亞太地區的可持續發展作出貢獻。（5）日中兩國政府在所有領域加強對話，加深兩國間的相互理解，同時，兩國應積極地為亞太和平與安定作出貢獻[169]。

這五項倡議是日中建交以來，日本政府第一次以國會「決議案」的形式，提

及台灣問題，而且包括日本共產黨在內，以全部贊成的方式，頌揚了台灣內的民主，並對台灣內民主進程給予了高度評價。同時，也對中國大陸的「人權」及政治制度給予了明確的批評。值得注意的是，這個委員會的成員，很多都是對台灣問題熟悉的專家。因此，這一決議案，對日本政府對台決策必然產生很大影響。

2003年1月8日，美、日、英等國軍事專家出席了由台灣「國防政策與戰略研究學會」主辦的「台灣國防安全與制空權發展」的報告會。參加會議的專家，強調了維護地區穩定與民主秩序的重要性。民進黨祕書長張俊雄發言，提出美國基於「台灣關係法」，持續為台灣提供武器的重要性；國際社會應考慮並尊重台灣住民的主流民意；尊重台灣來之不易的民主成果；兩岸關係的發展必須遵循民主、平等、和平原則。[170]

2003年1月17日，李登輝在「國際國會議員安全會議」上，做了題為「台灣應積極加入日美同盟」的演講，認為「911事件後，美國越發警惕中國的軍事擴張，台灣居於西太平洋的重要戰略位置，因此，應當更積極地加入日美同盟，與日美一起維護亞太地區的民主與安全」。[171]

2006年11月，麻生太郎在東京發表「創建自由與繁榮之弧」的演講，提出日本要推動、重視具有自由、人權、民主主義等普遍價值的「價值觀外交」，[172]「其目的就是加強日、美、澳、印、台的『民主國家』的合作以應對謀求大國地位的中國」。[173]明顯包含著對中國「政治文化制衡」的意圖。

日本及西方世界，希望中國實施民主化改革，實際上正是想從內部改變中國，以從根本上消除中國和平發展的「威脅」。在日本看來，台灣問題的最終解決，只有期待中國本身的民主改革或者是內部的革命。在這個意義上，其終極目標與圍堵政策相同，只是冷戰後的國際環境，與冷戰時東西方對立局面完全不同。中國與美國、日本、歐盟等世界各國都保持緊密地聯繫，單純的「硬性介入」很難奏效。因此，日本一方面主張，透過構築「力」的關係，守護「民主秩序」，同時，以「人權、自由、民主」為口實，向中國施壓，希望會看到中國內部形勢的變化。可以說，日本會交替使用傳統的日美軍事同盟下的現實主義「均勢政治」的共同干預模式和新自由主義的「民主和平機制」的「和平功能」介入

手段。在不同時期,「硬性介入」與「軟性介入」的優先使用順序,會基於形勢的變化進行調整選擇。

(三)深入台灣社會的日本文化

從甲午戰爭到二戰結束,日本對台灣實施了50年的殖民統治。此後,國民黨政權實施了清算日本殖民文化的教育。但到了李登輝時期,又對殖民教育給予了充分肯定。從1997年開始,台灣中學使用的歷史教科書「認識台灣」中,對有關日本殖民時期實施的公共事業與社會制度給予了正面的評價。基於這種歷史宣傳,日本殖民時代的社會、文化、習慣等重新獲得了傳播,在年輕人當中產生了不小的影響。

李登輝與陳水扁對以往日本殖民時期的建築重新進行修繕,並作為「文化遺產」實施保護。如原「總督府」現已作為總統府加以使用,並且,從週一至週五的上午及節假日向遊客開放,前來參觀的日本遊客絡繹不絕。台灣外交部的賓館(台北賓館)曾經是舊時的總督官邸,1998年被指定為文化遺產,2001年進行了全面修建,2005年再次作為「文化遺產」對外開放。

不僅如此,為了追憶殖民時期的功績,一些親日人士在台灣各地為「曾經對台灣做過貢獻的人」立碑建墓。2000年2月,在台北三芝鄉的福音山基督教墓園,100多人出席了原台灣「第七代總督」明石元二郎的新墓奠基儀式。明石元二郎是日本福岡縣人,曾經參加過日俄戰爭,立下戰功,1918年就任台灣總督。一些親日人士認為,明石元二郎在位的一年多時間裡,積極奔走,推動了台灣的水力發電建設和教育改革事業。曾經在殖民時期擔任台灣銀行會長的楊基銓,在建墓儀式上致詞稱,「多年來,生活在台灣的蔣介石總統死後的遺願,要將其遺體埋在故鄉浙江老家,而明石元二郎原總督卻希望長眠於台灣,作為殖民地的統治者,大概只有明石元二郎總督一個人想長眠在殖民地的土地上。(作為一位台灣人)對此,感到高興。」[174]

2000年6月,台灣水利會為殖民時期的日本水利技師八田與一開設了「八田技師紀念館」。八田與一,1930年在台南縣官田鄉嘉南村修建了當時亞洲最大烏山頭水壩。1931年,八田與一的銅像建在大壩邊上,國民黨統治時期被毀

壞，1981年又在原地重新樹立。八田與一的事跡，被記載在中學生使用的歷史教科書「認識台灣」中，稱「八田與一設計建造的嘉南大壩，灌溉面積達15萬公頃，澆灌著嘉南平原。」

一些極端親日的台獨人士，對台灣政壇及其年輕一代擁有巨大影響力。台南的奇美實業公司總裁許文龍，曾擔任李登輝與陳水扁時代的總統府國策顧問和資政，不僅給予日本殖民時期以極高的評價，歌功頌德，甚至到了歪曲歷史事實的地步。日本漫畫家小林出版了一本漫畫書「台灣論」，書中引用許文龍的觀點，「不能認為慰安婦是被強徵的」。此書在台灣出版，隨即引起了當地人的抗議。為此，許文龍不得不發表道歉聲明。一些親日的台獨分子還紛紛著書立說，如楊基銓寫的「我是台灣人，不是中國人」、蔡焜燦寫的「台灣人與日本精神」，鼓吹日本人應當持有自信，要作為亞洲的領導者發揮作用。

在台灣，把推崇日本文化的年輕人統稱為「哈日族」。台灣的「日本熱」始於李登輝時期。國民黨統治時，禁止放映日本的電視節目。李登輝當選總統後，全面解禁日本藝術、電影及其他方面的文化產品。1993年「有線電視法」頒布，日本電視節目開始對台全面開放。日本的NHK、電視局、綜合節目、職業摔跤等電視節目，深深地吸引著台灣的年輕人，很多日本電視台在台灣24小時全天播放。伴隨著電視節目的宣傳，日本的動畫、卡通人物圖案、服裝、食品、雜誌、CD等日本的大眾文化湧進台灣市場。被稱作「台灣的原宿」的台北市西門町，是台灣中學生、高中生和其他年輕人最愛光顧的場所。在那裡，日本的店鋪鱗次櫛比，日本的歌手與演員舉行簽字活動和現場演出，招來許多粉絲的熱捧。許多日語被原封不動的翻譯成閩南語，如，日語的「かわいい」，台灣就直接用原來的發音「卡娃伊」表示「可愛」的意思。日本的文化傳播，導致了日台之間的人員流動迅速增加，到日本旅行的台灣人和來台灣旅行的日本人，呈逐年上升趨勢。

當然，台灣年輕一代的「哈日族」與老一代生活在殖民時代的「親日派」，還存在認識上的差距。老一代的「親日派」，對殖民時代的歷史與文化基本持肯定、認同的態度，而年輕一代的「哈日族」，並不認為應當對日本的殖民統治歌

功頌德,他們接受的是日本的現實文化。即便是生活在殖民時期的老一代台灣人,對日感情或者說對日本的歷史認識,也是存在不同的觀點與態度。2003年2月,包括124位台灣人與112位日本人組成的236人團體,對日本小泉首相參拜靖國神社,集體向大阪地方法院提起上訴,聲明:「小泉對靖國神社的參拜,侵害了民族人格權與宗教信仰自主權」,要求賠償236萬日元的精神傷害費。但也有一些出身台灣的老兵支持靖國神社參拜,並向大阪地方法院提起上訴,放棄對日本過去的戰爭賠償。

總之,台灣老一代人對日本人的感情與看法處於一種分裂的狀態。對殖民歷史的認識,基本上有別於中國、韓國等其他國家國民的心態,但也與極端親日分子的歌功頌德不同,他們大多數反對日本的殖民歷史,但顧及感情,還是採取了比較寬容的態度。當然,這也與台灣當局拉攏日本政府對抗大陸的做法有關。

2001年小泉參拜靖國神社,台灣當局發表聲明稱,「嚴重傷害了近鄰各國的感情」。但2002年4月21日,小泉再次參拜靖國神社,台灣在拖了兩天以後才發表一個不痛不癢的聲明,表達不想損害日台關係,並意欲推動日台關係的意圖。

當時,在台灣執政的民進黨,一方面,出於台獨的政治需要,拉攏日本,制衡大陸;另一方面,也要做出有別於李登輝極端親日派的「台聯黨」的舉動,對有損台灣形象的行為予以抨擊,試圖以「主體意識」來強化島內住民對民進黨的支持。2000年「霧社事件」70週年,民進黨以「台灣精神」為主題,在台灣各地開展各種學術報告會及其他紀念活動。陳水扁在台北市召開的有關「霧社事件」的公開討論會上致詞,稱「霧社事件是台灣原住民,為了贏得尊嚴與日本殖民者的同化政策與種族差別而戰,這種反抗日本高壓統治的精神與『二二八事件』的精神相同,作為台灣人必須要繼承這種台灣精神。」[175]

對日本來說,最成功的是擁有了台灣年輕一代對日本文化的接受、認可和追捧,這為日台關係今後的發展奠定了基礎。這一事態已令許多台灣人擔憂,就連曾任副總統、主張台灣獨立的呂秀蓮也表示,「我們應當熱愛自己的國家,光是接受日本文化不能說是正常現象,台灣沒必要『哈日』」。[176]

可以看出，日本對台灣的文化滲透取得了很大的成功，台灣已被日本稱作「世界上唯一最親日的『國家』」。當然，由於歷史原因，「台灣情結」也根深蒂固地存在於一些日本人心中。日本對台灣、台灣對日本的「歷史情結」，透過文化的傳播與滲透，又得到政治家的催化，正在兩地不斷發酵。

第五章　日本對台政策走向與中國的對策

　　21世紀，日本的對台政策仍然會受到國內外環境變化的影響。這裡有三大因素：一是美國因素。日本在跟隨美國的戰略調整步伐時，會呈現出主動介入台灣問題的傾向。二是中國因素。大陸市場對日本具有強大的「磁吸效應」，日本對大陸的出口額超過了對台灣的出口額，並還在持續增長，尤其是目前全球經濟危機時期，中國的吸引力已經從「潛在」轉變成「現實」，這一點日本不能、也不會忽視。三是兩岸關係因素。如果兩岸關係緊張，日本將會取得很大的拓展空間；兩岸關係緩和，日本則很難進行公開的深度介入。可以說，日台關係同中美、日中和兩岸關係緊密鑲嵌在一起。日美同盟、中美關係、兩岸關係、日中關係與台灣政局的變化、美國對台政策的演變，都構成了影響日本對台政策的外部因素。

　　新時期，如何因應日美同盟體制的調整，成為構築面向未來的日台關係的要因。同時，日本國內政局的變化、國家戰略目標的定位，也將直接影響到日本對台政策的發展趨勢。

　　以上因素，構成了後冷戰時期日本對台政策的存在基礎，同時也使之呈現出雙重性與侷限性的特徵，影響著今後日本對台政策的走向。未來日本對台政策的立場與原則，將仍然是推動台灣問題國際化；在解決台灣問題上，主張和平方式，反對中國訴諸武力；堅持台海兩岸維持現狀。

　　面對日本對台政策的未來走勢，中國應在整體外交戰略指導下，制定日台關係原則、堅持優先改善大陸與台灣關係、完善對日合作與鬥爭的策略。

一、日本對台灣政策的雙重性

（一）對台政策的「追隨性」與「功利性」

日本的對台政策，首先具有對美國追隨性的一面。儘管日本擁有強大的經濟與軍事力量，但是，由於侵略歷史與和平憲法的制約，致使它無法單獨使用自身力量，一旦台海「有事」，日本的介入必須以日美軍事同盟為「媒介」才能發揮作用。在本來就處於非對稱狀態的日美同盟中，日本方面可用的力量資源還無法承擔完全與中國對抗的成本。更何況，日本不想將自己推向第一線，與中國發生直接對抗。而透過對美國的「追隨」，既可以顯示一個「服從」的態度，也可以讓中國理解被動行使日美同盟的「義務」。

日本對美國的這種「追隨」，源於日本戰敗的歷史，甚至包含明治維新以來「脫亞入歐」思想的一貫性。日本有一種「崇拜強者」的外交習慣，對以美國為中心的「西方價值理念」的認同，是它追隨美國的重要原因。因此，日本的對台政策，一方面要體現出現實主義的「均勢」制衡，以日美軍事同盟為手段，直接介入與「硬性介入」的「追隨性」表面特徵，同時，也會表現出推廣西方自由民主價值觀念，透過對中國大陸的「軟性介入」，與台灣結成「價值共同體」的深層特徵。長期以來，日本一直把追隨美國視為實現國家利益的重要手段，美國也一直以中國為「假想敵」，借助日本的地緣優勢和經濟、軍事實力，對中國實行遏制。台灣問題正是美國遏制中國和平發展的一個最為有利的戰略武器。《台灣關係法》與對台軍售，是美國干預中國統一的基本手段。中國的統一，不僅被美國視為是對自己全球霸權的挑戰，也被日本認定是對國家利益的致命性傷害。因此，一旦「台海有事」，美日聯軍如何互動也就不得而知了。

日本的對台政策，除了具有美國因素的考慮，也有基於國家戰略利益的地緣政治與經濟利益兩者之間平衡的考慮，具有鮮明的「日本式」特徵。

透過追隨美國的對台政策，共同遏制中國以武力手段解決台灣問題，牽制中國打破亞太地區的均勢格局是日本國家戰略的重要組成部分。但決定日本對台政

策的核心因素，在於日本的國家利益。戰後，日本對台政策一直圍繞著國家戰略而不斷發生變化。冷戰時期，服從於輕軍事、重經濟的「吉田茂路線」，對海峽兩岸用「腳踏兩只船的方式」，推動日本實現經濟大國的目標。冷戰後，日本發展成為全球第二大經濟體，經濟大國的戰略目標得以實現，開始向著政治大國與軍事大國的方向轉變。而中國的崛起及日益增強的影響力，對日本推進的國家戰略目標帶來了嚴重衝擊。在這種情況下，「中國威脅論」、「中國分裂論」與「維持台海現狀論」隨之而起。

透過「中國威脅論」的宣傳，一方面順應美國全球霸權的戰略安排，強化日美同盟的共同戰略目標，實現冷戰後日美軍事同盟的戰略轉變，達到「借美制中」的目的；另一方面，也可造成在國內凝聚力量的作用，製造國民及各種政治派別的共識，盡快修改和平憲法，推動實現「日美集體自衛權」的目標。在「台海有事」時，能夠透過這一工具，更有效地牽制中國。

如果說「中國威脅論」強調了中國軍事威脅的一面，那麼「中國分裂論」則是從意識形態角度，為兩岸分裂創建的理論。透過強調中國與西方、與台灣之間的「民主價值」差異，宣傳中國的「反民主」體制，是構成對台灣、對西方民主一個很現實的威脅，而中國的分裂，就是西方世界的最大福音。因此說，這一提法也是「中國威脅論」的翻版，是解決中國「威脅」的一個現實選擇。「中國威脅論」與「中國分裂論」的背後目的，都是「維持台海現狀論」。

日美「維持台海現狀論」的側重點不在「反獨」，而是「防統」，防止兩岸的統一。只要兩岸之間的競爭、敵對、分裂狀態持續下去，日本就可以坐收漁利，實現國家利益的最大化。因此，日本一直在兩國三方之間尋求戰略平衡，透過《周邊事態法》適用對象的認定，將台灣作為制衡中國的戰略工具。

（二）對台政策的「模糊性」與「清晰性」

早在中日邦交正常化的交涉之際，中國政府就明確指出，日美安保條約的適用範圍必須將台灣排除出去。當時，田中角榮首相也接受了中國的主張。中方在1978年《中日友好條約》和1998年《中日共同宣言》簽訂時，多次提到這一問題對中日關係的重要性。但此後，日本政府拒絕明確表達排除這一「地理性」概

念，只是使用「周邊事態」這樣的非地理性詞彙。1997年，《日美共同宣言》多次使用了「亞洲太平洋」這樣的地理概念，而沒有提及「遠東」。此後，一些政府高官一直用混亂的表述來解釋相關法律的適用對象，日本試圖透過這種「曖昧」的表述，達到遮掩日美軍事共同干預的真實目的。

日本對台政策的「模糊性」與「曖昧性」，包含著某種利益的「清晰性」與「關聯性」。與美國不同，日本是中國的海上鄰國，不僅與台灣問題有著歷史與地緣上的糾葛，而且在領海劃分、東海油田開發、漁業與能源資源、釣魚島歸屬等問題上，與中國存在著多方面爭議。因此，日本對台政策不僅僅涉及台灣問題，還牽涉著日本的其他利益。尤其是釣魚島爭端，牽涉到中日與台灣的不同主張，表現出三方利益的複雜性。除了上述問題，日本還十分關心中國在南海地區的邊界糾紛，一旦南海問題得以解決，中國必然會尋求中日之間領界糾紛的解決。因此，日本強烈地表現出不同於美國的主張。1997年4月，首相橋本龍太郎在非正式場合，論及再定義後的《新日美安保條約》的涵蓋範圍，指出「不僅包含朝鮮半島與台灣地區，也涵蓋了南沙諸島」[177]。儘管事後，美國國務院出面否認了這一說法，但是可以看出日本與美國的不同立場。2006年6月，日本《新聞週刊》登出「新台灣」的文章。稱「兩岸統一的可能性急劇升高，出現了台灣被中國大陸吞併的空前危機」，那時「人民解放軍就可以將戰鬥機與潛艦部隊轉移到台灣」，沖繩的那霸將成為目標。「東亞防線將出現崩盤，日本的生命線將遭受威脅」。

台灣也希望日本能提供保護傘，希望日美同盟能將台灣納入其中。而日本則是想透過日美同盟的提升，借美國的力量實現日本國家正常化，兩者具有相同用意。但從日本方面而言，它首先要考慮到本國利益，考慮對台介入政策的預期利益與成本負擔。就感情與利益而言，日本對台灣的關心，決不會低於美國對台灣的關心程度。它不僅擔心台海現狀被打破，更擔心台海現狀被打破之後中國實力的延伸，以及中日之間在釣魚島與東海衝突上的主權與利益碰撞。可以説，日本對台介入政策的背後，隱藏著其他方面的許多利益。這種不同於美國的「複雜性」、「關聯性」，注定了日本對台介入政策有著不同於美國的強烈的動機。

（三）對台政策的「慎重性」與「冒險性」

1972年中日建交時，日本外交大臣大平正芳在國會答辯時指出：「日本政府的統一見解」是「台灣問題是中國的內政問題，這一問題涉及到日中兩國的友好關係，日本應慎重對待」。[178]經過近40年的發展，中日雙邊政治關係已經創立「政府高級框架和民間互動」模式，雙方在維持戰略對話、建立危機處理、完善糾紛談判機制，以及探索軍方對話或交流機制方面有了很大的進展。雙方的社會和民間力量，也已經成為中日關係新的著力點，尤其是中日經貿，目前就規模而言，已經超過日美水平，雙方經濟的互相依存也日益明顯。日本在台灣問題上持有慎重、甚至反台獨的態度，正是基於中國國家實力的增長、中日經濟關係大大深化的原因。

除日本外，中國也是韓國、澳大利亞、歐盟的最大貿易國。2004年11月末，中國與東盟簽訂了《東南亞友好和平互助條約》，規定到2010年中國與東盟將撤銷所有關稅。形成擁有20億人口的世界最大自由貿易地區。在東亞地區一體化的問題上，中國已經走在日本的前面，這對日本的台海政策產生巨大壓力。如果一味地關注民族主義的相互爭奪和軍事冒險，會對貿易和經濟增長產生潛在的不利影響，同時，也會削弱日本在東亞一體化進程中發揮主導性作用。

冷戰的結束，伴隨著全球化的發展，世界各國的經濟往來從來沒有像現在這樣緊密。圍繞台灣問題，呈現在日本面前的問題是：在與中國經濟關係不斷加深的前提下，是選擇經濟利益，還是選擇狹隘的、以制衡中國為目標的「均勢」政策？需要冒著經濟利益與安全保障政策發生牴觸與衝突的風險嗎？日本一旦在台灣問題上表現出介入中國統一的動向，中日關係就將面臨巨大的麻煩。

日本對台政策也體現出「冒險性」的一面。從歷史上看，日本一直以「保護國民生命財產，維護國家利益」的「國益論」為理由，覬覦中國領土台灣。1871年，琉球國島民被台灣當地人殺害，日本堅稱琉球國已屬日本，為保護「日本國民的生命與財產」，武力犯台，占領琉球，吞併台灣。實際上，保護「國民財產」與維持「國家利益」，從來都是日本政治家拿在手中玩來玩去的把戲。2003年美國發動伊拉克戰爭，在聯合國沒有授權、日本國內占80%國民反

對的情況下，小泉首相仍主張「基於輿論做出決定的政治抉擇，常常是錯誤的」，日本政府應以「維護日本國家利益，保護日本國民生命財產」為衡量標準，「基於國際政治的現實，日本應當採取斷然措施加入支持美軍行動當中」。[179]

日本在「911」反恐以及阿富汗戰爭、伊拉克戰爭上的態度，表明如下事實：戰後的日本一直採取兩條道路並行的政策，即「國際協調」的聯合國政治協調路線與強化「日美同盟」的軍事路線。伊拉克戰爭，日本拋開「聯合國」為中心的「國際協調」路線，已經做出對軍事路線的抉擇。即使遭到大多數國民的反對，也不會退出美國帶頭打響的「有志聯合」的戰爭。日本不僅沒有與法德一道，制約美國的單邊主義傾向，反而去積極助長美國霸權主義與孤立主義的趨勢。日本已經放棄了憲法第九條規定的「永久放棄基於國家權力而發動戰爭、不保持軍力、否認交戰權」的和平路線。已經基於國家利益，擺脫戰敗國陰影，開始向「勝者為王」的一貫錯誤的戰前歷史路線轉變。日本利用美國對阿富汗與伊拉克的占領，透過日美軍事合作，提高國際地位的意圖明顯。

正如川裕元外務次官所言，「美國借用反恐，開始世界戰略的轉換，推進新的國際秩序再構築」。日本旗幟鮮明地支持美國進攻伊拉克，正是基於「透過強化日美同盟，在新的國際秩序形成中，使日本的國際地位能有飛躍性的提高」。[180]日本要改變自己在戰後日美安保同盟中的不平等地位，運用「保護美國」的權力，實現「集體自衛權」的行使，重新塑造「軍事大國」形象。中國對美國的這場戰爭持有異議，尤其因為台灣問題，加深了中國對日美同盟動向的疑慮。日本借此機會，不僅沒有提出「開戰慎重論」，反而開啟了日本擁「核」大討論，預示著日本的國家戰略將發生轉變。

向海外派兵，讓人自然想起19世紀日本對台灣的兩次戰爭。與遠離日本本土的伊拉克相比，台灣聚集了大量的日本國民與財產，其戰略地位與價值當然是伊拉克所不能比擬的。一旦「台海有事」，日本的選擇不得而知。日本支持美國在伊拉克開戰的另一個理由是推行「自由民主」制度。日、美、英等赴伊拉克聯軍是在打破以往同盟關係的情況下，採取「有志聯合」的方式，開創了冷戰以後

新的結盟方式。這種「志同道合者同盟」，強調的是意識形態上的同一性。

隨著新世紀的到來，在全球範圍內推行「自由民主同盟」，已經成為日本對台政策的國家戰略選擇。台灣的「民主化」，早已成為日台雙方合作的口實。政治制度上的類似性、地理距離以及經濟上的互補依賴性，已經成為日本對台政策調整的基本變量。民主國家之間的干預是隨著時間成長的，世界在未來會有更多這樣的干預出現[181]。民主國家其實比其它國家更容易互相干預[182]。戰爭非常傾向於發生在鄰近的國家和地區。[183]這些原理有理由要我們相信：一旦「台海有事」，日本的戰略選擇不可能是消極適應，只能是比伊拉克戰爭更強烈的積極應對。

日本認為，冷戰後，在國際新秩序的形成中，聯合國的作用越來越削弱，聯合國只能在經濟、文化、環境與衛生等領域發揮一定的作用。因此，有必要重新審視「國際協調」路線。雖然並沒有明確否認聯合國框架的存在，但已明顯地傾向於用以美國為核心的日美同盟，重塑國際新秩序。

換言之，如果涉及本國的國家利益，聯合國可以作為利用的工具。一旦聯合國阻礙本國權力的延伸，可以放棄聯合國的「國際協調」路線，與美國一道採取單邊行動。必要時，可以毫不猶豫地行使武力，包括採取「先發制人」等手段。日本將會與美國一道，主導「有志聯合」陣營的形成。「先發制人」，也將成為21世紀日本介入國際事務有案可循的一種模式。正如2003年5月19日小泉首相在參議院有事法制特別委員會答辯時所說，「對方如果有進攻日本的意圖，日本不會坐以待斃，將會予以對方的基地進行攻擊」。[184]這種「先發制人」的戰略，儘管日本在戰後尚未使用，但考慮台海問題的複雜性及其與日本利益的相關性，一旦「有事」誤判，後果不堪設想。

2003年5月6日，在東京召開的「台灣論壇」上，一些日本學者明目張膽地表示，「21世紀的最大問題是中台問題，也是中美如何應對的問題」。「伊拉克戰爭表明聯合國沒有能力發揮作用，台灣今後的走嚮應當是適應國際新秩序的變化，積極加入自由民主主義聯盟，以『有志聯合』為目標來構築台灣的安全保障戰略。否則，台灣永遠不會成為『台灣國』，即使維持現狀都不可能。」「台

灣必須奮進，一旦兩岸統一，台灣就會淪落為『第二香港』，但台灣沒有足夠的危機意識」。[185]日本支持美國軍事行動的事實，在台灣問題上，具有很強的警示作用。

二、日本對台政策的未來走向

（一）對台介入政策的基礎要素

1.「美日台VS中」優勢結構的安保基礎

美國基於對全球戰略及亞洲整體的安全秩序考慮，對於日本的對台介入政策必定給予鼓勵與支持，並希望日本能在台海軍事平衡上扮演更為活躍的角色。長期以來，美國一直想將日本定位為「遠東的英國」。一方面，美日分屬太平洋的兩側，日本是美國延展其戰略觸角的天然基地。台海一旦有事，美軍會從駐日基地出發，迅速到達事發現場。另一方面，美國還有更深一層的戰略考慮，那就是利用、扶持日本，牽制中國，防止中國武力收復台灣，維持戰略均衡。

美國國內的各個政治派別，基本認同這一戰略目標，並形成了一套環繞台海地區的戰略部署。從季辛吉、布里辛斯基這樣的政治現實主義者，到拉姆斯菲爾德、切尼、阿米蒂奇、伯爾頓這樣的政治鷹派；從共和黨到民主黨，都把這個大原則秉承下來，他們之間的政策差別僅限於具體策略而已。特別是美國新保守主義者，利用所謂的「生命線」心理，鼓勵日本介入。

「在這個戰略大框架下，華盛頓利用了日本人對中國經濟和軍事發展的焦慮和擔憂，煽動日本親美反華的『新民族主義』情緒。它導致了東亞乃至整個世界的經濟、安全發展的不穩定性」。[186]美國的這一做法，直接導致日本「大國慾望」的膨脹，借此不斷拓展軍事活動空間，軍事能力的獨立性日增，出現了外交政策強硬化的特徵。如繼續推動海外派兵、強化日美安保軍事關係、推動與其它國家的安全合作、軍事合作「多邊化」等等。可以說，日本軍事實力發展到今天羽翼漸豐，開始越來越多地介入海外事務。

冷戰後，在台海問題上，呈現出「美、日、台」與「美日台VS中」，重疊的軍事安全的三角結構，安全結構明顯失衡。這種三角結構的實質，體現出日美台三邊的「隱性同盟」對抗中國的趨勢會長期存在下去。在這種三角結構中，日本與台灣雖然沒有直接的同盟關係，但因為台灣與美國的軍事同盟，以及日本與美國的美日安保條約，使得日本與台灣之間，具有了「相關聯」的同盟地位。

最近幾年，台灣智庫所做的民調顯示，日本已經超越美國，成為台灣民眾最有好感的國家。儘管台灣馬英九的對日政策，與李登輝、陳水扁的親日路線有所不同，但在美日台三方軍事合作方面，立場沒有發生變化，並多次表示，將支持美日安保條約對台海地區的安全與穩定作出貢獻。可以說，即便在兩岸國共關係升溫的前提下，加強與美日之間的合作，也是馬英九所的政策訴求，而且，今後相當長時期內不會發生根本改變。這種兩重的三角關係，導致台海安全局勢嚴重失衡。未來10年，美日同盟對台海干預能力的優勢地位不會發生變化，即使伊拉克與阿富汗戰爭持續下去，或者美國在其他地區有戰爭，也不會影響到美國對台海地區的軍事投送和干預能力；不會影響到美日同盟干預台海地區的戰略、戰術意圖。這種不穩定的結構將會長期存在下去。

現有的安全結構，既有利於日本繼續推行對台介入政策，實現維持台海現狀的目標，也存在著將美日拖入戰爭的危險。中美日三方的互動，台灣因素不可忽視，儘管目前兩岸處於良性互動當中，但島內台獨勢力的政治生態環境並沒有發生根本變化，未來島內的政治走向尚未明朗，一旦台獨勢力再度當政，很可能導致台海安全形勢再度惡化、激化，出現突發、危機事件。台海地區不可預測的風雲變幻，會將日本拖入危險境地。

2.「台灣情結」與「日本情結」結合的政治基礎

長期以來，日本的親台政客、保守勢力與台灣「獨派」的政治、知識精英，遙相呼應，已經形成了支持台獨勢力的強大政治生態群。這種勢力，與美國保守的親台勢力、台灣的台獨分子之間，存在著巨大的能量互動。日本親台勢力的「台灣情結」，已經由對台灣50年殖民統治的懷念，變成對台獨運動的實際支持。他們視台灣為日本的「生命線」，是遏制中國崛起的戰略要地，造成阻礙中

國統一的巨大障礙。親台勢力的「台灣情結」與台獨勢力的「日本情結」，相互勾結，持續發酵，在謀求日本「政治大國」地位與台灣問題「國家化」、「國際化」方面緊密配合，成為台灣問題久拖不決的重要現實因素。

日本的親台勢力，已經由民間進入政府，成為決策的政治階層，形成了民間與政府遙相呼應的政治結構。這是日本政府很難從根本上改變對台介入政策的政治基礎和重要原因。可以說，經過多年集聚，日本的親台勢力不但很有規模，也很有政治實力，支持台獨發展的目標不會放棄，基於國家利益而制定的對台政策——維持台海現狀的目標也不會輕易改變。當然，保持戰略穩定的現實需求，有可能產生對台灣「急獨」派的深度擔憂，特定情況下，日本也可能加入「介入台獨」的行動，甚至採取一定的「權宜之計」。但決不會另外形成新的對台主流政策，更不會從根本上干預台獨勢力的惡性發展。在這一點上，會與美國的對台政策存在一定差距。

近年來，中日關係迅速發展。中日之間在政治、經貿、社會、人員交往等各個領域都有改善。2008年，中日關係已經被定格為「戰略互惠夥伴」關係。中日關係的這種良性發展，對日本的切身利益大有益處。但中日關係的積極走向，並未改變日本國內支持台獨勢力的社會基礎與政治圖謀。日本對中國大陸與對台灣政策的兩面性、有著不同基礎和結構的社會狀況，都不會發生根本性變化。如果說，日本對大陸政策體現出「合作」的一面，那麼，日本對台政策中的「介入」與「現狀維持」目標，正好詮釋了對大陸「遏制」的一面。今後，在相當長的一段時期內，日本透過各種介入手段，維持一個分裂而非統一中國的長遠目標，不會有任何改變。這種兩岸政策上的兩面性，將會一直續下去。

3.「以最小的代價謀取最大成果」的戰略文化基礎

隨著近些年中國影響力的不斷上升，中國的崛起已經是個不爭的事實，而與此相對照，日本經濟卻表現出長期的蕭條和沉寂。實際上，世人忽視了日本正沉浸於謀取「重新崛起」的大國之夢。

美國的日本問題專家肯尼思・派爾，在2007年1月出版的《日本崛起：日本實力和意志的復甦》一書中，告誡世人：日本已經重拾自信，正在重新崛起。派

爾在解釋日本崛起的表現時，明確指出：日本正在拋棄半個多世紀的和平主義和孤立主義，開始準備讓自己成為二十一世紀國際政治中的一名主要角色。這種崛起「不僅僅是指經濟狀況和國家實力復甦意義上的，而是全面的、全新的，包括戰略理念的更新，包括欲在地區和全球事務上『有所作為』的意志和目標之復甦等等。」

戰後，日本接受了以美國為主導的世界秩序的現實，「和平主義」成為當時保證日本利益最大化的手段。冷戰結束，世界政治格局逐漸發生變化，儘管日本進入了長期泡沫經濟破滅之後的蕭條時期，小泉首相還是不顧國內外各方面的巨大壓力，將日本自衛隊派往伊拉克參與美國的軍事行動；安倍首相於2006年9月上台，將日本防衛廳升級為防衛省，又宣布準備對憲法第九條和平條款進行修改；麻生上台後，在釣魚島問題上公開與中國較量，顯示強烈的民族主義，借此推動日本重整軍備。由此不難看出，為達到「重新崛起」的目的，日本不斷調整和變革，以求最大程度地利用現時國際秩序和國際機制。這種戰略取向，被肯尼思‧派爾稱作：儘量「以最小的代價謀取最大成果」的戰略文化。面對中國影響力的不斷增強，日本正在透過政治與軍事的調整和變革，尋找有效的應對之策。

2005年2月，日美「共同戰略目標」的制定，可以被看做是日本戰略文化的具體運用。適應複雜的國際環境變化，將中國作為「不安全」因素，以台灣為「共同的戰略目標」，利用美軍在日本進行的重新部署，提升日美戰略同盟關係，主動介入台海問題，將日美同盟的觸角完全延伸開來，藉以遏制中國的發展。這種借美國之力，「以最小的代價謀取最大成果」的戰略文化取向，勾畫出了日本在21世紀的未來時日，對台實施介入政策的新指向。

（二）日本對台「介入政策」的制約因素

1.美國對日本外交與安保機制的控制

儘管日本在日美共同防衛中的限制被鬆了綁，但美國不會允許日本主導台海事務。日本的「顛覆性」力量，將會給東亞鄰國帶來恐懼，引起東亞安全格局的分裂，即使美國自己對於日本的軍事崛起，也認為是不得不認真對待的一個挑戰。因此，美國寧可將日本「鎖進」日美同盟的框架，也不願看到它重新成為一

個失去控制的軍事大國。日美軍事同盟只是美國維護在亞太地區主導地位，制約中國的一個工具，同時，他也要利用這個工具去控制日本，防範其「東山再起」。正如駐日美國海軍陸戰隊司令斯塔克波爾曾表示的，「誰都不希望一個重新武裝、東山再起的讓步。因此，我們是瓶塞」。[187]換句話說，日美軍事同盟不僅具有主導亞太秩序的功能，也可以「防範與制約」日本。在美國戰略利益允許的條件下，美國要彰顯利用日本的「國際貢獻」，而一旦日美矛盾上升為不可調和，美國就會把「瓶蓋」按上。儘管這不是日本右翼勢力所願意看到的，但卻是一個很現實的存在。

實際上，美國十分清楚日本右翼軍國主義勢力抬頭、日本對台獨勢力支持慫恿的立場與現實。2003年11月8日，美國國務院正式報告文件就有清楚表述：「日本可能希望台灣『獨立』，以阻止中國大陸侵犯日本的重要海運路線。」[188]美國日本研究所所長卡爾莫斯·約翰遜也在2004年初發表的新著中，呼籲美國朝野警惕悄悄崛起的日本軍國主義，認為日本出兵伊拉克是「永遠終結（日本）反戰憲法的理想」，「東京放出戰爭之狗」。[189]

目前，美國並不擔心日本會挑戰自己的主導地位，但是，日本扭曲的歷史認識，加之，二戰時，美國對日本的「核打擊之恨」，不得不使美國對於日本以台灣干預之名、行發展本國軍力之實的做法有所擔心，防患未然。

面對日本對台灣介入的逐漸加深，美國不會完全採取默認的態度。從歷史角度看，日本的每次擴張都是以犧牲鄰國利益為代價的，日本一旦恢復以前的「東北亞秩序破壞者」的角色，不僅將會引起中國及周邊各國的警惕，即使是美國東亞盟友韓國也會予以反對，這將壓縮美國的戰略空間，傷害了同盟協作，勢必給美國在東北亞的戰略部署及意圖帶來影響，這也是美國不希望看到的。但是，美國到底能在多大程度上扭轉這一局面，令人懷疑。

2.中國崛起提高了日本介入政策的成本代價

日本對台介入政策的持續性與其政策執行過程的成本有關。從自由主義觀點出發，日本與中國大陸的經濟融合是一把雙刃劍，它在增加了中國武力解決台灣問題困難的同時，也提高了日本介入台海事務的成本。

由於冷戰結構及追隨美國「圍堵封鎖」中國的戰略，相當長的一段時期內，日中貿易只處於民間往來的形態。1972年恢復邦交以後，日中貿易有了長足的發展，兩國經濟較強的互補性，加上中國豐富的勞動力、原材料資源與巨大的市場，為日本的資本、技術與商品提供了巨大盈利空間。1985年與1990年，在兩國政府的推動下，相繼成立了日中貿易評議會與日中投資促進機構。這一時期的貿易呈現出政府促進、民間主導的特徵。1998年以後，日本對中國的貿易出現逆差，1995年—2000年期間，其貿易逆差從116億美元增至253億美元。1993年中國成為日本的第二大出口國，2003年則成為第一大出口國。2007年，日中貿易總額為2366億美元，日本首次超過美國，成為中國第一大貿易夥伴。其中，對中國的出口為1091億美元，突破1000億美元大關。

　　日中貿易擴大主要是基於中國經濟發展的良好勢頭。日本產的高級轎車及相關產品，在中國中產階級階層有著廣泛的需求；2008年北京奧運會又使基礎建設機械用量猛增；隨著石油價格的高升，日本的化學製品大量輸入中國；日本電腦與數位家電產品在中國也有廣闊市場。儘管當前，世界經濟受到金融風暴的影響，危機仍有擴大趨勢，美國及歐洲各國市場疲軟，但中國作為巨大的消費市場，作為「世界工廠」的地位，仍沒有發生根本性的變化，日本在華投資建廠，短期來看不會向第三國轉移。2010年上海博覽會以及中國的鼓動內需政策，對於日本高精尖產品的需求還會持續增加，日中之間的國際產業分工與日本在中國投資的工廠，作為中日聯繫的紐帶，仍會促進雙方進出口貿易額的持續增長。

　　日本對華投資，在發展兩國相互依存關係上造成了很大作用。1992年以後，日本對華投資每年都超過10億美元。據日本財務省統計，至1998年末，日本對華投資累計18000件，達到330億美元，列日本在亞洲各國投資的第一位。如果把日本對中國香港與台灣的投資加在一起，就超過了美國。更何況，許多台灣企業在日本銀行融資後，又赴大陸投資的現象也在日益增多，日台合作在中國大陸投資建廠也不在少數。這種直接與間接的投資，更加強化了日本對中國大陸經濟發展的影響，促進了兩國在資本、技術、市場與貿易的相互依賴程度。

　　2002年，中國加入了WTO組織。在這種多邊合作的經濟組織框架下，單方

面的經濟制裁不僅沒有效果，而且違反WTO的章程。換句話說，中國融入區域與世界經濟大潮，中日兩國貿易加深，並沒有提高日本使用經濟與政治手段介入台灣的效力。隨著經濟的繁榮，中國不僅不會放棄統一台灣的目標，而且會加大解決台灣問題的信念與可能，增加了日本介入台灣事務的成本。一旦台灣再次出現極端的台獨路線，中國大陸「武力」解決的可能性將會提上日程，美國能否實施「單邊主義」？日本是否能承受對台介入政策的成本？都是直接關係未來日本對台政策走向的看點。

3.台灣政治與社會變化的制約

（1）「親日派」斷層

在台灣確有一些極端親日的台獨人士，曾經對台灣政壇及年輕一代擁有巨大影響。但也確實有一些生活在日本殖民地時期的台灣老人，對日本表現了強烈的不滿。在日本殖民統治時期，一些台灣住民存在銀行、郵局裡的錢以及保險金、軍人、軍屬的工資，隨著日本的戰敗撤離，而無法獲得領取，成為日台之間「未處理的債務」糾紛。1952年「日台條約」簽訂，國民黨政權放棄了對日本的戰爭賠償權，以此為依據，日本一直採取拖延戰術。1972年日台斷交，更增加了這一問題的解決難度。1990年宮澤喜一首相開始談及這一問題，1995年村山富市內閣做出了350億日元的預算，但與台灣老人的要求額度相距甚遠，一些人拒領日本政府提出的補償。伴隨一些老人的離世，越來越引起台灣債權人的不滿。

2001年2月7日，日本漫畫家小林出版了一本漫畫書「台灣論」，書中引用李登輝等親日派讚美日殖民統治的觀點，遭到台灣內居民的抗議。2月23日，民進黨行政院長張俊雄在立法院稱，「台灣論」歪曲歷史事實，要求日本謝罪。3月2日，台灣內政部以危害台灣的公共安全、公共秩序為由，禁止小林入境。後來，出於日台關係的考慮，陳水扁又解除了這一禁令。

2002年初，一本由日本司書房出版公司發行的，專門介紹台灣黃色場所的雜誌「極樂世界」在台北銷售，引起了台灣內的騷動。民進黨批評時任台北市長的馬英九掃黃無力，馬英九向「日本駐台北交流協會事務所」抗議，迫使司書房道歉並收回雜誌。[190]這反映了大多數台灣民眾對日本殖民歷史的否認，也表明

台灣民進黨利用民眾情緒，強化台灣本土意識的政治目的。總之，台灣老一代人對日本的感情與看法，也不是一面倒，而是處於一種分裂的狀態。對日本殖民歷史的認識，有別於中國大陸與韓國等其他各國國民的心態。

　　兩蔣統治的國民黨時期，透過對日本殖民奴役教化的糾正，大力普及國語，排斥日語，台灣的「親日派」並沒有占據政界與財界的主導地位。冷戰後，隨著主張台獨的李登輝、陳水扁當政，「親日派」開始活躍，對日關係迅速升溫，執行了長達20年的「親日路線」。

　　2008年3月，國民黨重新奪回政權，具有留美背景的馬英九執政，一些對日本持有批判立場，具有留學歐美國家背景的政治、經濟精英出現，導致過去的「親日派」影響下降。同時，隨著權力更迭與社會老齡化，殖民統治時期受日語教育的一代，「已經不在台灣政界與財界充當日台間橋樑的特殊角色」。[191]加之兩岸關係的改善，關注大陸的年輕人也在增加，儘管還有許多人在學習日語，但赴美國攻讀學位已成為更多年輕人的選擇。可以說，李登輝極端「親日一代」的退場、國民黨半個世紀的抗戰反日教育、台灣社會的「哈日族」與「親日派」的思想差距等，改變了台灣的「親日」趨勢。

　　（2）政局變化的制約

　　李登輝與陳水扁時期，日中關係麻煩不斷，但日台關係卻是順風揚帆。2008年3月，馬英九成為台灣新選總統，其對日政策引起日本政府的關注與不安，開始出現日台關係惡化的聲音，「馬英九警惕論」也隨之而起。

　　長期以來，日本方面已經形成固定思維模式，即，「親中反日」與「親日反中」的兩分法。[192]換句話說，台灣「獨立」派＝「親日派」，台灣統一派＝親中派；本省人＝「親日」，外省人＝親中；民進黨＝「親日」，國民黨＝親中；維持現狀派＝分裂派。

　　2006年5月22日，日本學者中島嶺雄在東京財團發表名為「日本與今後的台灣」的演講時指出，全世界再也找不到像台灣這麼「親日」的了，如果國民黨主席馬英九下屆當選，台灣會向中國大陸靠攏，將對台日關係帶來極大的影響，日

157

本必須有危機意識。這種觀點可以視為接近日本政界主流派的基本觀點。

馬英九作為出生在中國大陸的外省人，是戰後遷居台灣的。他曾任國民黨主席，不可避免地擁有國民黨政權的政治痕跡，而8年抗日戰爭又是國民黨發展歷史的重要階段，也是國民黨正統性的力量源泉。因此，馬英九對日本侵略歷史的認識包含著明顯的抗日史觀。

日本媒體曾多次報導馬英九的「反日」經歷：學生時代積極參加「保釣運動」，一直主張釣魚台是中華民國的固有領土；2005年，日本緝拿在釣魚台附近捕魚的台灣漁船，時任台北市長的馬英九為此放言，為保釣「不惜與日本一戰」；自2001年起，馬英九一直推動頌揚殖民時期台灣人的抗戰歷史；就任國民黨主席之後，國民黨中央委員會大廈外面，一直懸掛著台灣原住民抗日英雄的肖像；2005年10月25日，作為國民黨主席的馬英九在台灣《中國時報》發表了「台灣光復一甲子」的文章，盛讚殖民時期台灣的抗戰英雄，主張台灣人民應當向先輩學習。這被許多日本人視為與中國大陸一樣的反日宣傳。

2005年4月，曾任國民黨主席的連戰赴大陸與中國共產黨總書記胡錦濤舉行國共兩黨會談，達成協議，確認兩岸交流繼續擴大的原則，國民黨「親中」的傾向一目瞭然。2006年，東京都知事石原慎太郎訪問台灣高雄時說，「如果國民黨作為執政黨當政，將會與中國大陸改善關係，台灣的自由與民主可能被剝奪」。

馬英九擔任台灣總統後，兩岸關係迅速「融冰」。然而2008年6月10日的釣魚台撞船事件，卻把台、日這對準盟友推到了對立的位置上。與「親日」的民進黨相比，馬英九的「反日派」特徵表露無遺。有人認為，馬英九作為留美博士，更多地會關注與歐美協調。特別是在繼任國民黨主席之後，歷訪歐美等國，沒有重視與台灣淵源很深的日本。儘管2006年7月訪問了日本，與東京、橫濱、大阪與京都的地方行政首長及日本的政界、財界人士進行了廣泛交流，但是，並沒有打消日本各界對馬英九「反日傾向」的疑慮。日本政界有人擔心，馬英九的國民黨政權會像韓國盧武鉉政府一樣，出現「親中反日」的傾向。一旦這一路線形成，台灣會與中國大陸聯手反對日本，對東亞地域的政治、經濟與安全保障產生

深遠的影響。在東亞共同體、APEC等方面，台灣會與中國統一立場，反對日美提案；在釣魚台主權方面，台灣會更加強硬；國民黨多年的「抗日戰爭」的歷史教育，與中國大陸具有相同的歷史認識，兩岸關係將會改善，有可能出現兩岸合作對抗日本的局面。

日本經濟界甚至有人擔心，「一個中國政策」會導致國民黨政權倒向大陸。國民黨會採取與民進黨完全不同的經濟政策，這對日本企業在中國大陸的事業發展會產生不利影響，尤其是對日本與台灣企業聯手進軍大陸產生阻礙。國民黨迅速開放兩岸三通，使台灣經濟對大陸的依賴進一步加深，台灣企業與大陸企業經濟往來的飛躍性增加，大陸企業進而再到台灣投資，必將衝擊日本在台灣的市場份額，從而對日台經濟現狀不可避免地帶來挑戰。

由於馬英九自身及國民黨「非親日」的政黨狀況，再加上對近年來國民黨與共產黨交往與合作日漸增多的事實判斷。在許多日本人眼中，李登輝與陳水扁時期的「親日」與馬英九國民黨政權的「親中」，立場上存在巨大反差。

實際上，兩岸關係發展的最根本原因，是近10年來台灣經濟出現了嚴重問題，而大陸經濟迅速崛起，成為世界第四大經濟體。而台灣經濟以往的發展因素，主要是日本影響，但是，隨著兩岸經濟交流的加深，台灣對大陸的依賴越來越強。目前，雖然台灣經濟表面上有個相對穩定的狀態，但實際上，除半導體等一部分IT產業領先於大陸之外，其他領域已經不具備優勢。特別是民進黨8年執政，用危險的政治主張和對大陸封閉的經濟政策，把兩岸經濟關係帶進了非正常狀態，島內主張開放台灣經濟的呼聲已成為主流。

在這一背景下，兩岸迅速實現「三通」，李登輝與陳水扁時期所造成的緊張局勢迅速消解。海峽兩岸恢復了有史以來最穩定的狀態，這無論對台灣，還是對日本，都是一個福音。換句話說，「三通」的實現與台灣經濟進一步開放，對於日本企業也是一個難得機會。兩岸的運輸距離縮短，不僅節省了台灣企業的運營成本，也為在台日本企業提供了便利，中、日、台的企業合作水平會進一步得到提升。日本經濟也肯定會伴隨日台在大陸共同開展的事業而獲得實惠。正如馬英九在接受日本記者採訪時所說：「兩岸的『三通』實現，台灣的地理、經濟上的

優越性會很明顯,台日企業將攜手合作共同開發大陸市場,從而會進一步推動日台緊密關係的發展」。[193]

馬英九的對日政策與民進黨的「親日」政策有所不同,但也不能因此就籠而統之地將馬英九定位為「反日派」。馬英九的抗日史觀,既是台灣內部與民進黨鬥爭的需要,也是國民黨為了爭取台灣輿論的宣傳武器。戰後,國民黨雖然一直進行抗日戰爭的歷史教育,但歷史上,國民黨還是積極地維護、並保持了日台之間的良好關係。儘管兩岸之間,現在有了良性互動的局面,但台灣仍然需要與日本擴大交流與合作,對日政策表現出理性務實的態度。

作為台灣領導人,馬英九的對外政策,當然是基於台灣自身的利益,對內則要平衡島內各種民意。馬英九不會從根本上改變美、日、台現有的關係結構。在安全防衛上,也會繼續依賴美國及日美同盟的庇護;在經濟領域,還需繼續強化日美台關係;而在「領土」與「主權」問題上,也必然表現出堅定的原則性。如,對釣魚台的領土主張,台灣與日本之間的漁業權之爭等,馬英九都會堅定的維護台灣利益。在日本錯誤的歷史觀上,他也仍然會保留批判的立場與態度。對於台灣的未來走向,堅持維持現狀的立場,既反對民進黨的台獨,也不會贊成兩岸的迅速統一。因此,某種意義上說,這符合日本政府對台政策的方針。

馬英九希望日本能正確認識台灣的殖民歷史,主張強化與日本新生代的政治家接觸,希望台灣能夠造成促進日中關係的橋樑作用。他不願看到日中之間發生對立的局面,希望「日本的政界與經濟界人士,親中派也變成親台派,親台派也要向親中派方面轉變」[194],加之,馬英九本人的個性,他不會像李登輝與陳水扁那樣走極端的道路,同時,對中國大陸「民主化」進程與「人權」問題也會提出批判。馬英九選擇慎重的中間路線,更加注重「台灣主體性」利益,日台關係會維持原狀,不會有很大的倒退。2009年1月,在接見「日本交流協會」台北事務所代表齋藤正樹時,馬英九宣布2009年是「台日特殊夥伴關係促進年」,又任命「日本通」、李登輝密友彭榮次擔任「亞東關係協會」會長,表現出馬英九改善對日關係,並在與大陸、日本的多邊關係中營造平衡的意圖。可以說,馬英九的「親中」,不會必然導致「反日」的結果,但是,馬英九反對台獨的立場,

確實對日本介入台灣造成了某種程度的制約。

（三）日本對台政策的未來走向

1.「有限介入」的發展趨勢

日本對台介入政策的未來走向，改變不了這樣一個現實：日本沒有獨立介入台灣問題的能力，只能追隨美國，透過雙邊或多邊框架，去落實自己的政治追求。美國也不會在台灣問題上單打獨鬥，還將推動日本提高介入台灣問題的能力。日美同盟，作為日本對台政策運用的核心手段，仍然是日本介入台灣問題的主要基石。這種手段，為經濟與政治上的干預上了一道保險，也為中國解決台灣問題設置了條件，畫了一道不得踰越的紅線。但由於日美對台政策的目標、手段、利益不同，加上雙方力量的非對稱性，必將影響日本對台政策的有效性與持續性。

如果說，美國對台政策體現為全面的政治、軍事干預，而日本未來的對台政策則要表現出「有限介入」的特徵。

所謂介入政策的「有限性」，主要表現在三個方面：一是手段使用的有限性。美國的對台政策基於中美三個公報與《台灣關係法》，透過軍售等方式公開地介入台灣問題。而日本沒有類似手段，更多地表現為非公開、非直接地對台灣問題實施介入。正是由於這種手段的有限性，使日本較之美國，小動作更加頻繁。如，日本對台獨勢力的支持，明顯的表現出綏靖政策的特點；一些加入日本國籍的激進的台獨分子，著書立說，鼓吹台灣「獨立」，並經常亮相媒體，進行台獨宣傳；一些議員也積極往返於日台之間，對台獨傾向表達支持；私底下強化與台灣的官方關係等等。但近年來，日本對台政策開始出現由不公開向公開的方向轉變。2005年2月，美日兩國國防部長會面，公開發表美日「共同聲明」，強調台海問題應以和平方式解決，這被視為公開干涉中國內政的新的動向與標誌，在日本對台灣政策上具有標誌性作用。日本朝野、民間對於日台關係升級，已經具備了一定的共識，日台合作也有提升的趨勢。在日本有越來越多的媒體及學者，為支持台獨造勢，稱日本的安全取決於台灣「獨立」，可以保證日本「生命線」——海上航路的暢通。日本政府這種公開與非公開縱容與支持台獨的活動，

具有助長台灣「獨立」，破壞兩岸和平局面的危險性。但現在還不能因此斷定，在台海出現軍事衝突時，日本會奮不顧身地介入。除非極右翼政客上台，日本對台政策發生不可預測的逆轉，現實情況下，日本介入台海危機基本上還是要看美國的臉色行事。

二是戰略目標的有限性。美國的戰略目標基本上是全球性的，對台政策當然要服務於亞太及全球戰略，而日本則把對台政策放在「周邊局勢」內加以考慮。1996年台海危機發生時，美日兩國提升軍事戰略合作層級，並進一步更新了美日安保的涵蓋範圍，將「日本周邊局勢」納入共同戰略目標。與美國維護全球霸權的戰略相比，日本考慮更多的則是實現自己「國家普通化」的戰略目標。日本想借助日美同盟實現國家正常化，同時，也有借助日美同盟牽制中國的意圖，但基於國家利益的考量，決不會在台灣問題上走在美國的前面，也不會完全追隨美國深度介入台海問題。至於台獨勢力圖謀利用日本對台灣問題的深入「國際介入」，推動日本成為台灣另一個保護者的構想，目前很難成為現實。日本對台灣的考量不會是完全「無私」的，不會讓台灣打破日本的國家戰略佈局，成為「正常化」路上的絆腳石。加之，中日兩國歷史問題的存在，日本對台灣的任何風吹草動，都將帶來中國政府及人民的強烈反應。2005年中國人民的反日高潮，直接導火線就是當年2月的日美「共同聲明」，日本首次對台介入的表態。平時，或許有些親台右翼人士主張鋌而走險，但到了關鍵時刻，面對敏感事件，也不得不權衡介入台海問題的嚴重後果。與美國一道維持台海現狀，是日本最願意看到和面對的現實，可以認為，日台之間可以相互利用，但是不能相互依賴，日本會透過「有限介入」的各種手段，在台海之間尋求利益與平衡。

三是實施能力的有限性。日本作為世界上第二大經濟體，具有很強的經濟實力，但在政治、外交、軍事戰略實施方面卻存在一定的侷限性。現在看，不能把日美同盟看做是直接針對中國的台灣問題，從本國利益出發，透過日美同盟，試圖實現國家正常化的轉變，應該是日本更重要的考慮。因此，不能簡單地得出結論，日美同盟的日益深化，將轉化成為日本對台灣介入政策更實際的援助和支持。但也不可否認，被視為「生命線」的台灣海峽，攸關日本和平穩定的國家利益，兩岸一旦統一，會對日本的地緣戰略造成衝擊，日本對台海問題的關注程度

並不會低於美國。可以說，日美同盟隱藏著日美台三方為了各自利益而互相借重的成分。日本透過日美同盟和美國綁在一起。儘管在政治、外交、軍事或經濟上，日本還不願意和中國正面衝突，但是作為日美同盟的一部分，日本並不具有對美國政策的支配能力。這在一定程度上，造成了日本要麼「同舟共濟」，要麼「推卸責任」的兩難境地。美國一旦很深地介入台海問題，日本很難有其他的選擇餘地。

從日本防衛省就有關日本被捲入戰爭的危險性，所做的社會輿論調查中可以看出。其中，認為有危險的，達到45%（2006年，即平成18年），與1969年（昭和44年）相比提高了19.9個百分點，為歷史最高。認為有一定危險的，為32.6%（2006年），與1969年（昭和44年）相比，提高了5.7個百分點；認為沒有危險的，為16.5%（2006年），與1969年（昭和44年）相比，減少了6.6個百分點。這表明，日本國民對日美安保的走向抱有越來越大的擔心，這種擔心也可能轉化為國民輿論的制約。

冷戰結束，直至今日，日本的政治、經濟與社會狀況整體出現「弱化」趨勢。20世紀90年代出現的「泡沫經濟」危機，至今沒有得到復甦。接著，又有2008年的全球性經濟危機出現，再一次加重了日本經濟復甦的難度。未來數年，日本國家戰略的重點都將會放在經濟恢復方面。社會老齡化與少子化，是日本國內與國際社會缺少活力的結構性問題。推行「脫亞入美」的外交政策，以及不間斷的「歷史問題」，時常引起日本與亞洲鄰國關係的緊張，嚴重制約日本在東亞發揮政治主導作用。可以說，日本喪失了脫離美國實現自立的環境與手段。上述一系列問題，又不是一朝一夕就能克服的。因此，未來日本對台政策的發展趨勢，只能是「有限介入」。

2.對台政策的路徑選擇

日本對台戰略決策的選擇作為一個因變量，將會基於中美兩國的國力、戰略定位的變化而變化。美國作為一個自變量，起著關鍵性的作用。中國因素作為一個干預變量，制約著美日之間的互動。換言之，美國國力的絕對優勢、優勢、虛弱與中國國力強大、能夠維持現狀、內亂衰敗，這兩組三種連續變量中，演變成

一個相互關聯的矩陣。根據這一矩陣的變化，未來日本對台政策，將在對美國的「追隨」和中國的「制衡」下做出選擇。儘管中國崛起的道路存在許多經濟與社會問題，但可以預見，中國的發展已經成為不可阻擋的趨勢。中國的維持現狀、內亂衰敗這些變數，不在本章討論之內。

選擇一：在美國絕對優勢與中國的強大制衡之下，堅持美日聯盟，在台灣問題上與中國對抗。

這種戰略選擇，是基於美國擁有絕對優勢及干涉台灣的強烈意願。這類似於冷戰時期美日聯盟與蘇聯的對抗。日本將在政治、安全、外交及經濟方面，全方位地接受美國的影響與保護。美國將要求日本盡到盟國的義務，並在一定程度上促使其提升軍力，放寬軍事行動的法律限制。同時，由於美國在解決台灣問題上的絕對優勢，不會允許日本乘機把支持美國作為籌碼，全面擴充軍事實力，甚至發展核武器。美國依舊會發揮美日同盟的「瓶蓋」功能，防止日本無限的擴軍。在這種戰略選擇的環境中，日本只扮演解決台灣問題的從屬、次要角色，造成輔助性作用。日本會顧忌中國的強力制衡，及其對戰爭毀滅性的考慮。因此，在政治方面，主張捍衛美、日、台自由民主社會的「普世價值觀」；外交上，宣傳中國「獨裁」體制下的非人道主義以及對國際和平的威脅；在重大軍事行動中，將會提供後方支持，在後勤保障、情報訊息、反潛作戰等方面給予一定支援。但日本不會直接派軍隊參與台灣問題的解決，以防止戰火燒到日本本土。

選擇二：在美國絕對優勢與中國的強大制衡之下，維持美日聯盟，在台灣問題上保持中立。

這種戰略是基於對中美之間實力較量，並對其後果進行考量評估後做出的選擇。國內和平勢力的強大，同時，也考慮到中日之間的利益深化，已經到了因為台灣問題可能會影響到日本國家核心利益的程度，日本對台戰略選擇會在不放棄美日同盟的前提下，保持中立。

選擇三：在美國絕對優勢與中國的強大制衡之下，放棄美日聯盟，在台灣問題上與中國進行合作。

這種戰略，意味著在台灣問題上日本放棄現有的利益，透過與中國的合作，

一起反對過去的盟友美國的霸權。這種選擇近乎不切實際，也不符合美日的共有價值觀念，同時，也背離了日本所追求的地緣戰略目標，以及傳統上與最強國結盟的外交理念。

選擇四：在美國絕對優勢受到削弱及中國的強大制衡下，美日同盟共同與中國對抗。

由於美國絕對優勢受到削弱，解決台灣問題上已力不從心。但干涉台灣問題的強烈意願卻沒有減弱，美國會放寬對日本軍力的「管制」，並積極督促日本加快擴軍步伐，甚至默許日本擁有核武器，以應對中國強大的制衡。這種戰略環境下，日本在追隨美國、捍衛自由民主社會的旗號下，拋棄以往的和平主義路線，修改不進行戰爭的憲法第九條，使集體自衛權合法化，放棄對擁有核武器的謹慎態度，以不挑戰美國軍事強權為前提，迅速擴軍，推動建立核武庫及航母遠程投送能力的進程。美國歡迎日本改變以往在台灣問題上次要的輔助角色，從後方、後勤方面的支援，變成具有戰略性空運、海運及毀滅性打擊能力的前沿力量。日本利用這一機會，實現政治、軍事、外交方面的全面崛起。

選擇五：在美國絕對優勢受到削弱及中國的強大制衡下，日本保持中立。

美國絕對優勢的削弱，在解決台灣問題上，面臨著無法獲得絕對勝利的把握。一直在美國庇護下的日本，也受到中國強大制衡的衝擊，日本選擇了有限的擴軍。但由於國內的人口、經濟實力以及和平主義的強大勢力，加之，無論在經濟領域，還是在政治外交領域，中日兩國利益有著廣泛而深度的融合與重疊，日本放棄全面追隨美國的戰略選擇，轉而保持中立。

選擇六：在美國絕對優勢受到削弱及中國的強大制衡下，日本與中國合作。

在這種戰略環境中，日本在維持與美國同盟關係的同時，日中戰略協作夥伴關係推進到新的高度，中國國力增強，不僅增加了美國解決台灣問題的難度，也改變了整個亞太地區地緣政治的力量結構，中國成為地區的主導力量。日本既不能得到美國的可靠保護，也不能透過提升軍事、經濟、政治外交力量與中國全面抗衡，在涉及中國核心利益的台灣問題上與中國發生全面碰撞，更具有極大的危險性。日本在解決台灣問題上與中國合作，以期待台灣問題解決後，日本對地緣

戰略遠景做出新的安排。

選擇七：在美國劣勢及中國的強大制衡下，強化美日同盟，與中國對抗。

面對中國的強大制衡實力，美國已經處於相對的劣勢，放棄了與中國的全面對抗，而日本卻擁有介入台灣問題的強烈意圖。這種戰略環境下，日本透過強化美日同盟，與中國發生全面對抗。換言之，日本透過美日聯盟，贏得解決台灣問題的主導權，借此徹底削弱中國，重建以日本為中心的地區及世界秩序。

選擇八：在美國劣勢及中國的強大制衡下，保持中立。

這種戰略選擇，是基於美國的劣勢，即使是日美聯合也無法與中國抗衡，日本放棄與中國的全面對抗，而保持中立。

選擇九：在美國劣勢及中國的強大制衡下，與中國合作。

放棄追隨美國，弱化日美同盟，尋求與中國的合作。

歸納起來，日本對台政策的未來走向，將會有三種選擇路徑：

（1）強化日美軍事同盟，推行全面的政治、軍事等勢力均衡路線。

（2）日本獨立發展強大的軍事力量，在台灣問題上實施全面介入。

（3）承認台灣問題是中國的內政，縮小日美同盟適用範圍，建立日美與日中等同的中立與合作路線。

以上三種選擇，都以中美實力的對比，與中國實力不斷發展壯大為前提。第一個選項，在今後數年內，將是日本對台政策最有可能的選擇。中國今後持續發展，不僅會成為美國全球霸權的「威脅」，也會縮小日本在東亞地區的戰略空間。在台灣問題上，日美具有相同的戰略利益與目標，但長遠考慮，這種政策選擇很難持續。在台灣問題上，中美確實處於「零和博弈」的態勢，但由於中美關係在全球及亞太地區的合作將會越來越緊密，又呈現出「非零和博弈」的趨勢。美國不會因為台灣問題而選擇「勢力均衡」下的戰爭，更有可能選擇「和平世界」下的霸權。對於日本而言，也會在「環境目標」與國土安全的「領土目標」之間，選擇後者。

第二個選項，如果考慮日本本國因素，現在還不具備可能性。持續近20年的經濟危機、不穩定的政治運作局面、缺少活力的社會結構、沉重的歷史包袱等問題，在現有的國內與國際環境之下，日本很難實現全面的軍事擴張。但基於日本「大國化」長期發展的國家戰略，這個選項有可能成為未來日本的考慮。

第三個選項，近年內不會發生。日本在台灣問題上保持中立立場，中國可能表示歡迎，美國不會接受。但長遠而言，伴隨著中美實力的消長，以及日本基於「日美同盟的疲勞」與擔心受到「牽連」，日本做出中立的選擇將不是沒有可能。

總之，日本對台政策的未來趨勢，將會基於國家利益，根據國際環境的變化進行調整。無論是經濟手段，還是政治與軍事方式，一旦成本超過了收益，日本對台介入政策的持續性將會面臨考驗。

日本未來對台政策框架還會沿著三條主線推進，即經濟上尋求融合，政治上推動均勢，軍事上強化遏制。三者互為一體，構成了日本對台介入政策的表裡。換言之，在區域與全球框架內，透過中、日、台經濟融合與合作，增加中國武力解決台灣問題的成本，同時，將台灣問題從中日雙邊關係中解脫出來，從而實現政治上台灣問題「國際化」的目標。一旦出現中國武力統一的傾向，日本會在繼續推動前兩者的同時，透過日本「自衛隊」的實力提升、日美軍事同盟的強化、廣泛共同戰線的形成，遏制中國用非和平手段解決台灣問題。

可以斷言，日本在台海問題上的作為，基本還是要看美國如何因應。鑒於當前發源於美國的世界性經濟危機，不僅對美國構成巨大挑戰，也嚴重損害了美國的國際信譽。可以斷定，歐巴馬新政府對外政策首當其衝的課題是解決經濟危機。同時，伊拉克與阿富汗戰爭的遺留問題，也是美國新政府基本對外政策的主要關注點。鑒於911事件以來，「反恐合作效應」以及全球性經濟危機的嚴重性，美國會繼續推動「戰略性靠攏」政策，尋求中國積極參與國際事務，共同解決面臨的世界性危機，包括經濟、氣候、環境與反恐等相關問題，中美戰略夥伴關係將會繼續擴大與提升。有鑒於此，台灣問題短期內不會立即成為美國對外政策的首選戰略目標。但是，也不能得出這樣的結論：美國的對台政策將會改弦更

張。長期而言，美國對外政策的更大課題將是如何面對快速崛起的中國。目前，只是無暇關注台灣問題，但中國崛起和台海問題不會走出美國戰略關注的視線。美國對台政策的這種趨向，同樣與面臨全球性經濟危機，需要與中國合作的日本立場相一致。短期而言，日本將會與美國一道，不會升高對中國和台海問題的調門，更不會激化矛盾，引發對抗。

具體而言，在相當一段時期內，日本會盡最大努力與美國一道維護「台海現狀」，不會孤注一擲，「棄中國的核心利益於不顧」。未來的對台政策，也不會出現驟然提升日台戰略關係的可能。在不碰觸大陸底線的前提下，循序漸進、持續緩慢地增進同台灣安全合作關係，在反恐、防海盜、海上共同救助、海洋環境保護等非傳統安全領域加強合作，推動雙方情報交換、危機預防等聯絡機制的建立、增進信賴關係。在此基礎上，逐步擴大在非傳統安全領域的合作範圍，再向傳統的安全領域合作邁進。在傳統安全領域，日本會尋求與台灣建立雙邊或多邊安全保障論壇，推進「海洋同盟」戰略，確保台灣海峽的水道暢通；透過日、美、台三邊安全保障定期會議的召開，強化情報收集與軍情方面的人員交流，逐步推動安保對話機制的形成；透過定期互邀雙方軍事演習、軍事基地的參觀、訪問，強化日台防衛交流；透過互派留學生到雙方的軍事院校留學，為未來的軍事合作培養相關人才。

在政治外交領域，繼續以「自由民主同盟」為口實，逐漸提高交流層次，擴大國會與地方議員的交流，聘任台灣出身、精通日本文化的人出任國會議員、透過政治家的互訪，強化雙邊政治關係。同時，繼續推動以民間為主導，政府要員、學者、專家參加的各種研究會，建立多種情報收集交流渠道，加強日台之間的政治交流。透過友好城市協議的締結，直接擴大地方之間的經濟、文化、學術與青少年的交流，為日台政治合作奠定基礎。

在經濟領域，推動與台灣簽訂自由貿易協定，以強化台灣相對於大陸的經濟地位，促進日台經濟交流的緊密化。日本會繼續加強與台灣的經貿往來，尤其是在技術轉移、投資、人才培養方面，給予台灣優惠條件，借此主導台灣經濟走向，推動日台經濟一體化目標的實現。

在文化方面，透過滲透，強化台灣民眾對日本的「認同」。透過雙方藝術家的作品巡迴展覽，強化民眾對日本藝術的喜愛；透過電影、音樂、戲劇的共同拍攝、放映，提升「親日情結」與感情紐帶；透過日台都已普及的棒球、相撲與NHK電視節目、卡拉Ok在台灣的定期舉辦，提高台灣民眾對日本傳統文化的關心；促進日語在台灣的「流通式」教育，培養親日的年輕一代；推動雙方年輕一代相互間的修學旅行，追思殖民時期「歷史功績」；擴大雙方學術交流，培養傳播日本文化的高級人才；透過設立「日台文化交流中心」、「日台學生聯盟」的文化機構，促使雙方教育文化交流機制化的形成；透過媒體的交流，擴大日本文化在台灣地區的影響。

現實主義將政治與軍事問題歸結為高級政治，其他領域的問題，被稱為低級政治。低級政治關注的重點，不是無政府社會衝突的本質問題，而是國家在特定功能領域中進行合作及如何合作的問題。目前，中國已成為日本最大的貿易夥伴，經濟關係日益密切。而日台之間除了經濟聯繫緊密，在政治、軍事上也走得很近。目前，台海地區出現了緩和發展趨勢，但尚無法排除全面對抗的危險。如果事情向這個方向發展，日本外交政策強硬化，以及急於在全球事務中扮演重要角色的意圖，不可避免地會使它站在美國一邊，會在中日貿易夥伴之間的「低級政治」與日美軍事盟友之間「高級政治」的兩難選擇中，選擇後者。

目前來看，台灣問題是中美問題的焦點，不是中日之間的最大問題，但卻有可能成為中日衝突的一個爆發點。台灣問題成為中日爭端爆發點的前提條件是，在日美同盟的框架下，日本對台灣問題「介入」過深，加之，日本政治家對歷史認識模糊，「台灣情結」膨脹等許多因素糾合在一起，會使中日關係更趨複雜，最終可能會演變為「台灣問題」症候群並發，並帶來嚴重後果。

三、中國的戰略對策與政策選擇

（一）整體外交戰略指導下的日台關係原則

1.和平原則

在和諧世界理念和睦鄰政策的指引下,中國對台灣問題的態度一直堅持和平解決的方針,對待日台關係的態度也同樣。

溫特認為,一個國家最初的文化結構與社會結構都是私有性的,但國家間的交往會形成國際性的體系文化,加強或削弱各自的一些私有觀念,形成共有觀念,最後產生了社會性的觀念結構,即文化;體系層次的文化來源於國家間的實踐,但已變成一種客觀的存在,脫離了施動者最初的主觀色彩。[195]建構主義的觀點認為,國家間關係並不是一成不變的,衝突與敵對作為一種國家間的共有文化,可以隨著國家間互動的增加而逐漸改善。

在當前的國際形勢下,國家間和平共處的可能完全存在。新的國際政治、經濟格局,將會調整國家間關係,促使國家在新的規則和觀念的指導下,互利實現彼此的利益。中日兩國都是當前國際秩序的受益者,冷戰後,兩國的經濟、社會都取得了極大發展,因此,以武力破壞當前共享的和平發展的國際局勢不是可取的選擇。同時,台灣作為中國一個較為特殊的區域,也在全球化和國際和平中獲益頗多。按照布里辛斯基的觀點,在當代戰爭已經成為一種只有窮國才能負擔得起的「奢侈品」。[196]因此,在中日關係的發展中,和平解決台灣問題,並不是一個不可完成的任務。處理日台關係,堅持把和平作為一個首要原則看待,意味著這是中國的一個嚴肅承諾,中國不希望同胞之間發生流血衝突,也不希望充當區域衝突的挑起者,希望以協商和合作的態度,從長遠的角度,最終實現解決台灣問題的共贏目標。

當然,和平原則只是一種態度、承諾和願望,和平是有底線和前提的。和平不能放任少數台獨分子和日本右翼分子以不負責任的態度,把中日台關係帶進分裂中國的死胡同。對這些勢力開展不懈的鬥爭,恰恰是維護台海和平的前提和保證。1992年12月15日,江澤民在會見海協會負責人時指出,台灣內的台獨勢力和台獨活動有所抬頭,這種活動甚至得到了國民黨內部分人的公開附和。「如果出現台灣『獨立』或外國勢力分裂中國,我們必將採取斷然措施,堅決維護國家主權和領土完整。」胡錦濤總在關於台灣的四點意見中,也明確指出,和平解決

台灣問題首先要堅持一個中國的原則。具體的說，和平原則的實現，要依託中國的外交政策，如何把一國兩制的理念貫徹到對日外交中，如何讓這一原則得到日本國內政治勢力和民眾的更好理解。一國兩制的理念、制度形式、運作狀況、發展態勢等一系列因素既要得到大陸民眾的理解，也要透過對話和交流得到國外的認同，必要時，甚至可以考慮嘗試如何讓國際社會有限度有條件參與和感受的某種形式。

2.參與原則

日台關係的發展，在一定程度上是一個無法完全遏制的過程。二戰後，尤其是冷戰結束以後，雙方的政治、經濟、社會的全面交往態勢日益明顯。在這種條件下，日台形成某種利益共生的關係，雖然不是大陸樂見，但卻是無法改變的事實。在這種情況下，我們應該堅持的第二個原則，就是有條件的參與日台交往活動。正如本文前面已經反覆強調過的，相互依賴不是雙邊性的，在區域內它是一個多邊性過程；相互依賴更傾向於鼓勵國家採取談判而非對立的手段，處理彼此間關係。日台密切關係，一方面，可能使日本試圖在中國統一過程中採取介入和干預的立場，另一方面，它又限制了日本真正強硬干預的能力和勇氣。

2007年5月1日，日美「二加二」會談之後，日本防衛大臣久間章生在美國智庫傳統基金會演說時提到：「如果台海爭端並不影響日本的和平與安全，我很難想像日本如何直接涉入。」[197]這意味著相互關係的加深，並不是單純鼓勵日本的干預傾向，也使日本對台灣當局台獨政策的危害性，有了更加切實的體會和更加直接的連帶風險性。

2008年5月7日簽署的《中日關於全面推進戰略互惠關係的聯合聲明》中，日本再次重申，堅持「一個中國」的立場。這也表明，在台海問題上，日本基本上不會偏離中國利益太遠，而替台灣承擔風險。

所謂參與原則，要求中國在今後的對外政治、經濟、社會交流中，有意識的引導資源配置的方向。在與日台關聯的方面，以政策引導的方法，促進大陸全面介入的力度，促使大陸、台灣和日本形成多邊共贏，三方全面互動的局面。在這種相互依賴中，隨著滲透力度的加大，中方在相關問題上的發言權和影響能力將

隨之增加,最終形成全面的議題網絡,從而限制日台關係走向極端的可能。

3.拆分原則

強調大陸對日台關係的介入力度,並不是鼓勵日台可以自由的、在一切領域都發展過度密切的關係。畢竟在日台之間,共同利益達到一定程度後,日本作為外部勢力,干預中國內政的力量也會隨之強化。雖然,在全球化的條件下,國家邊境日益弱化的趨勢是一個普遍現象,但是,國家的核心利益,依然神聖不可侵犯。在台灣問題上,政治領域的警惕性是無論如何不能放鬆的。

1999年5月24日頒布的《新日美防衛合作指針》,包括相關三法案——《周邊事態安全保障法草案》(周邊事態法)、《自衛隊修訂法》、《日美相互提供物資與勞務修訂協定》,把「日本周邊地區」,作為了日美防衛地區。日本將「周邊事態」,解釋為「是對日本和平與安全造成重要影響的事態,它不是地理概念,而是著眼事態的性質」。這種解釋帶有很強的干預色彩,直接把矛頭指向中國的台灣地區,試圖把台灣劃入日美防衛合作的範圍內。基於和平憲法對集體自衛權的行使,日本可以在必要時對台灣援助,但援助侷限在「非戰鬥地區的後方援助」上。不過,隨著右翼勢力越來越強烈的修改憲法的呼聲,日本對台灣問題介入的風險,在不遠的將來不是沒有增加的可能。《新日美防衛合作指針》和台灣可能加入TMD,意味著日、美、台三邊,在政治和安全領域聯合的趨勢加強了,對於這種加強的趨勢,不論台灣的綠營,還是藍營,都不會反對。

為了保證主權和未來的統一,相對於經濟領域,中國對政治和安全問題使用拆分原則是必須的。拆分,意味中國政府要堅持在政治安全領域,打破日、台、美三方的聯盟性行為,不斷施加壓力,使這種聯盟的成本提高。儘管目前還沒有能力實現徹底的拆分,但從某種角度看,拆分的過程就是台灣重回祖國懷抱的進程。這一過程,不是一個不付代價或可能少付代價的過程,但它是中國統一的必經之路。因此,增加與提高台灣同日本、美國,包括其他所謂盟國的政治交往代價,就是對拆分原則的具體使用。隨著台海兩岸政治經濟發展不平衡狀況的出現和加深,台灣的國際政治交往成本會越來越高,最終會達到台灣必須放棄這種無意義競爭的地步。這就是運用拆分原則,並最終取得勝利的結果。

（二）大陸與台灣關係改善的優先性

從本質上說，兩岸關係是中國的內部事務。儘管由於歷史原因，台海關係已經在某種程度上國際化了，但這既不能被作為法理上的適當，也不能視為長久不變的事實。在處理日台關係的問題上，中國大陸必須區分二者的主次關係。大陸與台灣的關係，作為國家的歷史遺留問題，依然屬於國際法承認的內政範疇。因此，兩岸關係與中日關係並非同一範疇、同一屬性的問題。兩岸關係，自然也就具有無可置疑的優先性。只要兩岸關係處於穩步發展的態勢，日台關係自然就不會發展成嚴重威脅區域安全和中國領土主權完整的地步。

1.深化經濟交流建立「共同經濟空間」

中國的改革開放，使兩岸經貿交流日益頻繁，在經濟合作上雙方都取得了巨大的收益。有數據統計，2000年台灣對大陸的貿易順差為204.5億美元，2001年這一數字上升為223.4億美元，2002年達到214.4億美元，到了2008年上半年，台灣順差達到了5106億美元的水平。從2002年開始，大陸取代美國成為台灣最大的出口市場，其份額占台灣出口總額的25%以上。2002年底，兩岸間接貿易額總計達2679億美元，其中，大陸對台灣出口426億美元，台灣對大陸出口2252億美元。2005年，兩岸貿易額達912.3億美元，同比增長16.5%，大陸對台灣出口165.5億美元，同比增長22.2%，大陸從台灣進口746.8億美元，同比增長15.3%。[198]到2008年上半年，兩岸間接貿易總額為7911億美元。大陸累計批準台商投資項目76339個，合約台資金額1123億美元，台商實際投資467億美元[199]。

兩岸密切的經貿關係，使雙方事實上已經實現了共同的經濟空間。兩岸的相互依賴程度日益加深，經貿合作也帶動了人員交流、相互溝通和文化交融。可以說，經濟交流是兩岸關係持續穩定發展的最可靠動力之一。

經濟交流對兩岸關係的發展產生了深遠影響。首先，經濟交流構築了密切的相互依賴關係。這種相互依賴，本身就具有某種權力特徵，形成了兩岸沒有文本的穩定的政治契約。相互依賴的基本原理，在於相互依賴的雙方，並不是對等的行為體。依賴程度的差異，會導致彼此間相對權力的差別。「從過去（2000-

2008）的實踐看，就GDP總量看，大陸從9.7萬億，增加至24.6萬億人民幣，台灣方面從2.25萬億，增加到3.1萬億人民幣，兩岸差距由7.5萬億左右，增加至21萬億左右，發展的潛力和速度大陸優於台灣。」[200]目前，兩岸的相互依賴水平，正在隨著雙方相對發展速度的差異，出現不平衡擴大的趨勢。而不平衡擴大，又會加深一方對另一方的依賴。在台灣人民與大陸共享經濟合作的成果時，任何激進的台獨主張，都將受到強大經濟依賴性的阻力。台獨力量無法用煽動性口號和主張，提供實質性的替代戰略，這也是陳水扁在任8年，積極推行「急獨」政策，卻最後歸於失敗的基本原因。兩岸的相互依賴已經發展到一個相當高的水平，超出了少數政客力圖操控的能力範疇。

其次，博弈論認為，相互交往的多次重複，是達成穩定合作的一個基本條件。「在重複的過程中，任何一個博弈者都會意識到合作要遠比互相欺騙更為有利。對囚徒困境的分析表明，在國際政治中實現穩定的合作涉及到幾個重要的因素：（1）參與者相互作用的預期行為以及他們彼此聯繫的決策過程。（2）快速地察覺並對對方的決策迅速作出反應的能力。（3）博弈者都對長期的利益更為感興趣。（4）博弈雙方有著較為相似的利益結構和偏好取向。」[201]博弈論認為，每個國家都有合作的意願，但合作的實現則需要大家避免「一錘子買賣」的情形。只有多次的博弈，才能比較出遠期收益與短期利益的優劣。大陸與台灣的經濟交流，一旦持久化、常態化，就會自然衍生、擴大，按照經濟發展的自身規律運行，最後，推動政策制定者採取符合潮流的政策。以旅遊觀光為例，台灣長期對大陸遊客赴台橫加干涉。但是，在兩岸經濟交流日益密切的情況下，台灣對大陸赴台進行商務和學術交流的行為，也只能漸漸放行。在這種條件下，最初的一次交流，慢慢變成多次交流，範圍也漸漸擴大。到了陳水扁執政晚期，全面開放大陸遊客赴台，已經變成一個不再引起巨大爭議的話題。2008年大選前，馬英九就理直氣壯的承諾：將於2009年7月起，開放大陸居民赴台觀光。台灣旅行商業同業公會據此預估，以每天開放3000人次、每人停留7天、每人每天消費236.7美元計算，全年預期可帶來550億元新台幣的經濟效益。[202]開放赴台旅遊的案例，佐證了博弈論的基本觀點。多次博弈，會產生適應合作的博弈方式，改變雙方的行為規律，最終使政策制定發生轉向，走向符合新博弈規則的方向。

但是，目前兩岸的經濟合作也面臨如何實現質變的問題。早期兩岸的經濟合作，雖然同時有益於雙方，但是，在經濟合作模式和合作效果上都有進一步提升的餘地和必要。如果說，原有的經濟合作是以改善雙方民生、實現互通有無為目的，那麼，未來的兩岸交流，就要朝著「再構築」共同的經濟空間的方向進一步努力。

第一，兩岸的經濟合作要實現由量到質的轉變。過去，大陸對台商的開放門檻過低，導致大量勞動密集型企業、環境破壞型企業和法制淡漠型企業進入大陸。這些企業的起點低，活力差，社會影響度低，無法在市場經濟中長期存活下去。在此次全球經濟衰退的影響下，大量這樣的企業被市場淘汰。事實證明，他們無力承擔保持兩岸經濟交流長期化的使命。同時，在東亞特殊的「雁陣式」發展模式中，還有許多可以承擔台灣企業加工基地角色的後發國家。因此，如果台海局勢出現驟變，台灣雖然會付出極大代價，但離開大陸也是可能的。因此，兩岸真正的共同經濟空間的含義，應該是共同的研發平台、共同的銷售市場和共同的生產平台三者結合。只有有意識的加大雙方經濟合作高級模式的發展，推動台灣研發基地和核心製造技術的內遷，才能建構穩定的共同經濟空間。

第二，兩岸經濟合作要實現效果上的由經濟驅動到政治引導的轉變。過去的兩岸合作，過分強調經濟共同利益的實現，但忽視了對經濟合作政治效應的培育。事實上，經濟效應向政治領域的外溢，不是自發實現的，需要國家政策有意識的指導。中國市場經濟建設是一個漸進的過程，台商進入雖然感受到了大陸的誠意和善意，但早期市場經濟建設的不規範和不盡如人意之處，也盡收眼底。社會主義發展和民主化成果，也沒有充分的展示給台商，尤其沒有充分的由台商再傳遞給台灣人民。兩岸的經濟合作成果，往往被普通的台灣人民低估，他們在政治和社會視野中的大陸觀念，仍然充滿誤解和偏見。因此，在今後的兩岸經濟合作中，提高服務的法制化和制度化、規範化，減少人為的不規範的所謂「善意之舉」是重中之重。

2.推動政治緩和，建立互信基礎

冷戰後，與經濟上欣欣向榮的合作相比，海峽兩岸的政治關係緊張了許多。

從國際政治的角度分析，蘇聯的解體，使世界和東亞的國際形勢發生了巨大的變革，中國、美國既有的共同戰略利益消失，「中國威脅論」甚囂塵上。1990年11月29日出版的台灣《聯合報》，刊載了美國學者費正清對兩岸關係的看法，費正清強硬表示，「統一沒有什麼意義。即使在將來中國也較少有統一的可能，台灣的『法律地位』可由國際社會共同努力研究一個合適的安排，就可直接告訴北京，情況就如此底定，你們最好閉嘴。」[203]美國國會頒布了一系列法案，1991年6月12日眾議院通過《台灣前途修正案》，1992年7月2日參議院通過《台灣關係法》修正案等，都體現隨著冷戰結束，美國對台政策的明顯轉向。

雖然，在冷戰後中美長期的戰略互動中，美國對台灣的政策依然保持在「政策模糊」階段，但美國對台獨（非「急獨」）的曖昧態度，對台灣內的政治氣候影響很大，爭取「台灣國際空間」的論調日趨升溫。1990年3月上台的李登輝，在位期間兩岸政策具有極強的兩面性。一方面，由李登輝開創的憲政改革終止了「動員戡亂時期」，廢除了「臨時條款」，兩岸關係緩和的法律桎梏得以解除，經濟合作呈現了大發展的態勢。但另一方面，李登輝不但對國民黨內的親綠勢力加以扶植，還對民進黨和各類台獨組織放開閘門，使台獨勢力發展成為台灣的一大社會潮流。陳水扁時期，兩岸政治關係更是大為倒退。法理台獨，一度把兩岸關係推向了爆發軍事衝突的風險邊緣。應該說，陳水扁時期的台獨政策，已經觸犯到了大陸的最後底線。儘管馬英九執政後，雙方關係恢復很快，但陳水扁執政的作為，已經告訴了人們，現行體制下，台灣可能走向最危險的方向，造成最大的危害。因此，即便在兩岸關係轉暖的今天，我們依然要對兩岸關係的建設與發展報以高度的關注，並利用當前機遇，加大對台工作的力度。

兩岸政治關係的建設，要對台灣現行政治體制和政治生態進行深刻的理解並加以利用。首先，台灣奉行西方式的民主政治，正常的政黨輪替和藍綠間的統獨之爭交織在一起，促成了穩健的國民黨重新執政。但是，在政黨輪替規律的作用下，民進黨的下台，並不意味著台獨勢力的死亡，只意味著台獨勢力需要重新整合。馬英九執政，對重新恢復兩岸關係的穩定發展意義巨大，但對兩岸統一的實際效果有限。

其次，面臨台獨威脅時，大陸採取了堅決鬥爭的策略，公佈了《反分裂國家法》，確實震懾了台獨勢力。當前，在兩岸關係緩和的情況下，大量談論《反分裂國家法》的機會少了，這是一種錯誤的選擇。事實上，作為一部法律，《反分裂國家法》的意義是嚴肅的，作用是長期的。《反分裂國家法》的目的，不是單純為了震懾台獨勢力，從長遠角度看，最終還是追求國家的統一。因此，堅決鬥爭的理念和實踐，不能因為兩岸目前的蜜月狀態而有所降低。大陸需要長期向台灣民眾表明，我們對祖國統一的態度不僅是明確的，而且是以具體的行動為支撐的。強硬的堅持底線，拒絕在底線問題上進行任何形式的對話和妥協，這是大陸對台政策的一個基本點。

第三，對台獨的鬥爭是堅決的，但與台灣相處的策略則需要靈活。由於台灣和大陸之間的政治制度不同，歷史積怨頗多，民間交流不暢，因此，對台政策的基礎，首先是建立兩種政治制度之間的必要對話。這種對話，在東西方之間已經長期進行，中國也積累了相當的經驗。在當前兩岸關係轉暖的背景下，雙方在政治上進行深入的平和的對話，不僅可能、可行，而且機遇已經到來。建立對話機制，是實現兩岸關係持久穩定發展的一個良好辦法，更是促使兩岸政治機制對接和互動，進而形成溝通渠道的一個必要步驟。

第四，台灣已經進入「民主社會」，兩岸關係的最終解決，依然要取決於社會層次的融合與對接。目前，台灣商人、部分學者和學生構成了台灣人直觀瞭解大陸的前沿群體。總體看來，台灣人，尤其是長期生活在島內的台灣民眾，與大陸接觸的層面依然較窄，這使雙方的相互理解程度依然不深。當前，要解決兩個問題，一是擴大台灣民眾與大陸交流的人群層面，二是對交流模式加以改進。針對前者，大陸採取開放台灣水果進入大陸等一系列措施，使更多的台灣社會群體與大陸發生聯繫。針對後者，最為重要的，就是使已在大陸的台灣居民或者赴大陸人員，對大陸有一個更為真實和直觀的認識。目前，大陸頒布的多種優惠政策，雖然益處很多，但長期執行也積累了一定的負面效果。事實上，過度的優惠阻隔了台灣民眾對大陸的深層認識，使他們不確定真實的大陸與他們接觸的大陸，在政治和社會角度上究竟差異多大。過度優惠，還人為製造了雙方的疏離感，產生相互輕視或敵視的心理。因此，大陸與台灣交流過程的正常化與常態化

是同樣重要的問題。

3.緩和衝突風險與保持軍事壓力並舉

冷戰結束後，海峽兩岸幾度陰霾，出現過數次嚴重的軍事風險期。儘管最終走向緩和，但在國際關係普遍緩和的局勢下，這種軍事危機本身，說明了兩岸關係的高風險性和預防危機的必要性。

兩岸軍事風險的高潮一共有兩次。第一次，發生在李登輝大肆宣揚「兩國論」的時候。從1995到1996年，大陸針對台獨日益囂張的氣焰，連續舉行大規模軍事演習，成為反台獨最明確的信號。在1995年7月、8月和11月的兩次軍事演習中，中國人民解放軍先後進行了地對地導彈發射訓練，導彈、火炮實彈射擊演習和陸海空部隊三軍聯合作戰演習。發生在1996年3月的導彈發射演習和陸海空三軍聯合演習，因為導彈穿越台灣空域，被稱為「1958年以來，中共對台灣採取的最激烈的軍事行動」。第二次軍事風險的高潮發生在2005年，隨著「急獨」勢力的膨脹，2005年3月14日，《反分裂國家法》在十屆全國人大第三次會議高票通過。《反分裂國家法》與軍事演習不同，如果說軍事演習是一種公開的震懾，那麼，《反分裂國家法》實際上既是對中國人民解放軍必要時使用武力的一種授權，也是為台海局勢規定了一條明確的底線，這在軍事上的意義也是極為重大的。

軍事風險的效應是複雜的。兩岸同屬中華民族，血濃於水，軍事對峙對廣大人民群眾而言，自然不是幸事。但軍事手段，在一個國家內部，卻是最後的選擇。對於軍事力量的實際運用，必須以辯證的方式加以解讀。1996年軍事危機後，雖然美國加大了遠東軍事存在的力度，台灣也開始積極加入TMD系統的努力，但是美、日、台都切實感受到了台獨勢力可能導致的嚴重後果。最終，李登輝任期，沒能實現「台灣之父」的迷夢。《反分裂國家法》的頒布，雖然也引起了一定範圍的外交喧囂，但是，「急獨」的陳水扁，在《反分裂國家法》公佈後發佈的六點看法中，雖然給法案空洞的戴上了一頂「侵略性」的帽子，但卻謹慎的迴避了抗拒《反分裂國家法》舉辦「公投」的激烈辦法，並重申了台灣方面「和解」、「不對立」的既定立場，表示了「樂意以台灣各方面的發展經驗與對

岸分享,提升兩岸人民的福祉」的態度。

台海面臨的兩次軍事危機,讓世人看到軍事對峙不是解決台灣問題的優先選項,但軍事手段確實是使少數「急獨」分子清醒的必須手段。為了人民的根本利益,當台灣政府清醒的時候,緩和軍事對峙,是一個對雙方都有利的政治選擇。在這裡,降低軍事風險的含義,實際上在胡錦濤總就新形勢下發展兩岸關係提出的四點意見中,已經明確的表示出來:降低軍事風險的不變前提是「台獨分裂勢力必須放棄台獨分裂立場,停止一切台獨活動。」

在該前提下,採用「不是一方吃掉另一方,而是平等協商、共議統一」的方式,「結束兩岸在軍事上的對抗,使兩岸同胞共同致力於和平建設」。[204]降低軍事風險,不是兩岸關係的最終狀態,只是兩岸關係的近期目標。但這一目標,建立在兩岸關係互動的基礎之上,而不是大陸單方向、無條件的舉動。兩岸關係的清晰化和良性發展,是降低軍事風險的前提。同時,降低軍事風險與保持適度軍事壓力也是不矛盾的。軍事衝突的風險描述,是一種兩岸間關係的狀態,而軍事實力的對比,反映的是一種客觀力量的狀況;前者是基於意圖和動機而產生的風險,後者則屬於一種客觀存在。在兩岸關係良好的情況和大陸長期堅持的和平統一政策下,不會對兩岸關係造成任何損害。

從國際關係發展的宏觀趨勢看,兩岸關係日益緩和是大勢所趨。但是,必要的軍事壓力,依然是大陸對台政策一個基礎性的構成要素。2002年3月13日,在九屆人大五次會議解放軍代表團的全體會議上,江澤民說:「解決台灣問題、實現祖國的完全統一,是我們黨和國家,在新世紀的三大任務之一。全軍部隊要堅決貫徹黨中央、中央軍委的決策部署,紮紮實實做好軍事鬥爭準備」。[205]目前,兩岸關係出現了緩和的跡象,經濟政治互動良好,但是,中國國防力量的現代化進程,是基於國際和地區形勢而做出的長期決策。中國人民解放軍必須考慮到兩岸關係所涉及到的複雜局面和各種風險,大陸軍事政策也必須立足於保持對台必要的壓力。

這種必要的軍事壓力,主要體現在兩個方面:第一,對台灣軍購保持壓力。客觀的講,無論冷戰時,還是冷戰後,美國和歐洲的對台軍售,一直就沒有停止

過。這種軍售，不僅提升了台灣的軍事能力，而且表明了一種政治姿態。據瑞典斯德哥爾摩國際和平研究所2001年6月18日發佈的統計數據，自1996年以來，台灣第三次蟬聯全球最大傳統武器輸入地的稱號。[206]中國大陸在這個問題上的態度十分明確，也長期一致，那就是反對任何形式、粗暴干涉中國內政的行為。

　　冷戰後，美國和其他國家對台軍售的幅度有所加大，程度有所加深。1992年9月2日，布希宣布向台灣出售150架F-16A/B型戰鬥機的舉動，被台灣《中央日報》稱為「台美軍事關係10年來首獲重大突破」。此後，以美國對台軍售為代表的類似行為日益增多。2008年10月2日，美國政府通知國會，同意六項總金額為64.63億美元的對台軍售案。2009年2月16日，美國國務卿希拉蕊‧柯林頓在首訪亞洲四國的途中表示，「美國依據『台灣關係法』，會持續協助台灣『防衛』，出售防衛性物資給台灣。」[207]這表明，美國對台軍售的政策依然是一貫的。在軍售問題上，中國的基本手段有三，一是依據「八一七」公報[208]嚴正交涉；二是利用日益豐富的外交資源和外交手段，減少台灣獲得軍售的機遇；三是防止台灣軍購對象國的擴大。冷戰後，台灣為了加強與歐洲的政治聯繫，成立專門機構，並派遣高級軍職人員密集訪歐，試圖取得軍購外交的突破。中國必須在態度和實際行動上，讓潛在的對台軍售國知道，對台軍售是要付出代價的。

　　第二，切實加強軍力建設。在政治「急獨」勢力的支配下，台灣軍事力量長期堅持以大陸為假想敵的軍事建設，即便當前藍營執政，島內「獨立」勢力依然在重新聚集力量。在這種條件下，大陸保持對台灣的軍事壓力，並逐漸取得對台灣的絕對軍事優勢，就成為抵禦台獨勢力冒險激進的最終保障。從兩岸全面力量的綜合對比和增長速度看，大陸取得對台灣的政治、經濟和軍事的全面優勢，是一種必然的趨勢。這種軍事壓力，既不是恐嚇普通的台灣人民，也不是以挑起一場讓台灣無法承受的軍備競賽為目的，而是要利用軍事壓力，達到打破台獨分子任何幻想的政治目的。以2000年6月16日陳水扁提出「決戰境外」的構想為例，台獨勢力希望以「拒敵於彼岸」、「不將戰爭帶到本島」為口號，煽動民眾支持台獨。那麼，大陸軍事力量的發展，就要讓所有台灣人民明白，民進黨的說法極為荒謬，也是不現實的一廂情願。

（三）完善對日合作與鬥爭的策略

1.中日依賴關係的深化和政策調整

在全球化浪潮中，中日經濟合作取得了極大的進展。日中合作水平加深，兩國間密切的經濟關係，構成了東北亞區域經濟發展的主要動力。2004年，中日雙邊貿易額已經達到1684億美元，其中，日本向中國出口739.9億美元，比上年增長了28.7%，日本從中國進口944.3億美元，比上年增長了24.9%。[209]雙方貿易額，一直保持了持續增長的態勢。即便是在2008年，美國次貸危機爆發，引發全球經濟增速放緩的情況下，日本作為中國第三大貿易夥伴，中日之間的貿易額並沒有受到太大影響。2008年5—9月的統計數據顯示，兩國雙邊貿易總值達到1174.6億美元，增長10.2%。

日中經濟關係，無論是規模，還是質量，都遠遠超過日台經濟關係。這種密切而深化的經濟關係，必然給中日關係帶來許多新的特徵，對雙方在台灣問題上的博弈造成深刻影響。基歐漢和奈認為，國家間的複合相互依賴，會使世界政治中各問題之間無明確等級之分，內政與外交之間界線模糊；同時，武力會成為一種無效的政策工具，在大多數情況下無助於問題的解決。[210]當前，中日之間的相互依賴，具備了基歐漢和奈所認為的這些特徵。

首先，中日兩國的相互依賴程度，降低了雙方各行其是的空間，使雙方在解決重大分歧的時候，不可避免的要以不損害相互依賴的事實本身為前提。由於雁陣式經濟結構中，中國和日本的經濟模式是典型的互補型，無論是產品結構、層次和勞動力，還是資金和技術等生產要素的分配上，都具有良好的合作現實和巨大的合作前景。日本知名經濟學家預測，「從長遠觀點考察，作為日本貿易夥伴的中國，要較之美國更重要」。[211]相互依賴帶來了政策協調的必要性，在這一條件下，中日在攸關雙邊利益的問題上，發生劇烈衝突的可能性，事實上是日益降低了。台灣，雖然從戰略上和政治上都對日本具有重要意義，但由於事關中國「核心利益」，中國退讓的餘地極小。這就意味著對於相互依賴的「敏感性」而言，由於不可抗拒的因素作用，中國的敏感度遠遠低於日本。從相互依賴帶來的權力關係看，中國是占據優勢的。

第二，從自然稟賦的角度分析，日本作為一個海洋國家，對海路和航線的依賴極大。這個原因，促使日本擔心中國控制對日本至關重要的航線，不願意放棄對台灣事務的介入。但是，海洋國家這一事實本身，同樣意味著日本的經濟依賴度和外向度極高，日本同樣不能承受因為軍事衝突或潛在衝突帶來的長期性的能源、運輸等一系列費用的上揚。因此，即便從日本角度衡量，理性的政策選擇，也不應該是阻止統一（這會帶來絕對意義上的衝突），而只能侷限在對統一方式和統一進程的參與中。

第三，由美國引發的此次全球經濟衰退，已經昭示了全球化放任自流的後果。只有深化合作，才有可能避免危機的加重和重演。日本在此次危機中受難深重。2008年，日本第二季度經濟數據公佈後，經濟衰退的跡象已經十分明顯，GDP環比下降0.7%，9月份實際家庭支出同比下降2.3%，零售下降0.4%。[212]日本經濟財政大臣與謝野馨在第三季度經濟數據公佈後表示，最壞的時刻還未到來。這代表了日本國內對短時期內度過衰退的悲觀態度。在這種條件下，與中國合作，幾乎是無法拒絕的選擇。雖然，經濟衰退終將過去，但目前的困境，也帶來了一個良好的戰略機遇。起碼對中國而言，在當前情況下，日本對台灣經濟的扶植力度無法與大陸相比，在政治上扶植台灣拓展「國際空間」的可能性也日益縮小。對兩岸關係而言，2009年將成為一個難得的、在較少受外界干擾的情況下，自行發展的戰略機遇期。

在經濟衰退條件下，重要的是抵制貿易保護主義的誘惑。這一舉措，不僅是為了維護一個良好的外部經濟環境，在政治上，它還意味著強化與利益攸關國家的關係。保羅‧甘迺迪預測，在國際關係史上，一場跨越國界的大動盪，常常會動搖世界的根基，導致許多舊體系土崩瓦解。「直覺」告訴他，美國將在2009年衰落。[213]不管這種預測是否成立，但全球經濟衰退孕育著巨大變革的可能性是確定的。在這種條件下，中國的整體國策都應順勢而動，做出方方面面相應的調整方案。台灣作為一個重要的課題，當然要考慮在內。對於中日關係，深化相互依賴，就意味著加大了限制日本對台介入的政策力度，擠壓了日本對台關係發展的政策空間，爭取台海局勢向有利於中國大陸的局面發展。經濟相互依賴，有一個很特殊的效應，它可以削弱實力強大，但依賴程度高的國家的行動能力，卻

有利於自給自足能力強的國家。在美國、日本都深度介入台海局勢的背景下,充分利用相互依賴關係,化解權力不平衡的態勢,為中國最終實現統一大業贏得優勢、贏得寶貴的時間是很重要的。

2.歷史問題與領土問題上的堅決鬥爭

儘管中日關係在經濟上取得了巨大進展與成就,但在政治互信上還是遠遠落後於經濟發展。冷戰後,隨著中國和平發展的提速和日本泡沫經濟的破碎,東亞區域首次出現了兩強並立的局面。兩國相對國際地位迅速轉換的事實,快於兩國對這一事實的認知速度,這導致了兩國之間相互認知的落差,以及彼此需要正確認識對方的問題出現。

東北亞區域的典型特徵,就是政治合作的發展過程,遠遠落後於經濟合作的步伐。中日之間的關係,依然是傳統意義上的現代國家之間的關係,而沒有像歐盟大國那樣,發展到後現代的程度。正如溫特指出的,「在涉及一國重大的戰略問題方面,認同比國家利益對政策的影響更大,『你是誰,要比你做什麼更重要』。」[214]後現代國家間關係的基本特徵,是彼此強調之間的「朋友關係」,強調對彼此立場和意圖的信任,優先於對具體政策的解讀。而現代國家間關係,則強調具體問題的利益取向,對對方是否是朋友的問題則較少列入思考範疇。

基於對中日關係依然是現代型國家關係的認識,中日政治關係是圍繞一系列議題建立的。兩國關係的密切或疏離程度,也基於這些議題的解決程度。從整體外交戰略的視角分析,中日關係還沒有進入建立全面互信的夥伴關係時代。既然中日關係是圍繞一系列議題建立的,那麼,台灣問題在中日關係中所占地位和所起的作用,也是由這個議題網絡的整體運行態勢決定的。中日關係中台灣問題的解決,不能全部寄希望於雙方在這一問題上的博弈,而應該放在雙邊關係的整體格局中加以解決。也就是說,很多兩國關係的相關議題,同樣對台灣問題的解決發揮著重要的影響。如何在這些問題上有效牽制日本,是化解日台關係的一個重要方面。

長期以來,對歷史問題的認識是中日摩擦和分歧的焦點。日本學者也承認,「首相參拜靖國神社、中日圍繞日本教科書的摩擦、日本學者對『南京事件』的

論點等,在中國被說成是『日本保守化的表現』,以及『日本回到30年代』。」[215]二戰後,美國出於冷戰考慮,對日本右翼整肅不利的現實,直接導致了日本政界保守意識殘留嚴重的現象。在對華關係上,主張擺脫「歷史贖罪意識」的聲音日益增大,媒體與民意的整體右翼化,使雙方在歷史問題上的分歧,不但沒有隨著時間的流逝而解決,反而成了一個重大的外交課題。由於放棄對台灣的占領也是二戰的後果之一,因此,日本對歷史的態度與對台政策有著密切的關係,這就出現了中國在歷史問題上堅持不妥協的鬥爭態勢。可以說,歷史問題上的外交攻防,構成了中國捍衛台灣主權、維護國家利益的外交屏障。

首先,日本殖民史觀和皇國史觀的荒謬性顯而易見。二戰的是非曲直,已是國際社會公認的事實。日本與中國的歷史糾紛,不是一個雙邊性問題,而是涉及整個戰後國際體系,包括美國國際領導地位的合法性問題。儘管在現有情況下,西方各國出於政治考慮,沒有對日本右翼的翻案風給予足夠重視,但這並不意味他們對這一事實沒有自己的看法。如果日本政治氣候過度保守化和右翼化,遲早會在歷史問題上與很多國家交鋒。2007年7月30日,美國國會眾議院就以口頭表決方式,一致通過了一項譴責日本二戰期間,強徵亞洲其他國家婦女,充當日軍「慰安婦」的決議案。由此可見,日本在歷史問題上挑起的爭議,不但不能達到使其變成正常國家的目的,反而會惡化周邊國家和世界的觀感,對其是否會成為負責任大國感到懷疑。在這一問題上,堅定的抵制日本歪曲歷史的傾向,並有效向世界說明在這一問題上爭議的實質所在,是中國牽制日本對台政策的一個有力武器。

其次,如果把日本對二戰、二戰前殖民史的錯誤認知和挑釁言論公之於眾,那麼,日本在台灣問題上所宣傳的國家利益,也就沒有了足夠的合法性。1943年12月1日,中、美、英三國政府首腦共同簽署並發表了《開羅宣言》,宣布「使日本所竊取於中國之土地,例如滿洲、台灣、澎湖列島等歸還中國」。[216]作為一個前殖民國家,日本對台政策的基調應該是反省和道歉,更何況二戰結束時,將台灣歸還中國的承諾也是明確的。在這種情況下,關於台灣與日本利益攸關的認識,只能借鑑日本殖民時代的說辭,這就使其政治意圖的過時性和反動性昭然若揭。

最後，在歷史問題上的中日較量，實際是雙方對歷史和現實主張合法性的爭奪。在這一問題上，日本論據和論點的無知和荒謬是十分明顯的，中國要讓這種爭論為世人所知，讓整個世界評判這一爭論的實質。這已經是一個重要的國際政治傳播問題了，但很顯然，中國沒有達到應有的效果。因此，這一議題對台灣問題的牽製作用也還不明顯。

　　中日雙邊議題中，另一個與台灣問題密切相關的是領土問題。中日存在領土糾紛，釣魚台問題、東海油氣田開發問題，都曾經引起雙邊關係的劇烈波動。目前，日本實際上控制著釣魚台，但中國在東海油氣田開發上占據優勢，雙邊有關領土問題的爭議，仍將持續很長時間。領土問題與台灣問題在兩個方面發生聯繫：第一，領土問題的核心是主權問題。在現代主權觀念受到極大衝擊的背景下，中國與日本的領土爭議，在法理層面是主權歸屬的爭議。雙方對這一問題的談判，意味著共同認可主權原則。那麼，在台灣問題上，日方也必須承認中國的主權原則，否則，中日間領土問題的協商也就沒有依據了。中國外交應該在中日領土協商的過程中，把雙方對主權原則的共同認可，作為談判繼續進行的一個基本前提，並有意識的將台灣的主權歸屬問題納入談判視野，要求日本不但要承認中國對台灣抽象意義的主權，還要承認在主權原則下中國對台灣具有的切實權利。第二，中日經濟的相互依賴程度，決定了除非雙方決定終止相互依賴，否則，二者的政治競爭關係要被限制在一定的程度。所謂的政經分離、政冷經熱現象，只能維持一定時期和一定限度，長期的政冷經熱，必然導致「政冷，經也冷」的問題出現。正是由於中日雙方都意識到政治衝突要限制在一定範圍和程度，中日不大可能在同一時間內，在幾個方面，都發生嚴重的衝突。中日領土問題是一個剛性的爭議，雙方談判和協調的餘地不大，又無法迴避，因此，領土爭議上的堅定立場，既無法避免，也容易得到普遍的理解。領土問題上的博弈，既然無法迴避，那麼，在政治衝突必須限制在一定程度的前提下，其它問題也就需要雙方具有更為理智和克制的態度。所以，領土問題對日本對台政策的激進主義趨向，實際上會發生某種制衡作用。

　　3.防止日台關係的「國家化」和「法律化」

在中日廣泛的議題網絡中，平衡台灣問題的地位和影響，是處理台灣問題的一個辦法。由於中日在台灣問題上的分歧與爭議很多，儘管兩國可能在一定情形下會淡化台灣問題，但還是會在很多情形下不得不直接面對。在台灣問題上的直接交鋒，主要都集中在日台關係的「國家化」和「法律化」上。日台關係一旦向「國家化」演進，就對中國主權構成了嚴重的挑戰。而日台關係的「法律化」，則屬於一種對雙邊關係嚴肅的長期性的政治規定。這種「法律化」本身，既是「國家化」的一種形式，又容易造成日本對台灣某種穩定的控制形式，也是需要堅決抵制的。在防止日台關係的「國家化」和「法律化」過程中，中國的政策目標要集中於三個方面：第一，防止日台關係「國家化」；第二，阻止日台關係「法律化」，第三，也是最終目標，使中日之間關於台灣問題的態度明朗化。

日台關係的「國家化」傾向一直存在，但在不同的歷史時期，表現形式和發展程度有所不同。在冷戰背景下，1952年4月28日，日本與台灣政府簽訂「中華民國與日本國間和平條約」，在「中華民國與日本國相互關係」問題上，條約提出日台關係發展「願各方遵守聯合國憲章第二條之各項原則（會員國主權平等之原則）」，意思是承認台灣是個「主權國家」，雙方簽訂的條約是「國際條約」。條約換文的第一號照會聲明：「中華民國應適用於現在在中華民國政府控制下或將來在其控制下之領土」，在確認台灣「主權獨立」的同時，又做此聲明，表達了不承認台灣是中國領土一部分的意思。冷戰的特殊歷史背景，開創了日台關係「國家化」的先河。儘管中日建交公報重新確定了「一個中國」的原則，但是「台灣地位未定論」並未明確的從日本官方語言中消失。日台關係依然存在某種「國家間」關係的特徵。近年來，日本鼓勵台灣加入WHO，推動日台簽署自由貿易協定「FTA」的行為，都代表了日本對日台關係「國家化」的某種企圖。中國在這一問題上的堅定立場是不變的，中國不僅要在中日關係中，還要在各種國際組織內，增強自己的影響和干預能力，堵塞日台關係跨入「國家化」或「準國家化」的任何企圖。

日台之間關係的「法律化」，則是一個相對複雜的問題。在全球化與相互依賴的時代，日台經濟與社會交往的密切化，必然會導致經貿、商務、人員往來等一系列需要官方協調與解決的問題。在這種條件下，日台簽訂一系列政治、經濟

與社會問題相關條約和協議，有其必然性的因素。以護照問題為例，日台之間人員流動的頻率很大，但往來人員的護照如何審核，卻涉及到相互關係是否對等等很多複雜微妙的政治問題。鑒於日本承認一個中國政策，台灣「駐日代表處」只能算作民間機構，既無「外交資格」，其工作人員也不享受「外交特權與豁免」，每360天，就須向日本出入境管理局重新申請簽證，並到日本當地行政機關辦理「外國人登錄」。早期的台灣「駐日代表處」，自然也就無權發放審核簽證。客觀的講，台灣公民正常赴外國旅行和公幹，祖國大陸是允許和鼓勵的，但是類似問題的解決，是否摻雜了其他的政治目的？這樣簡單的問題帶出了一個複雜的問題，那就是中國政府必須關注的問題了。在解決護照難題時，日本在台灣遊說下，允許台灣設立「亞東關係協會」（後更名為「台北駐日經濟文化代表處」），其員工和家屬由日本外務省發給居留證。日台人員交流，以該協會的名義，直接在國民護照上蓋章。這一舉措，客觀上便利了日台間正常的人員和商務旅遊行為，但台灣把外交部和「台北駐日經濟文化代表處」相互掛鉤，使該組織的性質發生了變化。執行大量台灣政務的「台北駐日經濟文化代表處」，雖然名義上還是民間機構，實際上已經成為變相的「大使館」和「領事」機構了。在這種情形下，「台北駐日經濟文化代表處」與日本外交機構的關係，就帶有了某種「國家」色彩。而雙方最初為相互溝通，而設置的機構、簽訂的條約，也就自然帶有某些「法律」色彩了。區分事務性的「日台條約」文件和政治性的法律法規是很困難的。中國外交工作的目標，應該包括細緻深入的蒐集相關資料，就其中的政治性因素加以評估，進而對日、對台進行交涉，維護國家的主權完整。這一工作的重要意義在於，單一的條約與規定可能不構成法律，但是大量類似文件的存在，就可能形成相應的政治合力，進而推動日台關係的「國家化」發展。所以，從源頭做起，認真評估日台關係的「法律化」程度是十分重要和必要的。

　　無論防止日台關係「國家化」，還是阻止日台關係「法律化」，從根本上講，都是為了最終實現中日兩國在國家層面的政策清晰化，真正在雙邊關係中，貫徹「一個中國」的原則，維護中日兩國的國家利益。縱觀建交後的中日關係，儘管日本一直沒有突破「一個中國」的底線，但是對「一個中國」原則的理解，中日兩國間的差異是明顯的，這就在很大程度上淡化了「一個中國」原則的真正

作用。

　　1951年9月4日簽訂的《舊金山對日和約》，在沒有中國參與的情況下，宣布「……日本放棄對台灣、澎湖之所有權利、名器及請求權。」這種僅僅聲明日本「放棄」對台灣主權，而沒有明確台灣「主權歸屬」的文字伎倆，使「一個中國」原則與「台灣地位未定論」兩種相互衝突的觀念，同時存在於日本的思維中。儘管1998年11月，中國國家主席江澤民訪日雙方發表的《中日聯合宣言》中，日本承諾「繼續遵守在中日聯合聲明中表明的關於台灣問題的立場，重申中國只有一個」，「將繼續只同台灣維持民間和地區性往來」。但是，日本與台灣的政治關係，依然在民間化的外表下繼續發展，民間化的尺度和界限也沒有明晰。為此，中日之間未來政治關係深化的一個重要目標，就是要對一些原則化的信條，加以解釋和明確，杜絕種種缺乏實際意義或者歧義的表述，這在雙邊關係的法理層面是極為重要的。基歐漢把這種信條稱為「原則化的信念」，並認為，這種觀念構成了國家關係的遊戲規則。對於中日這樣長期密切相互依賴的鄰居和夥伴而言，將遊戲規則明確化、清晰化，是很有必要的。

結論

　　台灣問題作為中國內戰時期的遺留問題，牽涉到複雜的歷史糾葛、現實利益，日本作為一個重要的區域大國，在處理台灣問題時其基本原則既有延續性的一面，又有變革性的一面。對於日本對台「介入」政策的理解，應當是多方面的。其中，包含了現實主義「遏制、圍堵」等勢力均衡的要素；自由主義主張的透過經濟相互依存與經濟融合，增加衝突的成本，避免戰爭的發生，從而維護國家與國家之間、國家與地區之間的穩定；建構主義所強調的透過國際規範的建構、國際組織與國際制度的機制約束，來維護國家與地區之間和平等內容。可以說，日本對台政策的綜合政策，體現了現實主義的「大棒」及自由主義的「胡蘿蔔」相結合的特徵；蘊含著建構主義的「身份認同」功能。本書借用以上三種理論對日本的台灣綜合政策進行了全面的梳理與分析。基於上述三個理論視角可以斷定今後日本對台政策及日台關係將會按著以下規律發展。

　　第一，安全困境的外在影響決定了日本對台「維持現狀」政策的長期選擇。透過梳理安全困境的相關知識，我們可以發現安全困境的解決與一個地區內各行為體間的關係密度緊密關聯。從這個意義上講，日台關係目前並沒有擺脫安全困境的束縛。日台關係是複雜政治條件下的雙邊關係，牽涉國家主權、戰略安全、歷史問題等眾多因素。從博弈論的角度分析，複雜主體、複雜情境和複雜議題下的主體間關係是很難避免安全困境問題的困擾的。日台關係不是國家間關係，而是一個主權國家與另一個主權國家內某個地區的關係，因此所謂日台關係最低限度是隱性的三邊關係。台灣曾經是日本的殖民地，日台關係中既充斥著歷史積怨、殖民地情結，又牽涉現實的民族感情；台灣還是橫遏太平洋、印度洋之間的戰略樞紐，日台關係的發展還與亞太體系政治格局的發展緊密關聯。在這種相互牽制的利益鏈條之中，各國的立場與態度要受制於複雜的博弈環境，國家間的認

知與多樣性的利益訴求相互交結，這極大限制了國家清晰解讀其它國家意圖的能力。就像日台關係與日中關係的平衡問題、日本對台戰略的變化幅度問題，中日以及台灣地區都進行著及其不同的評判。進而，這種意圖不明確問題又帶來了安全行為與實際結果的差距擴大。日本對自己在台海問題上所起作用的評價與中國存在巨大差距，日本基於殖民史觀自認為對台灣負有「特殊責任」，這一觀點使日本把台灣納入日本自身戰略安全的考慮範疇，但這種安全觀卻成了日台關係最大的危機。因為如果承認日本意圖的正當性，對中國而言無異於同時放棄主權原則和再現屈辱歷史記憶。因此每次日台構築安全同盟的努力都成為引發中國強烈反應不可避免的誘因。日台關係的密切化非但不能帶來雙方安全水平的提升，反倒可能會招致台海局面的動盪，進而引發全面的區域安全危機。同理，當中國為維護國家主權領土完整的時候，或者是台灣地區要疏遠與日本關係的時候，日本又基於固有的殖民史觀和國家利益，認為自己利益受到侵犯，進而誘發「厭華情緒」的增長。這種安全行為與安全初衷反方向發展的態勢恰恰符合安全困境的基本特徵。

　　第二，複合相互依賴模式將會繼續強化日本對台灣的特殊觀念。在不公開反對中國對台灣主權的基礎上，日本基於主權原則和歷史傳承承認中國對台灣的主權要求，但基於日本的國家利益，又會積極介入台灣事務之中，堅持台灣是一個特殊區域。基歐漢和奈提出了「複合相互依賴模型」有兩個基本特徵：（1）各個社會之間存在多渠道聯繫，包括國家間關係、跨政府關係和跨國家關係，非國家行為體直接參與世界政治；（2）世界政治中各問題之間無明確等級之分，軍事安全並不始終居於議事日程首位，內政與外交之間界線模糊。[217] 相互依賴產生了一系列複雜的有時相互矛盾的後果，即，日台關係的深入與發展是一個難以阻擋的過程，同時，日台關係的運作有一個整體上的限度。日台經濟文化關係不可能徹底排除相互之間的依賴與影響。人類社會進入後冷戰時代，全球化和區域一體化被作為人類未來發展的前景，具有了某種體系賦予的合法性。在這一前提之下，很多冷戰時期或冷戰前被認為帶有嚴重政治風險的行為都被認可了，日台之間民間性、非政府性交往儘管帶有很強的政治或潛在政治效應，但在現代主權國家邊界日益打破的情況下，哪些是可以的，哪些是不可以的，中國很難對其

具體做法與行為做出界定和判斷。日台關係的活躍性與多元性，可以說是歷史遺留以及現實發展的必然結果。同時，全球化是一個複雜的多邊關係，日台經濟文化聯繫和日中、兩岸的經濟文化關係交織在一起，相互影響，相互滲透，也相互抵消。在政治上，基於冷戰思維殘餘，日台對大陸的發展雖然多有顧忌，但國際關係總體緩和的態勢限制了日台對大陸敵對措施所能施展的空間和力度。因此說，日台關係實際上是一對被層層束縛的很有限度的一種雙邊關係。

第三，「自由民主同盟」理念的「身份認同」將會推動日台之間的政治互動。自由民主國家將一國的國內統治形式視為是對外行為的延伸。認為，只要一個國家不是自由民主政體，這種國家就會具有威脅性，需要自由民主國家組成自由安全共同體來加以制衡，而民主國家之間不可能出現戰爭。即，所謂的「民主和平論」。這種邏輯，其對外關係的認同的表現為：民主國家＝自己同盟；非民主國家＝異己力量。按照這種「認同建構」，國家關係被貼上強烈的意識形態標籤，一些非民主政體的國家常常被妖魔化，被視為「邪惡軸心與無賴國家」。日本與台灣在「自由民主價值觀」的相互標榜，會強化日台之間「朋友」身份的相互認知。政治體制的相近性會進一步推動日台之間的政治互動。今後，日本會更好地利用「軟性介入」手段，來平衡台海局勢。透過利用「民主和平機制」的「和平功能」的介入手段，反對中國武力解決台灣問題，為中國統一台灣的方式制定規範與規則，從而約束中國改變台海現狀，儘可能地拖延中國統一台灣的時間。

應當看到，東亞的國際結構及其秩序的演變取決於權力分配。台灣問題的發展趨勢，最終取決於兩岸及中國與日美「硬權力」的博弈。日本不會輕易放棄「硬性介入」的手段，以繼續尋求在東亞國際體系中的權力優勢。因此，日美同盟「硬性介入」的戰略威脅將會長期存在，並將成為日本行使「軟性介入」的基礎與前提，從而加劇現實主義「均勢政治」的惡性循環。

日台關係的風險等級仍然不能被過分低估。總體看，活躍但克制，將是未來日台關係很長一段時間的主流狀況。雙方關係的這種特點，也是由國際環境未來幾十年發展的基本趨勢所決定的。從政治視角分析，這是多極格局的發展態勢與

東北亞特殊地緣環境決定的。一超多強向多極化發展的總體態勢，意味著在未來的國際體系中，儘管美國將長期維持全球唯一超級大國的地位，但在具體問題上，地區性大國將發揮重大的作用。地區性大國國際地位的提升趨勢，使大量國際議題實施和解決的權利下放，中國、印度、巴西等新興大國的國際作用日益凸顯。具體到東北亞，日本雖然在區域經濟中處於較高地位，但區域政治事務，包括與日本息息相關的許多議題的解決，日本根本無法依靠美國的支持而單邊解決。台灣方面尋求「國際空間」的舉措，也面臨同樣的問題。這意味著日台關係的重要性，實際上是在中國的反應的基礎上獲得的。無論中國的反應激烈或平淡，日台都無法獲得自己希望獲得的「牽制中國」的效應。日台關係無論從雙方哪一方的視角看，都無法換取大於和中國大陸關係的重要性。從經濟視角分析，日台之間雖然往來密切，但是互補性不強，經濟同質性大於相異性。而中國作為區域經濟增長的火車頭，其超大的市場規模必然成為日台資金與技術的「黑洞」。相互依賴是一個發展的多邊過程，因此，只要全球化不發生重大逆轉，日台關係就不會突破因經濟相互依賴而自發設定的界限。

但是，日台關係發展的克制狀態只是一種總體預測，它建立在一系列前提和假定的基礎上。以當前嚴重的全球經濟衰退為例，在人類歷史上，全球化進程曾經兩次因為嚴重的經濟危機或政治敵對狀態而被打破，最終導致了兩次世界大戰的發生。因此，全球化及經濟相互依賴並非中日關係、兩岸關係最終走向解決的絕對保證。當前嚴重的經濟衰退，已經引起了各國貿易保護的苗頭，並埋下了一系列國家爭端的陰影。在這種情況下，與全球化息息相關的各國都面臨嚴重的經濟衰退和社會動盪風險，政治激進主義、狹隘民族主義都可能出現。目前，馬英九當局因為經濟措施不力造成的民意支持低迷，已為激進的民進黨恢復元氣帶來了巨大機遇。而日本麻生內閣在中日關係勢頭良好的情況下，突然派遣軍事力量在釣魚台巡航的舉動，表明日台關係可能出現新的波瀾。除了全球化倒退，可能惡化各國業已達成的協商氛圍外，國際格局的調整是否能繼續以穩定方式進行，也是一個不能明確回答的問題。因此，建立國際環境與日台關係之間的波動曲線，就成為日台關係研究的一個重要課題。

附錄：中日兩國間涉及台灣問題的條約及文件資料

波茨坦公告

1945年7月，美、英、中三國首腦和外長在柏林西南波茨坦舉行會議，26日發表《波茨坦公告》，敦促日本投降。全文如下：

美、英、中三國政府領袖公告：

（一）余等：美國總統、中國國民政府主席及英國首相代表余等億萬國民，業經會商，並同意對日本應予以一機會，以結束此次戰事。

（二）美國、英帝國及中國之龐大陸、海、軍部隊，業已增強多倍，其由西方調來之軍隊及空軍，即將予日本以最後之打擊，彼等之武力受所有聯合國之決心之支持及鼓勵，對日作戰，不至其停止抵抗不止。

（三）德國無效果及無意識抵抗全世界激起之自由人之力量，所得之結果，彰彰在前，可為日本人民之殷鑒。此種力量當其對付抵抗之納粹時不得不將德國人民全體之土地、工業及其生活方式摧殘殆盡。但現在集中對待日本之星則較之更為龐大，不可衡量。吾等之軍力，加以吾人之堅決意志為後盾，若予以全部實施，必將使日本軍隊完全毀滅，無可逃避，而日本之本土亦必終歸全部殘毀。

（四）現時業已到來，日本必須決定一途，其將繼續受其一意孤行計算錯誤，使日本帝國已陷於完全毀滅之境之軍人之統制，抑或走向理智之路。

（五）以下為吾人之條件，吾人決不更改，亦無其他另一方式。猶豫遷延，更為吾人所不容許。

（六）欺騙及錯誤領導日本人民使其妄欲征服世界者之威權及勢力，必須永久剔除。蓋吾人堅持非將負責之窮兵黷武主義驅出世界，則和平安全及正義之新

秩序勢不可能。

（七）直至如此之新秩序成立時，及直至日本製造戰爭之力量業已毀滅，有確定可信之證據時，日本領土經盟國之指定，必須占領，俾吾人在此陳述之基本目的得以完成。

（八）開羅宣言之條件必將實施，而日本之主權必將限於本州、北海道、九州、四國及吾人所決定其他小島之內。

（九）日本軍隊在完全解除武裝以後，將被允許返其家鄉，得有和平及生產生活之機會。

（十）吾人無意奴役日本民族或消滅其國家，但對於戰罪人犯，包括虐待吾人俘虜在內，將處以法律之裁判，日本政府必將阻止日本人民民主趨勢之復興及增強之所有障礙予以消除，言論、宗教及思想自由以及對於基本人權之重視必須成立。

（十一）日本將被允許維持其經濟所必須及可以償付貨物賠款之工業，但可以使其獲得原料，以別於統制原料，日本最後參加國際貿易關係當可准許。

（十二）上述目的達到及依據日本人民自由表示之意志成立一傾向和平及負責之政府後，同盟國占領軍隊當撤退。

（十三）吾人通告日本政府立即宣布所有日本武裝部隊無條件投降，並以此種行動誠意實行予以適當之各項保證，除此一途，日本即將迅速完全毀滅。

中華人民共和國政府和日本國政府聯合聲明（中日聯合聲明）

日本國內閣總理大臣田中角榮應中華人民共和國國務院總理周恩來的邀請，於一九七二年九月二十五日至九月三十日訪問了中華人民共和國。陪同田中角榮總理大臣的有大平正芳外務大臣、二階堂進內閣官房長官以及其他政府官員。

毛澤東主席於九月二十七日會見了田中角榮總理大臣。雙方進行了認真、友好的談話。周恩來總理、姬鵬飛外交部長和田中角榮總理大臣、大平正芳外務大臣，始終在友好氣氛中，以中日兩國邦交正常化問題為中心，就兩國間的各項問

題,以及雙方關心的其他問題,認真、坦率地交換了意見,同意發表兩國政府的下述聯合聲明:

　　中日兩國是一衣帶水的鄰邦,有著悠久的傳統友好的歷史。兩國人民切望結束迄今存在於兩國間的不正常狀態。戰爭狀態的結束,中日邦交的正常化,兩國人民這種願望的實現,將揭開兩國關係史上新的一頁。

　　日本方面痛感日本國過去由於戰爭給中國人民造成的重大損害的責任,表示深刻的反省。日本方面重申站在充分理解中華人民共和國政府提出的「復交三原則」的立場上,謀求實現日中邦交正化這一見解。中國方面對此表示歡迎。

　　中日兩國儘管社會制度不同,應該而且可以建立和平友好關係。兩國邦交正常化,發展兩國的睦鄰友好關係,是符合兩國人民利益的,也是對緩和亞洲緊張局勢和維護世界和平的貢獻。

　　(一)自本聲明公佈之日起,中華人民共和國和日本國之間迄今為止的不正常狀態宣告結束。

　　(二)日本國政府承認中華人民共和國政府是中國的唯一合法政府。

　　(三)中華人民共和國政府重申:台灣是中華人民共和國領土不可分割的一部分。日本國政府充分理解和尊重中國政府的這一立場,並堅持遵循波茨坦公告第八條的立場。

　　(四)中華人民共和國政府和日本國政府決定自一九七二年九月二十九日起建立外交關係。兩國政府決定,按照國際法和國際慣例,在各自的首都為對方大使館的建立和履行職務採取一切必要的措施,並盡快互換大使。

　　(五)中華人民共和國政府宣布:為了中日兩國人民的友好,放棄對日本國的戰爭賠償要求。

　　(六)中華人民共和國政府和日本國政府同意在互相尊重主權和領土完整、互不侵犯、互不干涉內政、平等互利、和平共處各項原則的基礎上,建立兩國間持久的和平友好關係。根據上述原則和聯合國憲章的原則,兩國政府確認,在相互關係中,用和平手段解決一切爭端,而不訴諸武力和武力威脅。

（七）中日邦交正常化，不是針對第三國的。兩國任何一方都不應在亞洲和太平洋地區謀求霸權，每一方都反對任何其他國家或集團建立這種霸權的努力。

（八）中華人民共和國政府和日本國政府為了鞏固和發展兩國間的和平友好關係，同意進行以締結和平友好條約為目的的談判。

（九）中華人民共和國政府和日本國政府為進一步發展兩國間的關係和擴大人員往來，根據需要並考慮到已有的民間協定，同意進行以締結貿易、航海、航空、漁業等協定為目的的談判。

中華人民共和國和日本國和平友好條約（中日和平友好條約）

中華人民共和國和日本國滿意地回顧了自一九七二年九月二十九日中華人民共和國政府和日本國政府在北京發表聯合聲明以來，兩國政府和兩國人民之間的友好關係在新的基礎上獲得很大的發展；確認上述聯合聲明是兩國間和平友好關係的基礎，聯合聲明所表明的各項原則應予嚴格遵守；確認聯合國憲章的原則應予充分尊重；希望對亞洲和世界的和平與安定作出貢獻；為了鞏固和發展兩國間的和平友好關係；決定締結和平友好條約，為此各自委派全權代表如下：

中華人民共和國委派外交部長黃華；日本國委派外務大臣園田直。

雙方全權代表互相校閱全權證書，認為妥善後，達成協議如下：

第一條

一、締約雙方應在互相尊重主權和領土完整、互不侵犯、互不干涉內政、平等互利、和平共處各項原則的基礎上，發展兩國間持久的和平友好關係。

二、根據上述各項原則和聯合國憲章的原則，締約雙方確認，在相互關係中，用和平手段解決一切爭端，而不訴諸武力和武力威脅。

第二條　締約雙方表明：任何一方都不應在亞洲和太平洋地區或其他任何地區謀求霸權，並反對任何其他國家或國家集團建立這種霸權的努力。

第三條　締約雙方將本著睦鄰友好的精神，按照平等互利和互不干涉內政的原則，為進一步發展兩國之間的經濟關係和文化關係，促進兩國人民的往來而努力。

第四條　本條約不影響締約各方同第三國關係的立場。

第五條

一、本條約須經批准，自在東京交換批准書之日起生效。本條約有效期為十年。十年以後，在根據本條第二款的規定宣布終止以前，將繼續有效。

二、締約任何一方在最初十年期滿時或在其後的任何時候，可以在一年以前，以書面預先通知締約另一方，終止本條約。雙方全權代表在本條約上簽字蓋章，以昭信守。本條約於一九七八年八月十二日在北京簽訂，共兩份，每份都用中文和日文寫成，兩種文本具有同等效力。

（來源：新華網）

中日關於建立致力於和平與發展的友好合作夥伴關係的聯合宣言（中日聯合宣言）

應日本國政府邀請，中華人民共和國主席江澤民於1998年11月25日至30日對日本進行國事訪問。這是中國國家主席首次訪問日本，具有重要歷史意義。江澤民主席會見了日本天皇明仁，並同小淵惠三內閣總理大臣就國際形勢、地區問題和中日關係深入交換了意見，達成廣泛共識。訪問取得了圓滿成功，雙方發表聯合宣言如下：

一、雙方認為，冷戰結束後，世界朝著建立國際新秩序正經歷著重大變化。經濟進一步全球化，相互依存關係加深。安全對話與合作不斷取得進展。和平與發展仍是人類社會面臨的首要課題。建立公正與合理的國際政治經濟新秩序，謀求21世紀有一個更加鞏固的國際和平環境，已成為國際社會的共同願望。

雙方確認，互相尊重主權和領土完整、互不侵犯、互不干涉內政、平等互利、和平共處以及《聯合國憲章》的準則是處理國與國之間關係的基本準則。

雙方積極評價聯合國在維護世界和平及促進世界經濟和社會發展方面所作的努力，認為它應為建立和維護國際新秩序發揮重要作用。雙方贊成對聯合國包括安理會進行改革，以使聯合國工作及其決策過程更好地體現全體成員國的共同願望和集體意志。

雙方主張，徹底銷毀核武器，反對任何形式的核武器擴散。呼籲有關國家停止一切核試驗和核軍備競賽，以利於亞洲地區和世界的和平與穩定。

雙方認為，中日兩國作為亞洲和世界有影響的國家，在維護和平，促進發展方面負有重要責任。雙方將在國際政治、經濟及全球性問題等領域加強協調與合作，為世界和平與發展及人類的進步事業作出積極貢獻。

二、雙方認為，冷戰後，亞洲地區形勢繼續走向穩定，域內合作不斷深入。確信亞洲地區在世界政治、經濟和安全事務中的影響進一步增強，在未來世紀將起重要作用。

雙方重申，維護地區和平、促進地區發展是兩國堅定不移的基本方針，雙方不在本地區謀求霸權，不行使武力或以武力相威脅，主張以和平手段解決一切糾紛。

雙方對目前東亞金融危機及其給亞洲造成的困難表示極大關注。同時認識到本地區經濟基礎穩固，確信透過總結經驗，進行合理調整與改革，加強域內及國際協調與合作，亞洲經濟一定能夠克服困難，繼續向前發展。雙方一致認為，應以積極姿態，迎接面臨的各種挑戰，為促進本地區經濟的發展作出各自應有的努力。

雙方認為，亞太地區主要國家之間的穩定關係對本地區的和平與穩定十分重要，雙方將積極參與東盟地區論壇等地區內各種多邊活動並開展協調與合作，支持一切有利於增進瞭解，加強信任的措施。

三、雙方滿意地回顧了中日邦交正常化以來兩國關係在政治、經濟、文化、人員往來等各個領域取得的長足發展。一致認為，在當前形勢下，兩國合作的重要性進一步增加，不斷鞏固和發展中日友好合作符合兩國人民的根本利益，也將對亞太地區和世界的和平與發展做出積極貢獻。雙方確認中日關係對兩國均為最重要的雙邊關係之一，並深刻認識到兩國在和平與發展方面的作用與責任，宣布面向21世紀，建立致力於和平與發展的友好合作夥伴關係。

雙方重申恪守一九七二年九月二十九日發表的《中華人民共和國政府和日本

國政府聯合聲明》和一九七八年八月十二日簽署的《中華人民共和國和日本國和平友好條約》所闡述的各項原則，確認上述文件今後仍將是兩國關係最為重要的基礎。

雙方一致認為，中日兩國有著兩千多年的友好交往歷史和共同的文化背景，弘揚友好傳統，進一步發展互利合作是兩國人民的共同願望。

雙方認為，正視過去以及正確認識歷史，是發展中日關係的重要基礎。日方表示，遵守1972年的中日聯合聲明和1995年8月15日內閣總理大臣的談話，痛感由於過去對中國的侵略給中國人民帶來巨大災難和損害的責任，對此表示深刻反省。中方希望日本汲取歷史教訓，堅持和平發展道路。在此基礎上，兩國發展長久友好關係。

雙方一致認為，加強兩國之間的人員往來，對增進相互理解，加強相互信任十分重要。

雙方確認，兩國領導人每年交替互訪；在北京和東京建立中日政府間熱線電話；加強兩國各個層次和級別特別是肩負兩國未來發展重任的青少年之間的交流。

雙方認為，在平等互利基礎上，建立長期穩定的經貿合作關係，進一步拓展在高新科技、訊息、環保、農業、基礎設施等領域的合作。日方表示，穩定、開放、發展的中國對亞太地區及世界的和平與發展具有重要意義，將繼續向中國的經濟建設提供合作與支持。中方對日方迄今向中國提供的經濟合作表示感謝。日方重申繼續支持中國為早日加入世界貿易組織所作的努力。

雙方積極評價兩國安全對話為增進相互瞭解發揮的有益作用，一致認為應進一步加強這一對話機制。

日方繼續遵守日本在中日聯合聲明中表明的關於台灣問題的立場，重申中國只有一個。日本將繼續只同台灣維持民間和地區性往來。

雙方一致同意根據中日聯合聲明及中日和平友好條約的各項原則，本著求同存異的精神，最大限度地擴大共同利益，縮小分歧，透過友好協商，妥善處理兩

國間現存的和今後可能出現的問題、分歧和爭議,避免因此干擾和阻礙兩國友好關係的發展。

雙方認為,中日建立致力於和平與發展的友好合作夥伴關係,將使兩國關係進入新的發展階段。這不僅需要兩國政府,而且需要兩國人民的廣泛參與和不懈努力。雙方堅信,兩國人民攜起手來,共同貫徹和發揚本宣言的精神,不僅有助於兩國人民實現世代友好,而且將對亞太地區和世界和平與發展作出重要貢獻。

(來源:新華網)

中日關於全面推進戰略互惠關係的聯合聲明

應日本國政府邀請,中華人民共和國主席胡錦濤於2008年5月6日至10日對日本國進行國事訪問。訪問期間,胡錦濤主席會見了明仁天皇,並同福田康夫內閣總理大臣舉行會談,就全面推進戰略互惠關係達成廣泛共識。雙方發表聯合聲明如下:

一、雙方一致認為,中日關係對兩國都是最重要的雙邊關係之一。兩國對亞太地區和世界的和平、穩定與發展有著重要影響,肩負著莊嚴責任。長期和平友好合作是雙方唯一選擇。雙方決心全面推進中日戰略互惠關係,實現中日兩國和平共處、世代友好、互利合作、共同發展的崇高目標。

二、雙方重申,1972年9月29日發表的《中日聯合聲明》、1978年8月12日簽署的《中日和平友好條約》及1998年11月26日發表的《中日聯合宣言》構成中日關係穩定發展和開創未來的政治基礎,確認繼續恪守三個文件的各項原則。雙方確認,繼續堅持和全面落實2006年10月8日及2007年4月11日發表的《中日聯合新聞公報》的各項共識。

三、雙方決心正視歷史、面向未來,不斷開創中日戰略互惠關係新局面。雙方將不斷增進相互理解和相互信任,擴大互利合作,使中日關係的發展方向與世界發展潮流相一致,共同開創亞太地區和世界的美好未來。

四、雙方確認,兩國互為合作夥伴,互不構成威脅。雙方重申,相互支持對方的和平發展。雙方確信,堅持和平發展的中國和日本將給亞洲和世界帶來巨大

機遇和利益。

中國自改革開放以來取得的發展給包括日本在內的國際社會帶來了巨大機遇，日方對此表示積極評價。中國願為構建持久和平、共同繁榮的世界作出貢獻，日方對此表示支持。

日本在戰後60多年來，堅持走作為和平國家的道路，透過和平手段為世界和平與穩定作出貢獻，中方對此表示積極評價。雙方同意就聯合國改革問題加強對話與溝通，努力增加共識。中方表示重視日本在聯合國的地位和作用，願意看到日本在國際事務中發揮更大的建設性作用。

雙方堅持透過協商和談判解決兩國間的問題。

五、日方重申，繼續堅持在《日中聯合聲明》中就台灣問題表明的立場。

六、雙方決定在以下五大領域構築對話與合作框架，開展合作。

（一）增進政治互信

雙方確認，增進政治安全互信對構築中日戰略互惠關係具有重要意義。雙方決定：

——建立兩國領導人定期互訪機制，原則上隔年互訪，在多邊場合頻繁舉行會晤。加強政府、議會、政黨間的交流和戰略對話機制，就雙邊關係和各自內外政策及國際形勢加強溝通，努力提高政策透明度。

——加強安全保障領域的高層互訪，促進多層次對話與交流，進一步加深相互理解和信任。

——為進一步理解和追求國際社會公認的基本和普遍價值進行緊密合作，不斷加深對在長期交流中共同培育、共同擁有的文化的理解。

（二）促進人文交流，增進國民友好感情

雙方確認，不斷增進兩國人民特別是青少年之間的相互瞭解和友好感情，有利於鞏固中日世代友好與合作的基礎。為此，雙方決定：

——廣泛開展兩國媒體、友城、體育、民間團體之間的交流，開展豐富多彩

的文化交流及知識界交流。

——持之以恆地開展青少年交流。

（三）加強互利合作

雙方確認，中日兩國作為對世界經濟有重要影響的國家，將為世界經濟的可持續增長作出貢獻，決定重點開展以下合作：

——在能源和環境領域開展合作是我們對子孫後代和國際社會的義務，基於這一認識，要特別加強在這一領域的合作。

——在貿易、投資、訊息通訊技術、金融、食品及產品安全、知識產權保護、商務環境、農林水產業、交通運輸及旅遊、水、醫療等廣泛領域開展互利合作，擴大共同利益。

——從戰略高度有效運用中日經濟高層對話。

——共同努力，使東海成為和平、合作、友好之海。

（四）共同致力於亞太地區的發展

雙方確認，中日兩國作為亞太地區重要國家，將就本地區事務保持密切溝通，加強協調與合作。雙方決定重點開展以下合作：

——共同致力於維護東北亞地區和平與穩定。共同推動六方會談進程。雙方一致認為，日朝關係正常化對東北亞地區的和平與穩定具有重要意義。中方對日朝解決有關問題，實現關係正常化表示歡迎和支持。

——本著開放、透明和包容的原則，促進東亞區域合作，共同推動建設和平、繁榮、穩定和開放的亞洲。

（五）共同應對全球性課題

雙方確認，中日兩國在21世紀對世界的和平與發展肩負更大責任，願就重大國際問題加強協調，共同推動建設持久和平、共同繁榮的世界。雙方決定開展以下合作：

——雙方將在《聯合國氣候變化框架公約》框架下，根據「共同但有區別的責任及各自能力」的原則，按照峇里島路線圖積極參與構建2012年之後有實效的應對氣候變化國際框架。

　　——雙方確認能源安全、環境保護、貧困、傳染病等全球性問題是雙方面臨的共同挑戰，雙方將從戰略高度開展有效合作，共同為推動解決上述問題作出應有貢獻。

參考文獻

一、中文著作

[1]毛澤東選集，第一卷[M].北京：人民出版社，1991.

[2]江澤民文選，第二卷[M].北京：人民出版社，2003.

[3]金應忠，倪世雄.國際關係理論比較研究[M].北京：中國社會科學出版社，1992.

[4]盧曉衡.中國對外關係中的台灣問題[C].北京：經濟管理出版社，2002.

[5]劉建飛.美國與反共主義：論美國對於社會主義國家的意識形態外交[M].北京：中國社會科學出版社，2001.

[6]劉建飛，林小光.21世紀初期的中美日戰略關係[M].北京：中央黨校出版社，2002.

[7]張耀武.中日關係中的台灣問題[M].北京：新華出版社，2004.

[8]楊潔勉主編.世界格局中的台灣問題：變化與挑戰[M].北京：上海人民出版社，2002.

[9]蘇格.跨世紀國際關係格局與中國對策[M].北京：中央黨校出版社，2002.

[10]蘇格.美國對華政策與台灣問題[M].北京：世界知識出版社，1998.

[11]朱聽昌.中國周邊安全環境與安全戰略[M].北京：時事出版社，2003.

[12]張雅麗.戰後日本對外政策研究[M].浙江：浙江人民出版社，2002.

[13]姜殿銘.台灣研究論文集（二）[M].北京：華藝出版社，1993.

[14]劉國奮，袁偉，常要京編.2001年台灣問題大事記[M].北京：中國社科院台研所，2001.

[15]關捷，譚汝謙，李家巍.中日關係全書[M].遼寧：遼海出版社，1999.

[16]田曾佩主編.改革開放以來的中國外交[M].北京：世界知識出版社，1993.

[17]謝益顯主編.中國當代外交史（1949—1995）[M].北京：中國青年出版社，1997.

[18]中共中央台灣工作辦公室，國務院台灣事務辦公室.中國台灣問題[M].北京：九洲圖書出版社，1998.

[19]中共中央黨校，中共中央台灣工作辦公室編著.台灣問題讀本（試用本）[M].北京：中共中央黨校出版社，2001.

[20]王逸舟主編.全球化時代的國際安全[M].上海：上海人民出版社，1999.

[21]唐正瑞.中美棋局中的「台灣問題」（1969.1—1999.12）[M].上海：上海人民出版社，2000.

[22]李非.台灣經濟發展通論[M].北京：九州出版社，2004.

[23]王家福，徐萍著.國際戰略學[M].北京：高等教育出版社，2005.

[24]劉清才主編.21世紀初東北亞地緣政治——區域政治與國家關係[M].吉林：吉林大學出版社，2004.

[25]陳峰君主編.亞太安全析論[M].北京：中國國際廣播出版社，2004.

[26]馮瑞雲，高秀清，王升.中日關係史[M].北京：社會科學出版社，2006.

[27]肖偉.戰後日本國家安全戰略[M].北京：新華出版社，2000.

[28]李建民.冷戰後中日關係史[M].北京：中國經濟出版社，1997.

[29]徐之先.中日關係三十年（1972-2002）[M].北京：時事出版社，2002.

[30]金熙德.21世紀的中日關係[M].重慶：重慶出版社，2007.

[31]閻學通.國際政治與中國[M].北京：北京大學出版社，2005.

[32]閻學通.美國霸權與中國安全[M].天津：天津人民出版社，2000.

[33]王輯思.文明與國際衝突[M].上海：上海人民出版社，2004.

[34]朱陽明.亞太安全戰略論[M].北京：軍事科學出版社，2000.

[35]任曉.中美日三邊關係[M].浙江：浙江人民出版社，2002.

[36]張蘊嶺.轉變中的中美日關係[M].北京：中國社會科學出版社，1997.

[37]李建民.冷戰後日本的「普通國家化」與中日關係的發展[M].北京：中國社會科學出版社，2005.

[38]張蘊嶺.21世紀：世界格局與大國關係[M].北京：社會科學文獻出版社M2001.

[39]李義虎.政治賭博中的台灣[M].重慶：中國友誼出版公司，1999.

[40]高民政.台灣政治縱覽[M].北京：華文出版社，2001.

[41]李登輝.台灣的主張[M].台灣：遠流出版社，1999.

[42]陳峰君.冷戰後亞太國際關係[M].北京：新華出版社，1999.

[43]倪世雄.當代西方國際關係理論[M].上海：復旦大學出版社，2001.

[44]張小明.冷戰及其遺產[M].上海：上海人民出版社，1998.

[45]吳廷璆.日本史[M].天津：南開大學出版社，1994.

[46]包霞琴等主編.變革中的日本政治與外交[M].北京：時事出版社，2004.

[47]吳廣義.日本的歷史認識問題[M].廣東人民出版社，2005.

[48]中國現代國際關係研究所編.世界主要國家和地區反恐怖政策與措施[M].北京：時事出版社，2002.

[49]王少普，吳寄南.戰後日本防衛研究[M].上海：上海人民出版社，2003.

[50]楊孝臣.日本政治現代化[M].吉林：東北師範大學出版社，1998.

[51]劉繼賢,徐錫康.海洋戰略環境與對策研究[M].北京:解放軍出版社,1996.

[52]阮次山.透視日本[M].北京:九州出版社,2005.

[53]許介鱗.李登輝與台灣政治[M].北京:社會科學出版社,2002.

[54]劉江永.傍徨中的日本[M].天津:天津人民出版社,2000.

[55]傅夢孜.亞太戰略場——世界主要力量的發展與角逐[M].北京:時事出版社,2002.

[56]馮特君.當代世界政治經濟與國際關係[M].北京:中國人民大學出版社,2005.

[57]肖剛.冷戰後日本的聯合國外交[M].北京:世界知識出版社,2002.

[58]李智.文化外交——一種傳播學的解讀[M].北京:北京大學出版社,2005.

[59]張廣宇.冷戰後日本的新保守主義與政治右傾化[M].北京:北京大學出版社,2005.

二、中文譯著

[1]羅伯特·基歐漢,約瑟夫·奈.權力與相互依賴——轉變中的世界政治[M].北京:中國人民公安大學出版社,1992.

[2]馬漢.海權論[M].北京:中國言實出版社,1997:118.

[3]N. J.斯皮克曼.和平地理學[M].北京:商務印書館,1965.

[4][美]約翰·米爾斯海默.大國政治的悲劇[M].上海:上海人民出版社,2003.

[5][美]漢斯·摩根索.國家間政治[M].北京:中國人民公安大學出版社,1990.

[6]亞歷山大·溫特.國際政治的社會理論[M]秦亞青譯.上海:上海人民出版社,2000.

[7][美]詹姆斯‧多爾蒂,小羅伯特‧普法爾茨格拉夫.爭論中的國際關係理論[M]閻學通,陳寒溪等譯.北京:世界知識出版社,2002.

[8][美]吉姆‧赫爾姆斯,詹姆斯‧普里斯特主編.外交與威懾:美國對華戰略[M].北京:新華出版社,1998.

[9][美]布熱津斯基.大棋局[M]中國國際問題研究所譯.上海:上海人民出版社,1998.

[10][美]肯尼思‧沃爾.國際政治理論[M]王紅纓譯.北京:中國人民公安大學出版社,1992.

[11][美]亨利‧基辛格.大外交[M]顧淑馨,林添貴譯.海南:海南出版社,1998.

[12][美]米爾頓‧埃拉蒂.日本變局將如何改變世界均勢[M]沈建譯.北京:新華出版社,2003.

[13][日]和泉太郎.日美台三國同盟[M]李毓昭譯.台中:晨星出版社,1999.

[14][美]詹姆斯‧利雷,楚克‧唐斯主編.台海危機:過去、現在、未來[M]華宏勛譯.北京:新華出版社,2000.

[15][美]邁克爾‧格林,帕特里克‧克羅寧主編.美日聯盟:過去、現在與將來[M]華宏勛等譯.北京:新華出版社,2000.

[16][美]裡查德‧伯恩斯坦,羅斯‧芒羅.即將到來的美中衝突[M],北京:新華出版社,1997.

[17][美]哈里哈丁.美國和中國1972年以來的脆弱關係[M]柯雄等譯.北京:新華出版社,1993.

[18][美]馬庫斯拉斯金.民主與文化的反思[M].北京:新華出版社,2000.

[19][美]邁克爾‧亨廷頓.意識形態與美國外交政策[M]楮律元譯.北京:世界知識出版社,1999.

[20][美]理查德‧哈斯.規制主義冷戰後的美國全球新戰略[M]陳遙遙,榮凌

譯.北京：新華出版社，1999.

[21][美]　比格涅夫·布熱津斯基.大失控與大混亂[M]潘嘉玢，劉瑞祥譯.北京：中國社會科學出版社，1995.

[22]理查德·哈斯.新干涉主義[M]殷雄，徐靜譯.北京：新華出版社，2000.

[23][美]安德魯·內森，羅伯特·羅斯.長城與空城計[M].北京：新華出版社，1997.

[24][美]艾什頓·卡特，威廉姆·佩裡.預防性防禦一項美國新安全戰略[M]胡利平，楊韻琴譯.上海：上海人民出版社，2000.

[25][美]沃倫·克里斯托弗.美國新外交經濟防務[M]蘇廣輝，張林宏，符曉等譯.新華出版社，1999.

[26][美]彼得·J·卡贊斯坦.文化規範與國家安全——戰後日本警察與自衛隊[M].北京：新華出版社，2002.

[27][英]賴因哈德·德里弗特.願望與現實——日本爭當聯合國安理會常任理事國的歷程[M].北京：東方出版社，2002.

[28]巴裡·布贊，理杳德·利特爾.世界歷史中的國際體系——國際關係研究的再構建[M]劉德斌等譯.北京：高等教育出版社，2004.

[29][美]小約瑟夫·奈.理解國際衝突：理論與歷史[M]張小明譯.上海：上海人民出版社，2002.

[30]羅伯特·羅斯.風雲變幻的美中關係（1969—1989）[M]從鳳輝等譯.北京：中央編譯出版社，1997.

[31][德]杜浩.冷戰後的中日安全關係[M]陳來勝譯.北京：世界知識出版社，2004.

[32][日]星野昭吉.變動中的世界政治[M].北京：新華出版社，2000.

[33][日]中曾根康弘.新的保守理論[M]金蘇城，張和平譯.北京：世界知識出版社，1984.

[34][日]信夫清三郎.日本政治史（第二卷）[M].上海：上海譯文出版社，1988.

[35][日]本澤二郎.日本政界的「台灣幫」[M]吳寄南譯.上海：上海譯文出版社，2000.

[36][日]中曾根康弘.日本二十一世紀的國家戰略[M]聯慧譯.海南：海南出版社，2004.

[37][日]本澤二郎.中國大警告[M]袁蘊華等譯.北京：中國社會科學出版社，1997.

[38][日]水野明.日本侵略中國思想之檢證[M].北京：人民出版社，1999.

[39][日]鷺見一夫.ODA援助的現實（中譯本）[M].岩波新書，1989.

[40][日]小派裕久.ODA的經濟學（中譯本）[M].日本評論社，1992.

[41][日]三則逸平，平田章.日本、美國、歐洲的開發協力政策（中譯本）[M].亞洲經濟研究所出版，1992.

[42][日]五百旗頭真.新版：戰後日本外交史（1945—2005）[M]吳萬虹譯.北京：世界知識出版社，2007.

[43]日本讀賣新聞戰爭責任檢證委員會.檢證戰爭責任：從九一八事變到太平洋戰爭[M]鄭鈞等譯.北京：新華出版社，2007.

[44][日]若木規泰雄.日本的戰爭責任[M]趙自瑞等譯，北京：社會科學文獻出版社，1999.

[45][日]本澤二郎.小泉純一郎面面觀[M]張碧清等譯.北京：學苑出版社，2002.

[46][日]本澤二郎.天皇的官僚日本右派真相[M]雷慧英等譯.北京：中國社會科學出版社，1999.

[47][日]平松茂雄.中國的軍事力[M].文藝春秋出版社，1999.

三、中文文章

[1]李義虎.國際格局的定義前提及其基本特徵[J].河南社會科學，2005，13（2）.

[2]蔣立峰.日本必須信守關於台灣問題的承諾[J].日本學刊，2002（4）.

[3]金熙德.日本對台政策的定位和演變[J].亞非縱橫，2006（5）.

[4]李秀石.論中日復交前日本的「個中國」政策[J].日本學刊，2006（1）.

[5]劉江永.未來的國際格局與國際秩序[J].現代國際關係，2005（10）.

[6]黃大慧.影響中日關係發展的深層原因解析犯[J].中國外交，中國人民大學書報資料中心，2006（1）.

[7]胡繼平.美日「共同戰略目標」與日本涉台立場變化[J].現代國際關係，2005（3）.

[8]劉昌明.美國的不完全霸權與東亞地區秩序的轉型[J].世界經濟與政治論壇2008（2）.

[9]範躍江.試析影響日本對華政策的「台灣情結」[J].日本學刊1999（2）.

[10]張伯玉.試析日本對華強硬政策[J].日本學刊，2005（21）.

[11]葛易.淺析「中國威脅論」[J].當代亞太，1994（5）.

[12]吳萬紅.日台關係新走向[J].日本學刊，2005（2）.

[13]楊運忠.日台關係進入了重視政治交往的新階段[J].日本學刊，1996（3）.

[14]雷慧英，熊俊莉.冷戰結束後日台經濟關係發展及原因分析[J].台灣研究，2005（6）.

[15]揚運忠.日台關係的新發展[J].當代亞太，2004（1）.

[16]董青嶺.冷戰後日本對台政策的調整[J].國際資料訊息，2004（12）.

[17]修春萍.中日關係中的台灣問題[J].台灣問題研究，2005（6）.

[18]閻學通.台灣問題對中國戰略安全的威脅[J].台聲，2004（7）.

[19]孔慶茵.世界格局的三種模式分析：單極、兩極與多極[J].重慶師範大學學報（哲學社會科學版），2006（3）.

[20]汪曉風.從相互依賴到全球化——國際合作理論的發展[J].國際論壇，2002，4（2）.

[21]倪峰.論東亞地區的政治、安全結構[J].美國研究，2001（3）.

[22]劉鳴.大國互動關係中的合作條件與問題[J].上海社會科學院學術季刊，2000（1）.

[22]牛海彬.東亞地區主義的建構主義解讀[J].現代國際關係，2005（12）.

[23]趙葆珉.美日同盟的裂痕[J].國際觀察，2005（6）.

[24]何士華，劉國華.日本對中亞的勢力滲透與中國的戰略選擇[J].俄羅斯中亞東歐研究，2006（6）.

[25]張伯玉.試析日本對華強硬政策[J].日本學刊，2005（2）.

[26]劉紅.兩岸關係的機遇和挑戰[J].北京聯合大學學報（人文社會科學版），2008，6（4）.

[27]楊文靜.後現代秩序的邏輯——《國家的分裂：21世紀的秩序與混亂》介評[J].現代國際關係，2005（4）.

[28]林曉光.日本國家安全戰略與防衛政策的調整——關於「有事法制」的思考.世界經濟與政治論壇[J]，2003，6.

[29]劉建飛.警惕日本軍國主義復活.瞭望新瞭週刊[J]，2005，4（9）.

[30]劉杰.日本因素對兩岸關係的制約和影響[J].日本研究，2001（1）.

[31]孫雲，董雲.冷戰後的中日關係與台灣問題[J].台灣研究集刊，2001（1）.

[32]王偉男,周建明.地緣政治中的中美關係與台灣問題[J].台灣研究集刊,2005（4）.

[33]向冬梅.中美日三邊關係中的台灣問題[J].思想理論教育導刊,2005（6）.

[34]向冬梅.試析近年來台灣問題中美國因素的微妙變化[J].北方論叢,2007（3）.

[35]吳心伯.台灣問題：中美互動新態勢[J].國際問題研究,2006,（5）.

[36]甘劍斌.日本政治大國戰略目標論析[J].山西青年管理幹部學院學報,2001（1）.

[37]彭光謙.台灣問題關係中華民族的最高利益[J].瞭望新聞週刊2005（11）.

[38]王春永,呂雪.台灣問題的地緣戰略分析[J].解放軍外國語學院學報,2000,5.

[39]趙大為.日本的政治大國戰略動向及前景展望[J].國際問題研究,2000（3）.

[40]徐世剛,肖小月.論日本政治大國戰略[J].東北亞論壇,2000（1）.

[41]林曉光.日本熱炒島嶼之爭[J].世界知識,2005（14）.

[42]孫伶伶.修憲預示日本未來政治走向——解析日本眾參兩院憲法調查會修憲報告書[M].日本學刊,2005（3）.

[43]李春玲.國際核不擴散機制與日本的「核武裝」問題[J].世界經濟與政治論壇,2005（4）.

[44]張森林.日本加緊謀求安理會常任理事國的動因[J].日本學論壇,2005（1）.

[45]李淑雲.信任機制與東北亞區域安全的保障[J].世界經濟與政治論壇,2007（5）.

[46]李淑雲.東北亞地緣政治與中國的國家安全[J].世界經濟與政治論壇，2005（3）.

[47]章節根.日本核不擴散政策的悖論[J].國際論壇，2005（4）.

[48]晉林波.新世紀日本外交戰略的發展趨向[J].國際問題研究，2004（4）.

[49]蔡拓.中國大戰略诌議[J].國際觀察，2006（2）.

[50]蔡拓，潘文飛.中國與冷戰後國際體系[J].現代國際關係，2007（7）.

[51]劉長敏.中美戰略對話機制的發展及其解析[J].現代國際關係，2008（7）.

[52]劉長敏.試析當今日本政治的右傾化[J].世界經濟與政治論壇，1999（6）.

四、日文著作

[1]新騰宗幸，山口二郎.現代日本的政治與政策[M].東京：日本財團法人放送大學教育振興會，1995.

[2]平松茂雄.中國的軍事力[M].東京：日本文藝春秋出版社，1999.

[3]伊藤憲一.21世紀日本の大戰略[M]，フォレスト出版社，2000.

[4]伊藤憲一.海洋國家日本の構想[M].フォレスト出版社，2001.

[5]内田勝久.日台　係大丈夫か[M].產経新聞出版，2006.

[6]田村重信.日華　係と日中國交正常化[M].南窓社，2000.

[7]田村重信.日美安保協力と有事[M].南窓社，1997.

[8]ReinhardDrifte.冷戰後の日中安全保障[M].ミネルウァ書房，2003.

[9]江畑謙介.日本の安全保障[M].講談社，1997.

[10]荒井利明.東アジアの日米中[M].日中出版，2007.

[11]近藤伸二.台灣新世代[M].凱風社，2003.

[12]緒方貞子.戰後日中、美中關係[M].東京：東京大學出版社，1992.

[13]黑川雄三.近代日本の軍事戰略概史[M].芙蓉書房，2003.

[14]江謙介.日本的軍事體制——自衛隊裝備的問題點[M].講談社，2001.

[15]田中明彥.日中 係1945—1990[M].東京大學出版會，1991.

[16]田中明彥.アジアのなかの日本[M].NTT出版，2007.

[17]溝口雄三.中國の衝擊[M].東京大學出版會，2004.

[18]家近亮子.日中關係的現狀[M].晃洋書房，2007.

[19]家近亮子等編.岐路に立つ日中 係[M].晃洋書房，2007.

[20]防衛ハンドブック[M].朝雲新聞社，2003.

[21]防衛手冊[M].朝雲新聞社，2003.

[22]杉原泰雄.資料じ讀む日本國憲法[M].岩波書店，1994.

[23]黑川雄三.近代日本の軍事戰略概史[M].芙蓉書房出版，2003.

[24]荒井信一.戰爭責任論[M].岩波書店，1998.

[25]田中伸尚等.遺族與戰後[M].岩波書店，1995.

[26]吉田裕.日本人的戰爭觀[M]岩波書店，1995.

[27]山本武彥.經濟外交[M].東京大學出版會，1989.

[28]有賀貞.國際政治講座4：日本的外交[M].東京大學出版會，1989.

[29]草野厚.國際政治經濟和日本[M].有斐閣，1991.

[30]渡邊昭夫.戰後日本的對外政策[M].有斐閣，1991.

[31]楊口貞夫.政府開發援助[M].勁草書房，1986.

[32]中曾根康弘.日本の 理學[M].PHP研究所，2004.

[33]河合隼雄監修.日本のフランテイアは日本の中にある[M].講談社，2000.

[34]溝口雄三.中國的衝擊[M].東京：東京大學出版會，2004.

[35]藤本一美.戰後政治的結算（1971—1996）[M].專修大學出版局，2003.

[36]本澤二郎.台灣ロビ—[M].株式會社データハウス，1998.

[37]山崎拓.2010年：日本實現[M].鑽石社，1999.

[38]川勝平太.海洋聯邦論[M].PHP研究所，2001.

[39]加藤秀治郎.日本的安全保障與憲法[M].南念社，1998.

[40]坂元一哉.日美同盟的羈絆—安保條約與相互性的摸索[M].有斐閣，2000.

[41]日本國際政治學會編.日美安保體制—持續與變容[M].有斐閣，1997.

[42]江（火田）謙介.日本的安全保障[M].講話社，1997.

[43]獺端孝夫.防衛計劃大綱與日美合作指針[M].木鐸社，1998.

[44]松村昌廣.日美同盟與軍事技術[M].勁草書房，1999.

[45]草野厚.日美安保是什麼？[M].PHP研究所，1999.

[46]五十嵐武士.戰後日美關係的形成—以講和.安保與冷戰俊為視點[M].蒲談社，1995.

[47]草野厚.所謂日美安保：從成立至新防衛合作指針[M].PHP研究所，1999.

[48]田中明彥.安全保障：戰後50年的摸索[M]讀賣新聞社，1997.

[49]池尻久和.安全保障體制研究[M].晃洋書房，2000.

[50]長島昭久.日美同盟的新設計圖[M].日本評論社，2004.

[51]上田耕一郎.新防衛合作指針與美國的全球戰略[M].新日本出版社，1998.

[52]坂元一哉.日美同盟的紐帶：安保條約與相互性的摸索[M].有斐閣，2000.

五、日文文章：

[1]清水麗.戰後日台係—台灣外交の変容と日本[J].アジア遊學，勉誠出版，2003（2）.

[2]井尻秀憲.日中國交樹立の政治的背景と評価[J].東亜,1998(2).

[3]淺野和生.日台中「1972年體制」の見直し－日本版台灣 係法[J].問題と研究,國立政治大學國際 係研究センタ-,2006,3.

[4]武見敬三.日中、日台 係における親中、親台派の終焉[J].問題と研究,國立政治大學國際 係研究センタ-,1997(5).

[5]中江要介.中江要介インタビュー[J].東亞,霞山會,2003,6.

[6]福好昌治.中國の軍事力と日米安保再定義[J].東アジア研究,1997(15).

[7]本田善彦.「親中反日と親日反中」二分できない[J].世界週報,2006.

[8]馬英九.國民黨政權になっても日台 係は悪化しない[J].週刊東洋経済,東洋経済新報社,2006,6.

[9]中西輝正.日本如何應對中國[J].呼聲月刊,2004(4)

[10]加加美光行.日中關係的曲折演進:一種宏觀歷史的角度[J].世界政治與經濟,2006(2).

[11]吉川智教.開發援助合作中的贈與因素概念及其經濟學性質[J]亞洲經濟研究所,1986,6.

[12]荒木光彌.占壓倒多數的對中援助的支持派[J].國際開發雜誌,

1999,7.

[13]寺島實郎.「親米入亜」の 合戰略を求めて[J].中央公論,1996(3).

[14]北風伸一.憲法改正の停滯をいかに打破するか[J].中央

公論,2002,6.

[15]山崎拓.私が考える平成憲法「前文」[J].中央公論,2002,6.

[16]中西輝政.台灣是日本的「生命線」[J].呼聲,2004,4.

[17]平松茂雄.中國打入海洋與海上自衛隊的作用[J].世界週報，2002，8.

[18]中川昭一.東シナ海ガス田が奪われる日[J].VOICE，2008，2.

六、英文文獻

[1]John Weifield. AnEmpirein Eclipse.Japanin the postwar American Alliance System[M]Londen：The AthlonePress，1988.

[2]East Asian Strategic Review1998-1999[M]. Tokyo：TheNational Institute for DefenseStudies，1999.

[3]BarryHughes. Continuity and Clash of Perspectives[M].NewJer-sy：PrenticeHall，1991.

[4]DavidBaldwin. Neorealism and Neoliberalism：theContempo-rary Debate[M].Columbia University Press，1993.

[5]John A. Vasquez（ed.）.Classics of International Relations，3rded[M].UpperSaddle River，NJ：Prentice-Hall，1996.

[6]Weart，SpencerR. NeveratWar[M].YaleUniversityPress，1998.

[7]Gleditsch，NilsP. Geography，democracy and peace[M].Interna-tionalInteractions，1995，20.

[8]Barry Posenand Andrew L. Ross.Competing Visionsfor U.S.GrandStrategy[J].InternationalSecurity，Winter，1996/1997（3）.

[9]Levy，Gilat&Razin，Ronny. ItTakesTwo：AnExplanation for the DemocraticPeace[J].Journal of the European Economic Association，2004，2（1）.

[10]MasahiroAkiyama. Japan'ssecuritypolicyto ward the 21stcentury[J].RUSIJournal，April，1998：8.

[11]Hermann，MargaretG.，CharlesW. Kegley，Jr.Putting Military Interventionin to the DemocraticPeace：A ResearchNote[J].Comparative

PoliticalStudies,February,1997,30（1）.

[12]Hermann, MargaretG.,Charles W. Kegley, Jr.MilitaryInter-ventionand The DemocraticPeace[J].International Interactions,1995,21.

[13]Gleditsch, NilsP. Geography, democracyandpeace[J].International Interactions,1995,20.

[14]PaulKennedy. New worldorder will emerge in 2009[J].inSalt lake Tribune, January,2009.

[15]Zbigniew Brzezinski. LivingwithChina[J].TheNational Interest.spring,2000.

七、報告、文件

[1]2005年台灣經濟貿易動向ARC[Z].世界經濟情報サービス,2006.

[2]梅孜.美國國家安全戰略報告彙編[Z].北京：時事出版社,1996.

[3]中國軍控協會.2004：國際軍備控制與裁軍報告[R].世界知識出版社,2004.

[4]告台灣同胞書.1979,1,1.

[5]中華人民共和國政府1993年發表的有關台灣問題的白皮書《台灣問題與中國統一》.1993,9,1.

[6]中華人民共和國《反分裂國家法》.2005,3,14.

[7]中台辦、國台辦就當前兩岸關係問題發表聲明.2004,5,17.

[8]胡錦濤在黨的十七大上的報告.2007,10,24.

[9]日本外務省：外交青書,平成19年、20年、21年.

[10]外務省：日本の軍縮？不拡散外交,平成14年、16年、18年、20年.

[11]日美安全保障聯合宣言——面向21世紀的同盟,1996,4,17.

[12]日美安全保障協議會共同發表：日美同盟：為了未來的轉型（變革）與重組，2005，10，29.

[13]日本防衛省：日美安全保障協議委員會共同發表文書，2005，2，19.

[14]美國國防部：美日安保關係報告，1995，4.

[15]日本防衛問題懇談會：日本的安全保障與防衛力量應有的狀態——面向21世紀[M].大藏省印刷局，1994.

後記

　　1990年代以來，鑒於台灣問題在中日關係中地位凸顯，大陸學者關於日台關係的研究，有了較大的發展。但日本對台政策的研究，散見於對中日關係、日台關係、中美關係、美日同盟關係的研究中，專門論述日本對台政策的文章，主要集中在2000年以後。可以說，起步較晚，相關文章不多，尚處於初級階段，而且研究成果只集中在一些期刊與碩士論文中。這恐怕是我在選題上一個很重要、最基本的考慮，也就是說「冷戰後日本對台政策研究」這個選題既有現實性，也有前瞻性與實用性，更有填補空白的創新價值。

　　鎖定了研究方向，敲定了主題，我便把自己送上了一個艱苦、充滿了挑戰的歷程。整整六年，自己雖然也作過許多事情，但這本書始終縈繞心頭，揮之不去。哪怕是出差、出國，除了無孔不入地收集資料，整理素材，便是往筆電裡無盡無休地堆砌。今天，掩卷沉思，我非但沒有卸載的輕鬆，反而有了一種負疚。在本書付梓之際，我必須對那些關心我、關心這個課題的師長、領導，表達我至誠的謝意。

　　儘管這本書還有許多不盡人意之處，但畢竟每一段文字都凝聚了我的孤寂與苦澀，終於可以把她呈獻給導師、呈獻給學校、呈獻給所有關注這個領域的世人了，我應該為這本書的出版而高興。

　　日精月華，造就大千世界，萬紫千紅。導師的恩情，朋友的關注，我都將銘刻於心。

巴殿君

[1]李義虎：《國際格局的定義前提及其基本特徵》，河南社會科學，2005年第13期。

[2]金應忠，倪世雄：《國際關係理論比較研究》，中國社會科學出版社，1992版，第218頁。

[3][英]《倫敦金融時報》，2002年2月1日。

[4][日]寺田正臣：《美國外交因看不到敵人而迷失方向》，2006年10月30日。

[5]孔慶茵：《世界格局的三種模式分析：單極、兩極與多極》，重慶師範大學學報（哲學社會科學版），2006年第3期，第55頁。

[6][美]蒙布里亞爾：《美歐關係》，外交評論，2006年第5期，第14頁。

[7][美]理查德·哈斯：《無極時代》，《外交季刊》，2008年第5期。

[8][德]亞當·羅伯茨：《誰來統治無極世界》，《國際政治》2008年第4期。

[9][美]羅伯特·J.夏皮羅：《未來預測：超級大國、人口和全球化將如何影響人們的生活和工作》，美國在線雜誌《全球主義者》，2008年6月21日。

[10][日]春原剛：《集極的時代——21世紀美國外交和G8峰會的走向》，日本《外交論壇》，2008年7月號。http：//www.xjass.com/zys/content/2008-11/14/content__40639.htm。

[11]RaymondAron, PeaceandWar：A TheoryofInter-national Relations, Translated byRich-ardHoward and Annette BakerFox, New York：FrederickA.Praeger, 1967, p.139.

[12]劉江永：《未來的國際格局與國際秩序》，《現代國際關係》，2005年第10期，第7頁。

[13]汪曉風：《從相互依賴到全球化——國際合作理論的發展》，《國際論壇》，2002年第4期，第47頁。

[14][美]漢斯·賓尼恩迪克：《冷戰後時代的國際體系：回到兩極？》，《國際論壇》，2001年底3期，第78頁。

[15][美]羅伯特·基歐漢，約瑟夫·奈：《權力與相互依賴——轉變中的世界政治》，中國人民公安大學出版社，1992年版，第1頁。

[16][英]查德·哈斯：《大西洋兩岸的關係變得更加疏遠了》，《國家利益》，2008年第1期。

[17]倪峰：《論東亞地區的政治、安全結構》，《美國研究》，2001年第3期，第7頁。

[18]TheWhiteHouse, A National Security Strategy forA NewCentury, December1999。

[19]劉昌明：《美國的不完全霸權與東亞地區秩序的轉型》，《世界經濟與政治論壇》，2008年第2期，第40頁。

[20][美] 比格紐·布熱津斯基：《大棋局——美國的首要地位及其地緣戰略》，上海人民出版社，1998年版，第203頁。

[21]SheldonSimon, ed.，The Many Faces of Asian Security, p.3.轉引自朱鋒：《「區域性」特徵與東亞安全研究》，《當代亞太》，2008年第2期，第67頁。

[22]劉鳴：《大國互動關係中的合作條件與問題》，《上海社會科學院學術季刊》，2000年第1期，第52頁。

[23]牛海彬：《東亞地區主義的建構主義解讀》，《現代國際關係》，2005年第12期，第1頁。

[24][日]《日本經濟新聞》，1992年6月13日。

[25][美]查德·J·塞繆爾斯：《日本日益卑微》，《波士頓環球報》，2008年6月21日。http：//www.stnn.cc/pol__op/200806/t20080623__800194.html.

[26][日]《しんぶん赤旗》，2006年11月4日。

[27]趙葆珉：《美日同盟的裂痕》，《國際觀察》，2005年第6期，第40頁。

[28]汪偉民：《聯盟理論與美國的聯盟戰略——以美日、美韓聯盟研究為例》，世界知識出版社，2007年版。

[29]何士華，劉國華：《日本對中亞的勢力滲透與中國的戰略選擇》，《俄羅斯中亞東歐研究》，2006年第6期，第74頁。

[30]毛澤東：《矛盾論》，《毛澤東選集》第一卷，人民出版社，1988年版，第302頁。

[31][日]伊藤憲一：《21世紀日本の大戦略》，フォレスト出版社，2000年版，第35頁。

[32][日]日下公人：《島國聯盟的提倡》，台灣《自由時報》，1997年10月17日。

[33][日]伊藤憲一：《海洋國家日本の構想》，フォレスト出版社，2001年版，第130頁。

[34][日]日本外務省：《外交青書》，2006年版，253頁。

[35](台)《聯合報》，2002年11月28日。

[36][日]内田勝久：《日台 係大丈夫か》，産経新聞出版，2006年版，第141頁。

[37]劉昌明：《美國的不完全霸權與東亞地區秩序的轉型》，《世界經濟與政治論壇》，2008年第2期，第40頁。

[38]脆弱性與敏感性相互依賴的概念是約瑟夫·奈與羅伯特·基歐漢一起在《權力與相互依賴》中提出的，本文在此處運用是合理的，因為相互依賴並不一定必然導致合作，彼此之間的權力威脅也可以視為一種相互依賴的狀況。

[39]張伯玉：《試析日本對華強硬政策》，《日本學刊》，2005年第2期，第9頁。

[40]朱聽昌：《中國周邊安全環境與安全戰略》，時事出版社，2003年版，第6頁。

[41]邵兵：《冷戰後日本對台政策研究》，吉林大學東北亞研究院，2007年。

[42][日]清水麗：《戦後日台 係——台灣外交の変容と日本》，アジア遊學，勉誠出版，2003年第2期，第94頁。

[43]張耀武：《中日關係中的台灣問題》，新華出版社，2004年版，第80頁。

[44]王公龍：《日本對台政策調整中的美國因素》，《日本學刊》，1999年第6期。

[45]吉田茂時期一邊重視對華關係的發展,一邊對台灣充滿覬覦,希望後蔣介石政權以「再統合」,即「台日邦聯」加或「日台聯合王國」的形式,將台灣重新納入日本的版圖,分裂中國,達到「一中一台」或「兩個中國」的目的。參見陳斌:《戰後日本的中國政策》,東京大學出版會年版。

[46][日]井尻秀憲:《日中國交樹立の政治的背景と評価》,《東亜》,1998年第2期。

[47]李秀石:《論中日復交前日本的「兩個中國」政策》,《日本學刊》,2006年第1期,第109頁。

[48][日]淺野和生:《日台中『1972年體制』の見直し－日本版台灣 係法》,《問題と研究》,國立政治大學國際 係研究センタ-,2006年第3期,第63頁。

[49][日]《日本は台灣獨立を支持せず》,《日本経済新聞》,1996年11月26日。

[50]蔣立峰:《日邦交正常化與台海問題》,當代中國與它的外部世界——第一屆當代中國史國際高級論壇,2004年。

[51][日]中曾根康弘:《日本の 理學》,PHP研究所,2004年第115-116頁。

[52][日]淺野和生:《日台中『1972年體制』の見直し－日本版台灣 係法》,《問題と研究》,國立政治大學國際 係研究センタ-,2006年第3期,第68頁。

[53]同上.

[54][日] 藤勉:《中國が最大の不安定要因》,《産経新聞》,1995年11月16日。

[55][日]淺野和生:《日台中『1972年體制』の見直し－日本版台灣 係法》,《問題と研究》,國立政治大學國際 係研究センタ-,2006年第3期,第69頁。

[56][日]武見敬三:《日中、日台 係における親中、親台派の終焉》,《問題と研究》,國立政治大學國際 係研究セン1997年第5期,第70頁。

[57][日]中江要介:《中江要介インタビュー》,《東亞》,霞山會,2003年第6期,第26頁。

[58][日]清水麗:《戰後日台 係——台灣外交の変容と日本》,《アジア遊學》,勉誠出版,2003年第2期,第100頁。

[59][日]河崎真澄:《台灣に陸自OBが著任》,《産経新聞》,2003年1月21日。

[60][日]河崎真澄:《台灣將軍を日本派遣へ》,《産経新聞》,2003年2月13日。

[61][日]田村重信:《日華 係と日中國交正常化》,南窓社,2000版,第121頁。

[62]《環球時報》,2005年3月23日。

[63][日]内田勝久:《日台 係大丈夫か》,産経新聞出版,2006年版,第141頁。

[64]同上。

[65][日]内田勝久:《日台 係大丈夫か》,産経新聞出版,2006年版,第78期。

[66][日]《每日新聞》,1997年2月6日。

[67][日]《産経新聞》,1997年2月6日。

[68][日]《西日本新聞朝刊》，2007年6月10日。

[69][日]《日本經濟新聞》，2004年7月6日。

[70][日]《自民若手が日台友好議連》，《日本経済新聞》，2001年5月10日。

[71][日]《自民黨に日台議員連盟が　足》，《朝日新聞》，2001年5月10日。

[72][日]《日台議連が呼ぶ波紋》，《朝日新聞》，2001年5月17日。

[73][日]《日台議員連盟　足》，《朝日新聞》，2001年8月25日。

[74]（台）《台灣週報》，2001年9月13日。

[75]（台）《自由時報》，2002年7月15日。

[76][日]《日台友好へ自民若手が設立》，《産経新聞》，2006年4月27日。

[77][日]《台灣交流巡り》，《朝日新聞》，2000年10月4日。

[78][日]《産経新聞》，2000年9月29日。

[79][日]《朝日新聞》，2002年10月3日。

[80][日]《朝日新聞》，2002年11月14日。

[81][日]《新台灣派議員が民主化支持決議》，《産経新聞》，2004年11月25日。

[82][日]《李登輝氏年內にも來日》，《産経新聞》，2004年12月16日。

[83][日]《日台の新潮流》，《朝日新聞》，2002年10月3日。

[84]（台）《台灣「正名運動」》，《台灣週刊》，2003年9月18期，第4頁。

[85][日]矢島誠司：《國會議員訪台灣ラッシュ》，《産経新聞》，2001年8月24日。

[86]《當代世界史資料選集》，佐藤與尼克森共同聲明。http：//www.annian.net/show.aspx？id=13362&cid=14.

[87]河野外務大臣演説。http//mofa.go.jp/mofaj/press/enzetsu/12/ekn-0830.html。

[88][美]馬漢：《海權論》，中國言實出版社，1997年版，第118頁。

[89]Alfred Thayer Mahan, The Influence of Seapowerupon History, 1660-1783, esp.pp.281-329.

[90][美]馬漢：《海權論》，中國言實出版社，1997年版，第202頁。

[91][日]山本秀也：《李　統冲縄開　參入に意欲を示せず》，《産経新聞》，1997年5月18日。

[92][美]N.j.斯皮克曼：《和平地理學》，商務印書館，1965年版，第78頁。

[93]葉自成主編：《地緣政治與中國外交》，北京出版社，1998年版，第16頁。

[94]陸俊元：《地緣政治的本質與規律》，時事出版社，2005年版，第140頁。

[95]（台）《中國時報》，1996年7月23日。

[96]（台）《台灣青年》，1996年11月第9期，第10頁。

[97]Barry Posen and AndrewL.Ross.Competing Visions forU.S.Grand Strategy.Internation-alSecurity，Winter，1996/1997（3），p.5-53.

[98][日]《笹島雅彥.誤解を解き、自制促せ》，《読　新聞》，1996年3月14日。

[99]Japan』sStrategy to wards the Asia-PacificRegion，28Noveember1997，p.23.

[100][日]田村重信：《日美安保協力と有事》，南窓社，1997年版，第45頁。

[101][日]読　新聞,夕刊[N].1999年2月3日。

[102]《李登輝批判》，《瞭望》，1999年第8期，第11頁。

[103]《挾洋救不了李登輝》，《人民日報》。
http：//www.people.com.cn/item/taiwai/0819/081902.html.

[104][新]《溫家寶警告日本不要干預台灣問題》，《聯合早報》，2005年3月15日。

[105][日]岡崎久彥：《台灣問題》，《読　新聞》，1996年5月20日。

[106][日]福好昌治：《中國の軍事力と日米安保再定義》，《東アジア研究》，1997年第15期，第56頁。

[107][日]秋田浩之：《台獨阻止政治決議》，《日本經濟新聞》，1996年3月14日。

[108][日]《米下院台灣防衛決議を可決》，《日本經濟新聞》，1996年3月21日。

[109]（台）《日本真格地考慮台灣地位問題》，《自由時報》，1996年7月1日。

[110][日]ReinhardDrifte：《冷戰後の日中安全保障》，ミネルウァ書房，2003年版，第280頁。

[111][美]《NYTimesWeekly》，1996年6月30日。

[112][日]《中台危機に緊張しない日本》，《産經新聞》，1996年3月13日。

[113][日]《日中外相會談》，《読　新聞》，1996年4月1日。

[114][日]《中國台灣問題を讓步せず》，《読　新聞》，1996年3月20日。

[115][日]江畑謙介：《日本の安全保障》，講談社，1997年版，第97頁。

[116][日]矢島誠司：《台灣祕密基金問題》，《産經新聞》，2002年3月22日。

[117][日]《中台有事抑止に日本も動け》，《産經新聞》，1996年3月8日。

[118]EastAsian Strategic Review1998-1999.Tokyo：The National Institute for Defense Studies.

[119]轉引Daily Report of Nautilus，25July2001，Deutsche Presse-Agenttur of 25 July2001.

[120][日]《黒田勝弘.北朝鮮、ミサイル　射》，《産經新聞夕刊》，2003年2月25日。

[121]（台）《台灣近海演習開始》，《台灣週報》，2003年3月13日。

[122][日]古森義久：《中國TMD反対論》，《産經新聞》，1999年7月7日。

[123]Zbigniew Brzezinski.Livingwith China.The National Interest.

[124]John Weifield.An Empirein Eclipse.Japanin the post war American Alliance System.

[125][日]《JapanTimes》，21December1978。

[126][日]《JapanTimes》，24December1978。

[127][日]田村重信：《日美安保と極東有事》：南窓社，1997年版，第135頁。

[128][日]Reinhard Drifte：《冷戰後の日中安全保障》，ミネルヴァ書房，2003年版，第135頁。

[129]（台）《李登輝理念的見證》，《中央日報社》，1997年12月。

[130][日]笹島雅彦：《中國、日本に台灣海峽不介入を要求》，《読　新聞》，1997年6月6日。

[131][日]《朝日新聞》，1998年2月15日。

[132]Yoichi Funa bashi，op.cit.p.423.

[133][日]《朝日新聞》，1998年5月31日。

[134][日]《朝日新聞》，1999年7月10日。

[135][新]鄭永年：《中國面對美日台聯盟》，《聯合早報》，2005年2月22日。

[136][日]荒井利明：《東アジアの日米中》，日中出版，2007年版，第178頁。

[137]《江澤民文選》第二卷，人民出版社，2003年版，第246頁。

[138][日]相馬勝：《中國海軍增強》，《產經新聞》，1995年5月16日。

[139]參看2005年3月14日美國國務院每日新聞簡報。

[140][美]《華盛頓郵報》，2005年3月12日。

[141][日]《日本：反對和平以外方式解決台海問題》，《聯合早報》，2005年3月14日。

[142][日]《中國の『反國家分裂法』：周りは何を騒いで居るのか》，《產經新聞》，2005年3月7日。

[143][新]邵宗海：《估美日對『反分裂法』的立場》，《聯合早報》，2005年3月16日。

[144][日]《小泉反對歐盟解除對華軍售》，《讀賣新聞》，2005年3月29日。

[145][日]《產経新聞》，2004年1月19日。

[146]Barry Hughes.Continuity and Clash of Perspectives.New Jersy：PrenticeHall，1991，p.9.

[147]（台）《日美台FTA締結》，《中國時報》，2002年4月12日。

[148][新]《日本不會考慮與台簽署自貿協定》，《聯合早報》，2002年10月11日。

[149][英]BBC.2006年10月31日。

[150][日]《台灣政府向日本提出簽署日台投資協定》，《日本經濟新聞》，2006年11月2日。

[151]（台）《台灣週報》，2005年4月28日。

[152][日]《日本的經援外交政策》，《每日新聞》，2006年1月4日。

[153][新]邱震海：《橋本訪華能給中日關係帶來驚喜嗎？》，《聯合早報》，2006年3月27日。

[154]Matake, Kamiya, Japanese Foreige Policy Toward Northeast Asia, in：Takashi noguchiand PurnendraJain,（eds）, op.cit, p.232.

[155][日]《中國の軍事威嚇煮日米不信》，《産経新聞》，1996年3月14日。

[156][日]古森義久：《日本の対中ODA，中國軍事力強化に寄與》，《産経新聞》，1997年8月26日。

[157][日]《日本からのODA，二十週年》，《産経新聞》，2000年1月5日。

[158][新]《日暫時凍結對華經援》，《聯合早報》，2004年3月23日。

[159]王建民，劉玉春：《台與美日經濟關係的重要變化》，《經濟導報》，第3012期，第86頁。

[160][日]《2005年台灣経済貿易動向ARC》，世界経済情報サービス，2006年版，第76頁。

[161]吳榮義：《亞洲中的台灣與沖繩經濟的關係》。www.finance-cn.co2004，4.

[162]（台）《台灣高鐵內幕》，《壹週刊》，2005年2月21日。

[163][日]《日本企業聯合有望拿下台灣新幹線》，《產經新聞》，1999年12月17日。

[164][日]《2005年台灣経済貿易動向ARC》，世界経済情報サービス，2006年版，第73頁。

[165]JohnA.Vasquez（ed.）.Classics of International Relations，3rded.UpperSaddle River, Pren-tice-Hall，1996，p.288.

[166]Joshua Muravchik.Exporting Democracy：Ful-fillingAmerica』sDestiny.WashingtonDC：TheAELPPress，1991：6-8.轉引自張睿壯：《也談美國新保守主義的外交思想及其對美國對華政策的影響》，《國際問題研究》，2000年第2期。

[167]金熙德：《日本對台政策的定位和演變》，《亞非縱橫》，2006年第5期，第26頁。

[168]張雅麗：《戰後日本對外政策研究》，浙江人民出版社，2002年版，第162頁。

[169]Levy, Gilat&Razin, Ronny.ItTakes Two：An Explanation for the Democratic Peace, Jour-nal of the European Economic Association，2004，p.29.

[170]《DPPNewsletter》半月刊，2003年第1期，第35頁。

[171]（台）《自由時報》，2003年1月18日。

[172][日]《荒井利明.東アジアの日米中》，日中出版，2007年版，第169頁。

[173][日]《日本經濟新聞》，2008年，10月23日。

[174][日]《近藤伸二.台灣新世代》，凱風社，2003年版，第199頁。

[175][日]近藤伸二：《台灣新世代》，凱風社，2003年版，第203頁。

[176][日]近藤伸二：《台灣新世代》，凱風社，2003年版，第215頁。

[177]Masahiro Akiyama.Japan'ssecurity policy to wardthe 21st century』.RUSIJournal， April，1998，p.8.

[178][日]《東京新聞》，1997年8月2日。

[179][日]久保弘之：《命懸け守る國益》，《産経新聞》，2003年3月7日。

[180][日]《日本がイラク攻撃で米國を支持する3理由》，《日本経済新聞》，2003年3月2日。

[181]Hermann， MargaretG.，CharlesW.Kegley， Jr.Putting MilitaryIntervention into the DemocraticPeace：AResearch Note.Comparative Political Studies，February，1997，p.78-107.

[182]Hermann， MargaretG.，Charles W.Kegley， Jr.Military Intervention and The Democratic Peace.International Interactions，1995，p.1-21.

[183]Gleditsch， NilsP.Geography， democracy and peace.International Interactions，1995，p.297-314.

[184][日]《日本侵略の意図があれば、相手基地攻撃も可能》，《産経新聞》，2003年5月21日。

[185][日]《河崎真澄.台灣，敗北感》，《産経新聞》，2003年5月20日。

[186][美]《華盛頓觀察》週刊，2006年第31期。

[187][美]肯尼思·派爾：《日本問題》，美國企業出版社，1992年版，第16頁。

[188]湯本：《台灣，親日還是親美？》，2004年4月5日。

[189][美]《洛杉磯時報》，2004年2月18日。

[190][日]近藤伸二：《台灣新世代》，凱風社，2003年版，第222頁。

[191][口]石井利：《親日的台灣正在遠去》，《讀賣新聞》，2008年11月20日。

[192][日]本田善彥：《親中反日と親日反中，二分できない》，《世界週報》，2006年第7期，第8頁。

[193]馬英九：《國民黨政權になっても日台 係は悪化しない》，《週刊東洋経済》，2006年第83頁。

[194]同上，第85頁。

[195][美]亞歷山大·溫特：《國際政治的社會理論》，秦亞青譯，上海人民出版社，2000年版，第96頁。

[196][美]詹姆斯·多爾蒂，小羅伯特·普法爾茨格拉夫：《爭論中的國際關係理論》，閻學通，陳寒溪等譯，世界知識出版社，2002年版，第4頁。

[197]劍嘯：《日美聯手牽制扁急獨傾向》，《東南快報》，2007年5月11日。

[198]李傳兵：《中共十六大以來解決台灣問題的理論與實踐》，華中師範大學，2006年版。

[199]《上半年兩岸貿易額達680億「美元外交」,同比增長23%》,《人民日報(海外版)》,2008年7月24日。

[200]劉紅:《兩岸關係的機遇和挑戰》,《北京聯合大學學報(人文社會科學版)》,2008年第6期,第24頁。

[201]平新喬:《微觀經濟學》,北京大學出版社,1997年版,第56頁。

[202]孫立極:《選後台灣:兩岸交流成熱點》,《人民日報》,2008年4月5日。

[203]姜殿銘:《台灣研究論文集(二)》,華藝出版社,1993年版,第43頁。

[204]《胡錦濤提新形勢下發展兩岸關係四點意見》。2005年3月4日,http：//news.xinhuanet.com/taiwan/2005-03/04/content__2649922.htm。

[205]《兩岸關係》,2002年第5期,第7頁。

[206]劉國奮,袁偉,常要京編:《2001年台灣問題大事記》,中國社科院台研所,2001年版,第127頁。

[207]《希拉里稱歐巴馬新政府將持續對台軍售》,《環球時報》,2009年2月18日。

[208]美國在中美兩國於1982年8月17日共同發表的「八·一七」公報中明確承諾,不尋求執行一項長期向台灣出售武器的政策,將逐步減少並最終解決售台武器問題。

[209]2004年中日雙邊貿易。http：//www.mofeom.gov.en/aartiele/bg/200504/20050400039901.html。

[210]Barry Hughes.Continuity and Clash of Perspectives.New Jersy：Prentice Hall,1991,p.26.

[211]林治波:《日本———中國統一台灣的另一個障礙》。http：//www.people.eom.en/GB/guandian/1036/2653446.html。

[212]中國對外貿易形勢報告,引自中華人民共和國商務部網站。http：//www.mofcom.gov.cn。

[213]PaulKennedy.New worl dorder will emerge in 2009.in Saltlake Tribune, January,2009.

[214]楊文靜:《後現代秩序的邏輯——「國家的分裂:21世紀的秩序與混亂」介評》,《現代國際關係》,2005年第4期,第46頁。

[215][日]武貞秀士:《日本和中國:相互間的認識差距和共生之路》,第六次中日青年論壇,2000年9月。

[216]關捷,譚汝謙,李家巍:《中日關係全書》,遼海出版社,1999年版,第1418頁。

[217]Barry Hughes.Continuity and Clash of Perspectives.New Jersy：PrenticeHall,1991,p.26.

國家圖書館出版品預行編目(CIP)資料

冷戰後日本對台政策研究 / 巴殿君 著. -- 第一版.
-- 臺北市 : 崧燁文化, 2019.01
　面 ; 　公分
ISBN 978-957-681-765-6(平裝)
1.外交政策 2.臺日關係 3.日本
578.3133　　107023527

書　名：冷戰後日本對台灣政策研究
作　者：巴殿君 著
發行人：黃振庭
出版者：崧燁文化事業有限公司
發行者：崧燁文化事業有限公司
E-mail：sonbookservice@gmail.com
粉絲頁　　　　　　網　址：
地　址：台北市中正區重慶南路一段六十一號八樓 815 室
8F.-815, No.61, Sec. 1, Chongqing S. Rd., Zhongzheng Dist., Taipei City 100, Taiwan (R.O.C.)
電　話：(02)2370-3310　傳　真：(02) 2370-3210
總經銷：紅螞蟻圖書有限公司
地　址：台北市內湖區舊宗路二段 121 巷 19 號
電　話：02-2795-3656　　傳真：02-2795-4100　　網址：
印　刷：京峯彩色印刷有限公司（京峰數位）

　　本書版權為九州出版社所有授權崧博出版事業股份有限公司獨家發行電子書繁體字版。若有其他相關權利及授權需求請與本公司聯繫。
定價：400 元
發行日期：2019 年 01 月第一版
◎ 本書以POD印製發行